福建省哲学社会科学研究基地

FuJian Province Philosophy Social Science Research Base

地方财政绩效管理
理论与实践

梁新潮 施锦明 主编

中国财经出版传媒集团

经济科学出版社
Economic Science Press

图书在版编目（CIP）数据

地方财政绩效管理理论与实践/梁新潮，施锦明主编.
—北京：经济科学出版社，2017.4
ISBN 978 - 7 - 5141 - 8005 - 3

Ⅰ.①地…　Ⅱ.①梁…②施…　Ⅲ.①地方财政 - 财政
管理 - 研究 - 中国　Ⅳ.①F812.7

中国版本图书馆 CIP 数据核字（2017）第 102825 号

责任编辑：杜　鹏　刘　瑾　张　燕
责任校对：徐领柱
版式设计：齐　杰
责任印制：邱　天

地方财政绩效管理理论与实践
梁新潮　施锦明　主编
经济科学出版社出版、发行　新华书店经销
社址：北京市海淀区阜成路甲 28 号　邮编：100142
总编部电话：010 - 88191217　发行部电话：010 - 88191522
网址：www. esp. com. cn
电子邮件：esp_bj@ 163. com
天猫网店：经济科学出版社旗舰店
网址：http://jjkxcbs. tmall. com
北京季蜂印刷有限公司印装
710 × 1000　16 开　19 印张　340000 字
2017 年 5 月第 1 版　2017 年 5 月第 1 次印刷
ISBN 978 - 7 - 5141 - 8005 - 3　定价：58.00 元
（图书出现印装问题，本社负责调换。电话：010 - 88191510）
（版权所有　侵权必究　举报电话：010 - 88191586
电子邮箱：dbts@esp. com. cn）

福建省社科研究基地（集美大学地方财政绩效研究中心）研究成果

福建省社科规划社科研究基地重大项目（2014JDZ049）

福建省社科规划社科研究基地重大项目（FJ2015JDZ043） 资助

集美大学优势学科建设基金

前　言

财政绩效管理是现代公共财政制度的重要组成部分，也是实现国家治理现代化的重要制度工具。一直以来党中央、国务院高度重视财政绩效管理工作，从党的十六届三中全会提出"建立预算绩效评价体系"，到十七届二中、五中全会分别提出"推行政府绩效管理和行政问责制度"、"完善政府绩效评估制度"，财政预算绩效管理作为财政改革和政府绩效建设的关键环节被党中央、国务院多次强调。党的十八大报告明确提出要"推进政府绩效管理"，为财政部门开展预算绩效管理工作明确了方向。2011 年 6 月，经国务院同意，财政部的预算绩效管理被纳入政府绩效管理试点范围。2015 年 1 月 1 日起施行的新预算法以法律形式明确了绩效管理要求，为我国开展财政绩效管理奠定了坚实的法理基础。

至今，我国地方财政绩效管理已有十几年实践，其改革发展过程可分为三个阶段：（1）2000～2010 年，这个阶段提出财政绩效及绩效评价理念，为地方财政绩效管理工作奠定基础。主要以财政支出特别是项目支出的绩效评价为主，并且主要是事后评价阶段。（2）2011～2014 年，这个阶段提出并确定了"五有"全过程预算绩效管理理念，地方财政绩效管理工作进入了一个崭新阶段。（3）2015 年以来，这个阶段提出并确定了财政管理绩效综合评价理念，地方财政绩效管理工作进入了一个新的历史发展时期。目前，我国财政绩效管理改革从财政支出绩效评价、绩效目标管理向全过程预算绩效管理、部门整体绩效综合评价和财政管理绩效方向深化，绝大部分省份财政绩效管理试点范围都已从省本级逐步扩大到市、县层面，并向乡镇纵深推进。我国财政绩效管理改革步入深水区，进入新的历史发展时期。

他山之石可以攻玉。了解西方财政绩效管理的历史，借鉴其经验教训对发展我国地方财政绩效管理很有必要。西方财政绩效管理思想始于 20 世纪初，绩效评估活动始于 20 世纪 70 年代。20 世纪 90 年代，西方基本上建立了较为完善的绩效评价制度和体系。1993 年美国第 103 届国会颁布了《政府绩效与结果法案》，1997 年英国政府颁布《支出综合审查法案》，澳大利亚、加拿大、新西兰、德国等国家也相继建立了较为完善的绩效评价制度和体系。西方国家的财政绩效管理改革路径各有差异，比如，美国最初曾经效仿企业推行零基预算，但忽视公共部门与私人部门差异的做法结果是不成功。今天，美国实行结果导向绩效预算。英国对财政绩效评价探索始于 20 世纪 70 年代，如今英国财政绩效评价成为财政部门对各个部门制定以后年度预算的依据，成为国会和内阁考核各政府部门行政责任制是否落实的依据。

本书是福建省社科研究基地（集美大学地方财政绩效研究中心）成员从事多年地方财政绩效管理研究的成果。在回顾总结我国地方财政绩效管理实践、借鉴其他专家学者研究成果的基础上，本书尝试从理论联系实际的角度出发，推进地方财政绩效管理进展，提高地方财政绩效管理水平，继而推动现代财政制度的建设与完善。本书内容主要包括有关财政绩效管理理论、国内外地方财政绩效管理的实践经验和应用案例等。

本书由梁新潮、施锦明担任主编，负责全书框架设计、结构安排、主要观点梳理和修改总纂等工作。本书编写人员具体分工如下：第一章由胡志勇、魏洁、黄静如、徐章容、陈莹完成；第二章由陈庆海完成；第三章和附录由施锦明、张鸿完成；第四章由梁新潮完成；第五章由庄赟完成。

罗昌财、苏建平、黄毅凤等老师和苏尚操、陈雅玲、游丽君、廖玉芳、杨陈、林婉、陈炫宇、杨围、朱博、任雨潇、桑倩楠等研究生参与本书的资料搜集、整理、校对等协助工作。

本书在编写过程中得到福建省财政厅领导、福建省社会科学规划办领导和出版单位的帮助与指导，同时，借鉴了有关的专著、教材和科研成果等文献资料，在此，一并表示衷心感谢！

　　目前，我国地方财政绩效管理理论研究与实务操作仍在不断改革探索之中，同时，受编者精力、时间及学识所限，书中不妥之处在所难免，敬请同行专家学者、读者和各界人士批评指正，随时赐教。

编写组
2017 年 2 月

目　　录

第一章

财政绩效管理理论综述

第一节　财政绩效评价的理论基础

在管理理论中，公共产品理论、公共选择理论、委托—代理理论、博弈论、新公共管理理论等都为政府部门管理理念和管理方式的变革提供了理论依据，也成为财政绩效管理的理论基础。

一、公共产品理论

1954 年和 1955 年，美国经济学家萨缪尔森先后发表了《公共支出的纯理论》和《公共支出理论的图解》两篇文章，提出了公共产品的经典定义，阐述了公共产品理论的核心问题，建立了一个关于资源在公共产品与私人产品之间最佳配置的一般均衡模型——"萨缪尔森条件"。这对于公共产品理论的发展具有划时代的意义。而公共产品理论客观上为财政绩效管理工作提供了最基本的理论依据和衡量标准，其作为公共财政的理论基石，具有十分丰富而深刻的内涵。公共产品具有的多层次性与多样性，为财政绩效管理指标体系设置给予启示，说明财政支出应采用分类评价机制；而公共产品的范围与结构的变化，对财政绩效评价指标的设置及权重也产生了重大影响。

到 20 世纪 50 年代末期，美国经济学家马斯格雷夫出版著作《财政学原理：公共经济研究》，第一次引用了"公共经济学"的概念，这时公共经济学才作为一个独立的经济学分支学科建立起来。马斯格雷夫（1989）提出"一种纯粹的公共物品在生产或供给的关联性上具有不可分特征，一旦它提供给社会的某些成员，在排斥其他成员对它的消费上就显示出不可能或无效性"。① 公共产品不像私人产品一样具有排他性，并不能排除任何人对它的消费，也不会减少其他人由此而获得的满足，对于公共产品的消费要从技术上加以排除几乎不可能或排除成本很高，因而使人们存在"搭便车"动机。在公共产品的提供上还有消费的非竞争性，不会因为消费者增多而引起边际成本的增加，一部分人对某一公共产品的消费不会影响其他人同时享用该公共产品，同时，一些人从消费公共产品中受益，也不会和其他享受该公共产品的受益对象之间存在利益冲突。马斯格雷夫和萨缪尔森一样，在经济效率的基础上又加入了政治因素来讨论公共产品的有效提供问题，将公共产品的有效供给与政治过程和分配公平相结合。

新制度经济学是从交易费用和产权的角度进行分析，以供给效率为评判标准，得出了公共产品的供给形式可以多样化的结论。按照约翰·R. 康芒斯的观点，交易是普遍存在的。政府供给公共产品，既是政府与纳税人之间的交易活动，又是政府间的交易活动，交易费用不可避免地存在于公共产品供给的活动中。② 公共产品复杂的供求关系决定了公共产品供给过程中要发生多种特殊的交易费用，其中最主要的是信息成本和监督成本：信息成本包括政府作为供给者为了获取消费者对公共产品的需求信息而花费的成本，以及政府部门内部信息的产生和收集、协调运作和相互制约所增加的信息成本；监督成本是为减少政府供给公共产品过程中可能发生的代理风险和道德风险而进行必要的监督所发生的成本，包括监督机构耗费的资源、执行部门遵守监督规则所产生的成本、因违反监督规则而带来的公共利益损失等。

由上述理论观点可知，公共产品理论的引入有助于界定政府行为，加强财政预算绩效管理。首先，在公共产品资源配置上，公共产品理论强调了政府的职责在于弥补市场缺陷、提供公共产品，满足社会的公共需求，这就界定了财政绩效管理对象和范围的基本尺度，政府与市场在资源配置方式上存在不同，公共产品由政府而非市场决策行为来确定。其次，政府提供公共产品的效率、效益、效果同样需要进行衡量和评判，强调了公共产品的提供应以公民满意度为导向。可以认为，社会公众作为消费者对政府提供的公共产品支付了税收价格，因此，政府就要按照公众消费者的需要提供公共产品。大部分情况下，由于政府提供公共产品具有唯一性和排他性，公众被动接受公共产品且没有其他替代品，而且公共产品不能通过市场价格信号来反映，社会公众又由于信息不对称等原因，难以对政

---

① Richard, A. Musgrave, Peggy, B. Musgrave. Public Finance in Theory and Practice [M]. McGraw - Hill Companies, 1989.

② 约翰·罗杰斯·康芒斯. 制度经济学（上）[M]. 北京：商务印书馆，1983.

府产品进行评价。因此，政府在公共产品的提供上应均衡供求关系，注重公共产品的产出，讲求效果，确保公众消费者效用最大化，以满足纳税人的需要，避免无效率的生产。最后，政府应关注公共产品的生产成本和使用效率，主要是预算管理的绩效。政府预算作为体现政府职能的重要工具和核心制度，要将绩效理念和效率原则贯穿到预算管理中，加强对政府公共产品的成本—效益分析，实现对政府提供公共产品成本的约束和管理，提高政府公共产品的供给效率。

从上述分析可知，公共产品理论作为财政绩效管理的基础理论，通过绩效目标管理、绩效跟踪管理和绩效评价，检验政府财政预算的合理性、财政支出的有效性，从而不断地调整和完善，进一步实现公共资源配置的优化。

二、公共选择理论

20 世纪 70 年代以后，对公共产品理论的研究主要集中在机制设计上，以保证公共产品的决策者能够有效提供公共产品，与政治学紧密联系，拓宽了公共产品理论的研究领域。以詹姆斯·M. 布坎南为代表的"公共选择学派"即是将公共产品供给的决定用公众投票方式解决，研究非市场行为的选择决策。布坎南提出，"公共选择理论的宗旨是把人类行为的两个方面（经济决定与政治决定）重新纳入单一的模式，该模式注意且认为承担政治决定之结果的人就是选择决策人的人。"[1]

布坎南先从经济人假设出发，揭示了政府行为的非理想化。由于任何政府机构都是由人组成，政府行为也由人去完成，而组成政府的这些人都不可避免地具有"经济人"性质，以追求个人利益为行为准则，因而政府及其公务人员在提供公共产品时，会存在浪费和滥用资源的行为，违背公众意愿。[2] 公共选择理论认为，官僚与任何人一样，受到其自身利益的刺激，而不是受到公共利益的激励，因此，官僚个人总是谋求私利的最大化而不顾公共利益，官僚组织也总是通过其等级制的组织结构以加强自身权力、声望、名誉和收入，而不是推动组织目标的实现，其结果是产生"搭便车"、大政府、寻租等后果。虽然名为"公共选择"，但其实质仍是建立在个人理性和个人选择基础上的。如尼斯坎南认为，"个人利益导致政府部门预算的最大化，官僚谋取更多预算是为了个人的私利。"[3] 当个人由市场中的买者和卖者转变为政治过程的投票者、纳税人、受益者、政治家或

---

① 亨利·勒帕日. 美国新自由主义经济学 [M]. 北京：北京大学出版社，1985.

② Buchanan，J. M. . The Theory of Publics Choice [M]. The University of Michigan Press，1972.

③ Niskanen，W. A. Bureaucracy and representative government [M]. Chicago：Aldine Atherton，1971.

官员时，他们的品性不会发生变化，他们都会按成本—效益原则追求效用或利益的最大化。

公共选择理论提出，公共选择是对公共产品的选择。由于财政支出的主要来源是税收，即来源于公众，可以认为对于政府的财政支出进行绩效管理是公共选择的结果，是集体行动的政治组织将组织成员的个人选择有效率地转化为组织的选择，政府的作用是作为公众利益的代理人来弥补市场经济的不足，并使各经济主体在政府干预下所做出决定的社会效应比政府干预以前更高。但政府决策往往易偏离目标，产生"政府失灵"的情况，因此，公众就会采取"以脚投票"的办法对公共物品乃至政府进行判断选择，对政府产生巨大的影响。

公共选择理论认为市场作用总是优于政府作用，因此，通过政府与市场、政府与社会的关系重新界定来解决政府面临的问题。为此，要在公共部门中引入市场、准市场的竞争机制，打破垄断，让公共生产部门与私人生产部门竞争，实行公共服务的市场化与社会化，给予公众对公共服务进行自由选择的机会。

公共选择理论的特点是把经济学的研究方法应用到政府领域，从经济学角度分析政府管理活动，指人们通过民主决策的政治过程来决定公共物品的需求、供给和产量，是把私人的个人选择转化为集体选择的一种过程（也可以说是一种机制），是利用非市场决策的方式对资源进行配置。因此，公共选择在本质上就是一种政治过程。

三、委托—代理理论

委托—代理理论是新制度经济学中的一个重要理论基础模型，形成于20世纪70年代，由私营部门发展而来，它是说明私营部门中股东（委托人）和管理者（代理人）的责任关系的一种理论。委托人通过授权代理人管理公司业务，而代理人依据委托人的授权范围进行管理。在委托—代理关系中一般以合同制形式对双方权利、义务进行规定以保证委托—代理关系的维持。如今，由私营部门管理产生而来的委托—代理理论可以被推广到公共部门管理。

20世纪30年代，美国经济学家伯利和米恩斯针对企业所有者兼经营者存在的弊端提出应将所有权和经营权分离，企业所有者保留剩余索取权，而将经营权让渡，提出"委托—代理"理论，从而使委托—代理理论成为现代公司治理的逻辑起点。① 1973 年，罗斯提出了"委托—代理"的概念和一般化理论，他指出："如果当事人双方，其中代理人一方代表委托人的利益行使某些决策权，则代理关系就随之产生了。"②

由于委托—代理理论的理论优势和强大的解释力，多纳休（1989）、欧文·E. 休斯（2001）、柯武刚和史漫飞（2002）等进一步将委托—代理理论运用于公共部门。多纳休和欧文·E. 休斯均认为，由于公共部门自身的特性和责任机制方面的问题，需要通过外包签订合同的形式，将公共部门的代理关系变成私营部门的代理关系，以减少公共部门中的代理人问题。柯武刚和史漫飞认为，在公共部门利益上，公民们即委托人往往不可能从政府官员那里得到自己想要的东西，因为议员和官员们追求他们自己的目标，所以在解决委托—代理这个资本主义的"阿基里斯之踵"时，需要环绕一个企业的竞争性（产品和要素）市场保证追求委托人的利益而非追求代理人的机会主义目标，因为竞争市场机制是有利于资本所有者利益的，从而可以消除 X—无效率，即"弱化的成本控制、少承担风险及在职消费"等现象。

一些学者对委托—代理理论作了进一步拓展，并试图建立不同的模型来解释其机制内容。如由威尔逊（1969）、斯宾塞和泽克豪森（1971）、罗斯（1973）最先提出的"状态空间模型化方法"（state-space formulation），以及由莫里斯（1974）最初使用的"分布函数的参数化方法"（parameterized distribution formulation），并由霍姆斯特姆（1979）进一步发展成为标准化方法。上述基本模型都是基于静态中的假设而表述的。在静态模型中，委托人为了激励代理人实现委托目标或达到其所希望的行动，需要根据可观测的结果来奖惩代理人。但是，在现实经济活动中，委托—代理关系更多的是多层次的关系，表现为一种动态的链条。于是，一些经济学家便将委托—代理的基本模型扩展到动态模型，如霍姆斯特姆（1982）进一步发展的代理人市场声誉模型，证明"事后清付"（ex-post Settling up）和声誉效应（reputation effects）在一定程度上可以解决代理人问题；霍姆斯特姆和米尔格罗姆（1991）提出了委托—代理多项任务模型；麦克阿斐和麦克米伦（1987）通过对多个代理人的情况研究后建立了委托人与多个代理人的模型。

委托—代理理论对于政府公共管理和公共产品提供具有较强的指导意义，并

① ［美］阿道夫·A. 伯利，加德纳·C. 米恩斯. 现代公司与私有财产［M］. 甘华鸣，等译. 北京：商务印书馆，2005.

② Ross, S. A.. The Economic Theory of Agency：The Principal's Problem［J］. American Economic Review，1973，63（2）.

为财政预算绩效管理提供了较好的理论解释。政府作为受托人，是提供公共产品的供给方，其社会活动应该受到公众的监督，提供的公共产品应符合社会公众的需求，这就构建了最基本的典型委托—代理关系。政府必须按照纳税人的意愿来分配和使用公共财政资源，保证财政资源使用的经济性、效率性和有效性，尽可能以低廉的成本和优质的服务满足日益多样性的公共需要，并就资源使用的最终结果向纳税人负责。因此，委托—代理理论对财政绩效管理具有重要的理论支撑作用。

在立法机构与政府组织的委托—代理关系之间存在明显的信息不对称，且政府体系具有明显的自主性，这为政府的权力扩张创造了前提。政府官员与官僚组织在行为过程中表现出了效用最大化的行为倾向，而效用最大化往往表现为追求预算的最大化以及与此相关的机构规模扩大和物品产出扩大。

在政府预算过程中，客观上存在纳税人与财政部门、财政部门与预算单位等多重委托—代理关系。理论上，多重委托—代理关系会相应增加信息不对称的程度，继而增加代理成本，降低资金使用效率。实践中，由于财政与预算单位之间的信息不对称，导致双方之间的博弈在时间、空间和程度上更为激烈，无谓地增加了博弈成本和公共资源的使用成本，并可能由此产生道德风险和逆向选择。从这个角度来说，财政绩效管理是对相关代理行为的一种监督，以尽可能降低委托—代理所带来的负面作用。

委托—代理问题的关键是如何设计适当的激励机制，诱导代理人实现委托人的目标，使其行为符合委托人的利益，降低代理成本。降低代理成本多管齐下的管理机制有：一是在公共管理尤其是公共服务领域，打破政府垄断，引入市场竞争机制，主张公共部门以委托—代理方式尽可能多地对外签订合同，以充分发挥市场和社会力量在提供由公共部门转包出来的公共服务时的作用，将公共部门委托—代理问题转移到私营部门。二是加强监督，获取代理人所掌握的信息，降低代理人讨价还价的能力，从而抑制代理人的机会主义动机。同时，加强有利益冲突的个人或部门的竞争，减少委托人的代理成本。三是制定激励契约，采取绩效工资制可以有效激励个人，实现个体利益与共同利益的兼容。

四、博弈论

1944年，冯·诺依曼和摩根斯坦共著的《博弈论与经济行为》将二人博弈推广到 n 人博弈结构并将博弈论系统地应用于经济领域，从而奠定了这一学科的基础和理论体系。通常来说，博弈论考虑游戏中的个体的预测行为和实际行为，并研究它们的优化策略。实际上，在大部分的个体和组织的活动中都存在博弈的现象，在财政活动中也是如此。在预算分配过程中，围绕着不同的利益考虑，财政部门与政府职能部门之间、财政部门预算机构与其他机构之间、政府决策层面之间存在多方博弈的情况。由于现阶段预算收入完整性有待提高，预算编制还需进一步细化，预算信息公开仍需深化，预算决策的科学性还有很大的提升空间，预算分配的多方博弈目的是利益考虑而不是优化预算分配，结果是谁的公权力大谁就有发言权，就可以在博弈中占据主动。

很少有学者将博弈论作为财政绩效管理的一个重要理论依据。实际上，在财政部的文件中，特别要求将绩效评价的结果作为预算安排、预算调整的重要依据，也就是说，财政绩效管理参与预算决策，使得财政绩效管理与预算分配一样存在多方博弈的行为。与预算分配不同，财政绩效管理更接近于理论上的相互博弈。首先，财政绩效管理中管理方与被管理方都采取一定的策略。在财政绩效评价中，不管是财政部门评价，还是委托第三方中介进行评价，或是部门对实施单位进行评价，评价方都会设计绩效评价指标，进行数据采集、分析，有的组织专家评审，尽可能客观、公正地对被评价方进行评价。被评价方在财政资金使用前往往会设定绩效目标，制定资金使用计划，跟踪资金使用情况，在专家评审时辨析财政绩效。其次，评价方与被评价方都具有与对方博弈的能力和条件。评价方可以采取很多的评价方法，可以开展满意率调查等多种手段，力求了解财政支出的实际绩效以及不足。被评价方可以利用信息不对称的优势，隐瞒财政支出中的问题，对评价中不利于自己的活动不积极配合。最后，财政绩效管理中的博弈可达到不断提升的动态平衡。在预算分配活动中，预算下达后，预算执行情况、预算执行结果很少有人去追究。在财政绩效管理活动中，对专项资金预算绩效目标评审中发现的问题，预算部门要调整和优化预算安排，对财政绩效评价中发现的问题，预算部门要进行整改和落实，从而在下一年评审或评价的活动中减少问题。

博弈论对财政绩效管理的启示还在于，财政绩效管理中的博弈并非零和博弈，要强化财政绩效理念，形成共同的目标，最大限度提高财政资金作用的绩效。应加强财政绩效管理制度建设，使得财政绩效管理中的局中人形成合作博弈，通过制度约束，减少博弈中的对抗。在预算管理改革不断深化的情况下，着力推进财政绩效管理，使得预算编制、预算执行、资金使用评价、评价结果反馈并影响预算安排各环节都能更加有效，进而形成管理闭环的良性运行机制，实现财政绩效管理与预算管理相互促进。①

五、新公共管理理论

20 世纪 70 年代末 80 年代初，为解决政府机构臃肿、管理成本增长和效率低下等问题，西方发达国家以新公共管理理论为指导，广泛发起了以"重塑政府"为核心内容的政府改革，引入企业管理精神和市场化理念，强调提高政府运作效率和产出绩效，引起了极大的社会反响。正如赫克谢尔所指出的那样：政府改革打破了单向的等级指挥关系，建立了互动交流和导向管理，并开始向"后官僚组织"变迁。② 而巴扎雷认为"摒弃官僚制的时代已经到来"，公共管理由重视"效率"转而重视服务质量和顾客满意度，由自上而下的控制转向争取成员的认同以及争取对组织使命和工作绩效的认同。③ "重塑政府"运动的积极倡导者奥斯本和盖布勒总结了美国改革地方政府和联邦政府的经验，宣扬政府管理的新范式。④ 胡德把西方国家的政府改革所体现出来的政府管理新模式称为新公共管理典范。⑤ 20 世纪 80 年代中期，以弹性化、市场化为基础的新公共管理模式应运而生。新公共管理模式根据"成本—效益分析"来确定结果；运用目标管理方法实现任务；运用市场以及市场机制竞争与选择；通过权利、义务、责任的协调一致向工作人员下放权力。⑥

新公共管理理论以现代经济学和企业管理理论为基础，是对传统行政层级控制管理和官僚行为模式的反思与发展，代表了一种新的公共行政理论和管理模式。与传统行政管理模式以官僚制和政治控制为理论基础不同的是，新公共管理旗帜鲜明地以经济学和私营部门管理为理论基础。它从经济学理性角度出发，要求对经济学中的公共选择理论、委托—代理理论和交易成本理论加以运用，因此，追求"4E"（Economy，Efficiency，Effectiveness，Equity）即经济、效率、效能和公平成为新公共管理的基本目标。它主张在政府公共部门广泛采用私营部门

① 单晓敏. 完善我国财政绩效管理的研究 ［D］. 苏州：苏州大学，2013.

② C. Heckscher. The Post – Bureaucratic Organization：New Perspectives on Organizational Change. New Delphi，1994.

③ Michael Barzelay，Alan Altshuler，Babak J. Armajani. Breaking Through Bureaucracy：A New Vision for Managing in Government ［M］. Berley：University of California Press，1992.

④ ［美］戴维·奥斯本，特德·盖布勒. 改革政府——企业精神如何改革公营部门 ［M］. 上海市政协编译组，等译. 上海：上海译文出版社，1995.

⑤ Christopher Hood. Comparative Public Administration ［J］. Dar Emouth Publishing Corp. ，1998，（1）.

⑥ Michael Keating. Public Management Reform and Economic and Social Development ［J］. OECD Journal on Budget，2001，Aug.

成功的管理方法和竞争机制来提高行政管理效率、服务质量和水平，重视公共服务的产出，强调在解决公共问题、满足公共需要方面增加有效性和回应力，要求对政府实行更加灵活、富有成效的管理。由于新公共管理主张在弹性市场机制基础上，采用商业管理主义的理论、技术和方法，对公共部门进行全方位的改革和再造，以其全新的视野对公共部门产生了深远的影响。

财政绩效管理正是在新公共管理理论研究的基础上，通过改革财政预算管理制度，试图来解决政府机构臃肿、管理成本增长、效率低下等问题，以避免政府失灵。新公共管理理论强调了以下六个方面的内容。

1. 政府角色定位

新公共管理倾向于把决策制定和决策执行分离的体制，主张通过民营化等形式，将市场和社会民营组织作为公共产品及服务的生产者、提供者。而政府主要应承担制定政策、建立适当的激励机制、监督合同执行等掌舵性职能，引导市场和社会民营组织为实现公共利益的目标服务。

2. 企业管理方法的引入

西方国家在行政改革的实践中广泛引进企业管理方法，并用企业管理理念来重构公共部门的组织文化。新公共管理中的项目预算、业绩评估、战略管理、顾客至上、产出控制、人力资源开发等主要源于私人部门的管理实践，出现了公私部门管理在理论和方式上的融合。

3. 绩效管理

在设定的公共服务绩效目标的基础上，对公共部门提供公共服务的全过程进行跟踪监测并做出系统的绩效评估。内容主要包括服务质量、顾客满意度、效率和成本收益等。

4. 产出控制和战略管理

用绩效和计划预算取代原有的预算制度。同时，要明确组织使命并对其能否实现目标有所预期，还要了解组织与环境相适应的程度，组织在该环境中的优势与不足，以及环境带来的机遇和挑战。

5. 竞争引入

新公共管理主张用市场的力量来改造政府。在公共部门中引入市场机制，在公共部门和私人部门之间、公共部门机构之间展开竞争，提高公共物品及服务供给的效率。

6. 以顾客为中心

把社会公众视为政府的"顾客"，认为公共组织应以"顾客满意"为宗旨。并且强调政府对顾客的有求必应；行政的可理解性与可接近程度；行政部门对顾客参与决策的公开程度是否存在补救措施，而且，整个经济效率须依赖于公共部门在提供商品及服务时如何对顾客需求做出反应。①

第二节　财政绩效评价的研究综述

一、国外财政绩效评价研究评述

西方对财政绩效进行研究始于 20 世纪初，财政绩效评价的最初原因主要是减少财政支出的压力、财政危机和政府更迭。1906 年，纽约市政研究局开始对政府财政绩效评价进行研究，目的是缓解财政支出的压力。由于凯恩斯主义提出政府应该干预经济，通过扩大财政支出，不惜利用赤字财政调节社会总需求，促进经济的稳定与增长，导致公共赤字与公共债务不断上升。1950 年美国国会通过了《预算与会计程序法》，从而使联邦政府所有部门都建立了绩效预算。

20 世纪 60 年代，政府在面临日益严重财政危机的背景下，为了控制财政支出，提高资金的利用效率，以美国为代表的西方国家尝试进行财政项目有效性审计工作。1966 年美国将财政审计的中心转移到经济、效率和效果审计，为了更好地提高财政绩效，美国会计总署重新制定了政府工作的审计指标，将原来单一的经济性指标审计转向经济性、效率性、效果性与公平性并重的多重指标审计，扩大了指标的范围，这就是绩效审计的最初形式。经济的持续衰退和政府职能的无序扩张严重加剧了政府的财政压力。美国在 1973 年通过颁布《联邦生产率测定法案》的方式促进财政部门绩效评价的系统、规范、常规开展。随后又颁布《日落法》，通过法律规定政府部门按期对其进行的项目和相关规章制度产生的结果进行绩效评价。英国在 1979 年开展了著名的"雷纳评审"运动，建立了政府绩效和成本意识。

此后，以控制结果、优化程序、节约成本为目标的新公共管理运动的发展促使财政绩效评价进入全面发展阶段。绩效评价的范围扩大，不仅有财政的绩效评价，还包括政府活动各个方面的绩效评价，同时，西方国家行政改革的一项重要内容就是绩效管理。英国在这一阶段的研究成果较为突出，首先，在环境部门建立了将目标管理和绩效评价相结合的"部长管理信息系统"；其次，通过财务管

---

① 单晓敏. 完善我国财政绩效管理的研究 [D]. 苏州：苏州大学，2013.

理方案的实施，使政府建立了明确的"绩效意识"，提出了涵盖 140 个指标的卫生管理和服务系统的较为全面的绩效评价方案。① 随着政府管理的市场化速度不断加快，政府与企业的战略管理、标杆管理、目标管理、绩效财政等各个方面的管理一样，要成为政府绩效管理的一部分。

从现有经济研究文献来看，由于西方各国实行财政绩效管理的模式不同，因此，不同学者对于财政绩效管理内涵的理解也不同。美国经济学家 C. 洛伦茨提出财政绩效预算的六大核心要素：一是中期框架和目标；二是政府项目的组织方案和指标设置；三是以监测、评估、绩效衡量为元素构建政府绩效信息收集体系，用于执行过程的监测、程序评估、结果或效果的衡量；四是激励机制和绩效信息的整合要用于政府决策过程中；五是绩效审计和提高透明度；六是绩效预算要素构成②。世界银行专家沙利文认为，绩效预算是一种以目标为导向、以项目成本为衡量、以业绩评估为核心的预算体制，具体来说，就是把资源分配的增加与绩效的提高紧密结合的预算系统③。美国经济学家珍妮特·M·凯利和威廉姆·C·瑞文巴克（2007）认为，绩效预算是强调绩效管理的预算编制和采用的过程，它允许资源分配决策在一定程度上以服务提供的效率性和有效性为基础，是将政府的政治责任、运作责任和财务责任结合起来，其中，政府责任是指政府对居民的需求和愿望的反应能力，运作责任是指公共服务的经济性和有效性，财务责任是指官员为税收中每一分钱的征收和使用负责。

而经过几十年的探索和实践，OECD 国家形成了一套由项目、单位、部门、综合四个层次构成的相对完善的绩效评价制度。美国出台了《政府绩效与成果法案》，对评价的目标、评价的过程、评价的结果等的实施进行了较为详细的描述，并提出了以改善成果、提升服务质量为目标的绩效改革的具体措施，此举提高了政府的社会责任感。加拿大发布了《加拿大政府绩效评价政策和标准》，澳大利亚出台了《目标与产出框架》，韩国制定了"预算项目自评体系"（self-assessment of the budgetary program，SABP）。在组织体系上，美国是由国会直接领导，由国会的会计总署或其聘用的中介机构对各政府部门的绩效进行评价，然后向国会提供绩效评价报告；英国、澳大利亚、韩国是由政府组织实施，议会强力监督，如英国政府每年由财政部与各政府部门签订《公共服务协约》，约定责任条款、目标条款和如何完成，在秋季的时候各政府部门要向议会提交《秋季绩效评价报告》，接受议会的监督。

---

① 王雁红. 英国政府绩效评估发展的回顾与反思［J］. 管理现代化，2010，（4）.
② 张斌. 政府绩效预算发展的最新进展与面临的挑战［J］. 财会研究，2013，33（6）.
③ 苏杰，张馨月. 国外对绩效预算改革相关问题的研究［J］. 知识经济，2010，12（17）.

此外，西方针对绩效评价方法的研究成果也相当多。20 世纪 70 年代初期，萨蒂（Saaty）教授提出了"层次分析法"（AHP）；20 世纪 80 年代，美国的俄勒冈进步委员会提出了全面的标杆管理法，这是一种目标导向的评价方法，通过比较阶段性结果与目标的相符度进行评估，不断地对下期目标进行调整。与此同时，英国在撒切尔夫人执政后，以雷纳爵士为首的效率小组通过对政府各部门的运作情况进行调查研究评价活动，制定了著名的"雷纳估计"方法。1992 年美国哈佛商学院的罗伯特·S. 普兰和大卫·诺顿发明了平衡计分卡，用于财政绩效的评价。Berman 和 Wang（1992）将成本收益及项目结果的评价综合认定为绩效评价以及组织的政策和过程评价。Behn（2009）提出绩效评价的目的决定绩效评价的方法，例如根据业绩的结果进行业绩评价、根据实际的效率进行资金的分配比例。他同时将绩效评价按不同评价目的分为评价下级、控制下级、制定财政决策、提高绩效等八类。在众多的评价方法中，如何选择合适的评价方法是管理者面临的问题，基于此，Sean 等人（2006）通过对公共教育绩效评价的研究指出，不同绩效评价方法产生的评价结果传递给管理者的信息是截然不同的，有必要对绩效评价方法选取作进一步研究，排除方法选择的困惑，他同时指出，可以通过组织特征来进行评价方法的选择。Carl（2008）认为，绩效评价的方法可在财务状况、顾客方面、内部经营过程情况、人力资源情况、技术和革新情况、合作交流情况、政策结果信息等方面进行有选择性的选取，其选取原则为：在战略计划中涉及；可以在大部分雇员中应用；可以在多数投资中应用；数据可以及时获得；数据可以低成本地获得；能够有效评价组织的声誉。

二、国内财政绩效评价研究评述

相比国外，我国对财政绩效评价理论和实务研究开始较晚，对财政绩效研究主要是借鉴西方学者的理论并结合社会主义市场经济建设实践。张志超（2006）系统地介绍了美国政府绩效预算的理论与实践，总结了美国联邦政府如何推行其绩效预算活动以及到目前为止所取得的一般成就，研究重点涉及美国政府推行绩效预算的宪法、法律、制度环境、政府治理改革、预算管理制度改革，以及绩效预算的原理、方式方法、主要的技术手段等。他的研究丰富了国内理论界在预算绩效管理领域的探索，为国内各级政府的预算管理制度改革活动提供了有益经验。牛美丽和马骏（2006）则对新西兰等国家的预算改革特别是绩效预算改革给予了高度关注。相比其他西方国家，新西兰的预算绩效管理改革开展得更为彻底，给几乎所有政府管理领域都带来了根本性的改变。虽然中国的政府管理现实情况和国家政治体制与新西兰有很大区别，但从其改革过程的分析中，我们也可以更加清晰地认识到开展绩效导向的预算管理制度改革所应具备的各种必要条件。

对于财政绩效管理问题研究，可以划分为财政绩效评价和绩效预算两个方面。

（一）关于财政绩效评价的研究

我国学者有关财政绩效评价的研究主要集中在关于财政绩效评价的层次、方法、指标、指标权重的确定、评价标准的确定和因素等六个方面。

1. 财政绩效评价层次的研究

财政绩效评价具有多层次性的特点。李俊生（1994）从财政的配置效率、规模效率和财政的耗用效率三方面对财政绩效进行研究。郭庆旺和赵志耘（2002）将财政绩效分为预算效率、决策效率、制度效率，其逻辑为实现支出绩效需要控制财政支出规模和财政支出结构，这需要科学有效的预算方法，而只有良好的支出决策才能做好预算，这就需要评价政府支出项目和方案的决策方法，在预算的执行过程中要有效地使用预算资金，就需要有严格的制度保障。李森（2005）认为，宏观层次上，财政绩效表现为财政支出规模的合理确定；中观层次上，财政绩效表现为合理的财政支出结构；微观层次上，财政绩效表现为政府的行政效率，尽量做到少投入多产出。吕炜、王伟同（2007）立足教育支出将财政绩效分为资源配置效率、财政体制效率和支出管理效率三个层次。卢静（2005）、陈文学（2011）的研究得出，财政绩效评价包括对一级政府或一定区域的财政支出进行的综合绩效评价、对政府部门和其他公共职能的部门进行的部门绩效评价、对基层财政单位进行的单位绩效评价、针对具体项目进行的项目绩效评价四个层次。徐一心等人（2010）的研究结果则认为，财政绩效评价包括评价财政的总体效益和效果的总体绩效评价、以总体评价为基础进行的分类绩效评价、项目绩效评价三个层次。

2. 财政绩效评价方法的研究

财政支出的绩效评价具有多个层次，针对不同的层次，采取的考评方法有所不同。杨京星（2010）总结了财政绩效评价方法，主要有成本—效益分析法、综合评价法、最低成本核算法、公众评价法以及数学方法。各种方法的侧重点有所不同。

较为普遍使用的财政绩效评价方法有以下五种。

（1）成本—效益分析法。此方法是对财政支出的政治制度进行经济分析的基础，政府的资源配置高效率表现为在预期的目标下使用最小的成本，或以既定的成本取得最大效益。吴俊培（2003）认为，由于财政支出成本和收益具有经济外部性，成本、收益的数据收集难度很大，所以技术上很难用成本—效益法分析社会效率，如社会公平、经济稳定等。丛树海（2007）先将影响投入和产出的各项因素罗列出来，然后分析所有影响收益以及成本的内外因素，计算投入产出比，进行综合分析评价。

（2）目标评价法。在政府实务中常使用的是目标评价法，这种方法结合预算目标，可用于对部门和单位的评价，也可用于期限较长的项目的评价，它是将当期经济效益或社会效益水平与预期目标标准进行对比，分析完成目标的因素，从而评价财政绩效。余小平、孔志峰（2004）和贾晓云（2007）使用此方法评价政府支出绩效。

（3）综合评价法。建立评价指标，在多种指标计算的基础上，根据一定的权数计算出一个综合评价值，依据综合评价值对财政支出项目进行考评。这种方法使用较多，广东省、浙江省使用的都是这种方法，评价的准确度较高，由于指标考虑很多，所以分析得较全面，但是，在指标选择、标准值及权数确定上较复杂，操作难度相对较大，且对统计数据要求较高。该方法可综合成本—效益法、最低成本法、专家评议法等方法的优点，适合项目支出、单位支出、部门支出等各层次的绩效考评。郭亚军（2002）以及梁红梅、张卫峰（2012）使用拉开档次综合评价法研究了我国财政绩效问题，马凯（2011）也运用该方法对林业财政专项资金绩效进行评价。

（4）数据包络分析（DEA）法。此方法是运筹学的数学规划方法，起先是用于技术效率的研究，西方学者首先将之引入财政绩效评价。相对于计量回归分析，DEA 方法具有处理多输入、多输出情形的能力，以及无须提供先验的权重信息的优点。在汪柱旺和谭安华（2007）最先使用该分析法之后得到了广泛的应用，陈一诗和张军（2008）、马进（2008）、伏润民等人（2008）、刘振亚等人（2009）、韩华为和苗艳青（2010）、闫丽莎（2011）、许文立和田淑英（2012）都分别使用 DEA 方法分析了我国的财政绩效，还有众多的文献用该方法分析各省市或专项的财政绩效。

（5）层次分析法。将与决策总是有关的元素分解成目标、准则、方案等层次，在此基础上进行定性和定量分析的决策方法。如谢福泉、任浩等（2006）从财政 R&D 项目评价入手，构建了一套具有共性的指标体系，并采用层次分析法设计权重，选择应用数学评价方法，通过计算全部项目的投入产出比指标对项目进行评估。章建石、孙志军（2006）讨论了层次分析法在高校财政绩效评价中的应用。谢虹（2007）依据层次分析法原理，对科技财政支出的绩效评价建立了具体的评价指标体系，选择了适于反映科技支出效益的指标群，并运用层次分析法对科技财政绩效进行了示范性评价计算。

3. 财政绩效评价指标的研究

科学合理的评价指标是进行财政绩效评价的前提，目前有关指标选取的研究甚多，主要集中在根据支出的规模、结构，支出的效果，支出的全过程，进行指标选取。刘汉屏、周谓兵（2000）认为评价支出项目绩效的指标体系分为四类，即经济效益指标、社会效益指标、环境影响指标、分配效益指标。辽宁省财政厅和东北大学联合课题组（2004）给出了评价指标设定的三个原则，从反映财政支出自给程度、财政各项支出的比重、财政供养人数情况等结构性支出内容，以及财政支出拉动社会各类资金的投入，推动社会经济发展等拉动性支出内容和财政支出对 GDP、教育、科技、农业、社会保障的贡献情况，提出三方面 16 项综合评价指标，包括：（1）财政支出自给率、财政科技、教育、农业、社会保障支出比重、财政供养系数的财政支出结构类指标；（2）财政教育、科技、农业、基建支出拉动（启动）系数的财政支出拉动（启动）系数类指标；（3）财政支出的科技、教育、社保和农业支出等方面的弹性财政支出贡献指标。李永友（2005）提出，在公共支出绩效评价中，所评价的内容就是公共支出活动的经济性、效率性和有效性，然而这些指标都是相对概念，无法直接衡量，为了评价这三性，必须寻找其他间接指标。张永慧和李天祥（2005）提出，建立专项资金绩效评价体系，主要从经济绩效评价、社会绩效评价和环境绩效评价三个方面入手，在这三个方面再分层设立相关指标。陈孝等人（2007）建议，在评价指标设置上，既要有适合所有专项资金的评价指标，以衡量不同受益单位和资金管理部门管理与使用专项资金的能力，又要根据不同项目的特点单独设计评价指标，以反映特定财政专项资金项目运作情况及其效果。同时，还应该根据项目的规模、性质设计不同层次的指标以反映宏观和微观的评价需要。

章磊等人（2008）根据美国会计总署制定的"4E"原则，从经济性、效率性、效果性、公平性角度对具体财政支出项目指标体系进行研究。郭亚军、何延芳（2009）认为，财政绩效评价的指标包括财政支出规模类指标，科研、教育、医疗、社会保障等社会公共支出占财政支出比重等支出结构类指标，与公民生活实际相关的各种指标，反映在消费、住房、消费结构、教育资源、医疗条件等各个方面支出效果类指标。余振乾和余小方（2009）研究指出，财政绩效评价不仅要包括财政资金的产出和结果，还要包括资金的投入和使用过程。他们将项目的全过程分为四个阶段，即项目的确定阶段、项目的运作阶段、项目的产出阶段、项目的结果阶段，其具体的外在表现是项目的目标及内容、项目全过程的管理、项目完成、效益产出。他们研究建立的评价指标体系包含了以上四个阶段及其外在表现各个方面的指标。

相对于文献，各级政府的财政绩效指标更加全面、系统、有针对性。如广东省财政绩效评价指标以动态、开放、可扩充为原则，分为定性和定量两大类指标。在实践中运用的指标，既可以从指标库中选取，也可以根据评价对象的特殊情况设置指标，保证绩效评价的科学性和针对性。其定量指标分为基本指标和个性指标。基本指标是广泛应用于综合性绩效评价中的通用指标，例如资金到位率、资金使用率和支出效果率，是结合财政资金的配置过程的财务指标。个性指标是针对具体评价对象，结合对象自身特点和财政支出目标设置的特定指标，包括绩效指标和修正指标。绩效指标根据财政支出功能划分为经济建设、支农、卫生、教育、科技、社会保障、文化体育、政府采购和政府运转九大指标，每个指标再通过多个相对率指标细化。定量指标体系中还含有修正指标和备选指标，修正指标考虑了有些行业对社会发展和长期绩效的影响，对年度的评价结果进行修正，如地区经济发展水平影响因素、对环境的影响因素等；而备选指标则是随着社会经济发展逐渐出现的尚未被普遍使用的指标，如社会状况指标、环境整治指标、资源利用指标等。此外，定性指标并不是与定量指标简单并列的，而是相结合的，定性是对定量的补充，通过定性指标对定量指标进行校验、修正和完善形成综合的评价结论。①

4. 财政绩效评价指标权重确定的研究

进行绩效评价的过程中往往要对不同的指标赋予不同的权重来计算评价结果值，不同的赋值方法会产生不同的评价结果，因此，有必要确定统一的指标权重。目前，应用较为广泛的赋值方法主要有排序法、层次分析法、专家直观判断法等，其中应用较多的是专家直观判断法，通过一定数量专家根据经验的判断将不同的指标赋予不同的权重系数，再计算其数学均值并进行归一化处理，得到不同的指标权重。此方法虽应用较多，但仍存在一定的主观性。郭亚军、何延芳（2009）以 1994～2001 年的数据为基础，评价了我国的财政支出状况。辽宁省财政厅和东北大学联合课题组（2011）采用"拉开档次"的评价方法，对当地多个市级城市的公共财政支出进行了效率评价和综合评价。该方法的评价赋值基础是被评价对象之间的整体差异，以差异为基础对各指标分别赋值，然后进行差异驱动的综合效率评价。这种方法透明的评价过程是它的优点，排除了主观因素的

---

① 王超. 安徽省财政绩效评价与影响因素分析 [D]. 合肥：安徽大学，2014.

干扰，使评价结果客观而真实。徐一心等人（2010）对四川乐山市公共财政支出用因素分析法进行多层次的评价，同时结合层次分析和权重系数计算的方法综合评价。

5. 财政绩效评价标准确定的研究

评价标准选取的恰当与否是评价结果是否客观、真实、公正的基础。陈学安（2010）将评价标准分为定量标准和定性标准两大类，其中，定量标准是可以计量的标准，定性标准是不可计量的标准；同时又通过行业、计划、经验和历史分为四个标准，有时效性的是当期标准，没有时效性的是历史标准，实际测算的是测算标准，经验标准依据经验的积累，按地理位置的不同划分区域标准，按标准制定机构的性质分为官方标准和非官方标准。于宁（2010）认为选取标准值的思路有三种，分别是历史标准、通用标准、理论标准。杨京星（2010）认为标准值的选取应综合考虑财政支出的性质和类型，并根据评价的地区、行业、规模等实际情况，在历史数据分析的基础上，结合数理统计分析、专家判断、公共参与等诸多因素来制定。卢静（2011）认为评价标准值的确定要以完整的信息库为支撑，通过分析历史数据资料来确定，从而保证评价结果兼具纵向比较和横向比较的可比性。但是，我们尚未建立绩效评价的基础信息库，这无形中增加了开展财政绩效评价工作的难度，因此，十分有必要建立一套信息资料全面完整的财政绩效评价信息库。

6. 财政绩效的影响因素

财政绩效的影响因素有很多，学者从不同的视角分析各种因素的影响，包括地方财政自主度、地方间财政效率的竞争、绩效预算制度、绩效监督、寻租与腐败、激励不相容、政府职能转变不到位、政府采购制度等。

田晓、卜强（2000）认为应该通过良好的制度保证预算执行过程。他们认为，政府公开支出中转移支付主要目标是"公平"，而政府购买性支出（特别是采购支出）主要目标是"效率"。建立和完善政府采购可以避免财政资金使用过程中的不透明、不公开，从而减少资金浪费和腐败现象，使财政绩效提高。王庆（2007）认为，对财政进行绩效监督能有效提高财政绩效，应该加强对政府的监督。李银珠（2007）认为，财政绩效低下的原因是：政府职能转变不到位导致的公共支出的越位和缺位；经济体制改革与政治体制改革不同步导致的寻租和腐败；官员预算最大化、制度环境层次中的激励不相容。刘明、欧阳华生（2010）认为，政府实行绩效管理的核心环节是绩效预算。预算办法不符合建立绩效预算要求，将导致财政绩效较低。张雷宝（2010）认为，公共支出绩是指公共支出所引致的一系列结果（主要包括绩和效两方面内容），且这些结果与公共支出的绩效战略目标、公共满意度、公共资金投入等关系最为密切。公共支出绩效具有如下特点：一是公共支出与政府支出既紧密联系又有显著区别；二是公共支出绩效必然注重结果导向；三是公共支出绩效是一个相对概念；四是公共支出绩效在本质上取决于公共责任的强弱程度以及传递过程。才国伟、钱金保（2011）认为，地方政府间财政效率的竞争将促进地方财政绩效的提高，条件是需要确保"用脚投票"机制产生作用，并将财政绩效纳入考核标准形成动力，但是，他们认为当前中国没有这一机制。陈志广（2012）认为，地方财政自主权应该是较为直接的影响因素。他通过实证分析得出，相对于财政自主（地方政府自由收入在支出中的比例）对公共支出绩效有正面影响，绝对财政自主（地方政府自有收入）对公共支出绩效有负面影响。胡洪曙、魏福成（2012）分析了地方政府财政能力与经济绩效的关系，认为地方政府财政能力是把"双刃剑"，既可能有正面影响也可能有负面影响。

（二）关于绩效预算的研究

财政部预算司认为，绩效预算是一种以目标为导向的预算，它是以政府公共部门目标实现程度为依据，进行预算编制、控制以及评价的一种预算管理模式。在绩效预算管理中，预算支出绩效评价作为一种管理控制工具，属于绩效预算管理中的核心问题。

卢宏友和龚锋（2005）认为，绩效预算是所有致力于将预算投入与预算结果相挂钩的努力的统称，它追求将市场经济的"效率、效益、价值"观念引入公共部门活动中。首先，由执行部门设计一项活动或项目所要达到的目标；其次，由政府会计、审计以及相关部门会同社会外部机构、公众等评估项目或活动的绩效，将绩效信息引入预算决策过程，确定达到这一业绩所需要的拨款；再次，强化事中对项目绩效持续动态的跟踪考核评估；最后，通过定量与定性指标对项目最终绩效进行考核，并将考核结果作为未来预算申请的重要参考。

吴俊培（2007）认为绩效预算存在三方面的替代关系：一是政府和市场之间的绩效替代关系；二是公共部门之间的绩效替代关系；三是公共部门内部的绩效替代关系。第一方面问题属于广义的绩效预算，不是通常意义上的绩效预算，探讨是由政府还是由市场进行资源配置；第二方面问题是在政府和市场关系既定的前提下对公共部门分配预算资金，预算是由政府编制的，也是由政府执行的，但从预算决定角度看，并不是由政府单方面决定的，政府预算是由部门预算汇编而成的，预算资金在不同部门的分配对预算绩效具有决定性的影响；第三方面问题是在部门预算资金一定的前提下对部门内部的公共部门的资金分配，显然，不同的分配具有不同的绩效，因此，也要对政府各部门的支出绩效进行评估后择优确定。

贾康认为绩效预算具有三方面特性：一是绩效预算是一种新式预算理念，需要将拨款与绩效相联系的预算理念落实到预算编制过程中；二是绩效核算，需要从资金使用角度来规划、评价政府部门在预算年度内取得的绩效；三是绩效预算体现以民为本的执政理念，预算资源的使用必须产生社会公众所需要的社会效益，并非简单的由政府认为应该取得的效益。概括地说，绩效预算是预算理念和预算过程的变化，预算编制方法变化只是绩效预算实现方式所采取技术手段的变化。[①]

白景明（2010）认为，全面认识绩效预算必须把握五个重点问题：一是绩效预算的核心是把绩效管理引入预算管理，而不再纠结于强调绩效预算的理论模式是否能在管理实践中彻底落实；二是绩效预算的宗旨是实现预算管理科学化，绩效预算就是要用制度管钱、用客观依据管钱、用事实判断管钱，其突出表现是以评价结果来确认支出合理性，减少人为干预因素；三是绩效预算是在原有预算制度基础上生成的改革，在投入导向性预算向结果导向性预算的制度变迁过程中，原有支出标准化理念和规则发挥巨大作用；四是绩效预算最大的作用是推动行政管理体制改革深化，各国经验表明，采用绩效预算后，政府部门办事效率和服务质量明显提高，能够主动根据民众意愿调整公共产品供给结构；五是绩效预算属于分权化预算，从政治管理体制角度看，预算管理权要在立法和行政两大系统划分。从行政管理体系内部看，预算管理权需要在政府顶层和政府部门之间划分。

概括而言，国外学者对于财政绩效管理研究，是基于传统经济学和财政学理论，以公共产品理论为核心要素，从公共产品配置效率和公共产品生产效率视角出发，融入公共选择学派、新制度经济学、新公共管理等相关内容，借鉴微观经济学和私人部门分析方法，创新财政绩效管理技术和标准，政府治理框架全面改革带动财政绩效管理工作，形成相对完整的财政绩效管理体系，指明财政绩效管理发展的路径，虽然各国推行财政绩效管理的重点和模式不尽相同，但是普遍有效缓解了西方国家面临的管理危机、财政危机和信任危机。相较于国外学者的研究而言，我国财政绩效管理仍处于起步阶段，而国内学者财政绩效管理的研究尚未提出推动我国财政绩效管理的有效途径，由于目前财政绩效管理局限于技术管理层面而未能扩展至制度管理层面，偏重于项目支出绩效管理与现有管理框架内的绩效评价管理，导致评价标准和评价指标过于单一，评估结果缺乏实质性应用。

---

① 王志刚．我国地方财政绩效管理的制度研究［D］．北京：财政部财政科学研究所，2014.

第三节 实证分析方法在地方财政绩效管理研究中的应用

近年来国内外学者不断探索适合地方财政绩效管理的研究方法，该领域已经形成一些可圈可点的研究成果。笔者浏览了 2012 年以来发表在《财政研究》上的 1018 篇文献，根据研究内容和研究方法，筛选出以实证分析方法研究地方财政绩效管理的文献，共计 40 篇。从其年度分布来看，近几年学术界始终对地方财政绩效管理保持稳定的研究兴趣（见图 1 – 1）。

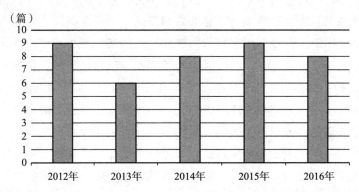

图 1 – 1　以实证分析方法研究地方财政绩效管理的文献（按年度分类）

注：这里的文献是指发表在《财政研究》上的文献。其中，2016 年的文献篇数只算 1 ~ 7 月份。

从应用的具体研究方法来看，既有传统的经济指标法、多元线性回归法，又有较为新颖的非参数模型法、数据对比分析法、内容分析法。多种方法各放异彩，开拓了该领域的研究视野，为我们提供了多角度观察、思考地方财政绩效管理的可能性。笔者按照经济指标法、模型检验法和其他方法三个类别，对上述文献进行归纳整理，以期为该领域的进一步研究提供适当的研究思路。

一、经济指标法

（一）单纯的经济指标法

财政绩效评价指标是衡量和评判财政绩效的工具，是多方面、多层次指标及其标准共同组成一个指标体系。设置财政绩效评价指标体系的目标就是形成一套完整的财政绩效评价的指标库，评价指标体系的设计要遵循目的性与系统性相结合、全面性与经典性相结合、科学性和可操作性相结合的原则。

财政支出内容的复杂性、支出对象的层次性、支出效益的多样性，决定了财政绩效评价必须依赖多层次、全方位的指标体系。指标的设立必须以财政支出分类为基础，坚持短期效益和长期效益相结合、定性和定量相结合、统一指标和专门性指标相结合的原则。例如，支出绩效评价中，财政投资的基建项目投资数额较大，由于投资时间、运行周期较长，效益的发挥具有明显的滞后性；还有一些项目直接经济效益不明显，但社会效益、生态效益较优。因此，评价指标中既要包含微观效益又要包含宏观效益，既有近期效益又有长期效益，既有直接经济效益又有间接社会效益。再如，单位和部门绩效评价中的教育、卫生、支农等支出绩效评价指标，既要有对所有支出资金规模及其作用情况的统一性评价指标，用于说明资金的到位情况、配套情况、投资效率和实施效果，又要有针对不同支出的特点对专项资金运行效果进行专门评价的专门指标。

丁芸（2015）将单位补贴额减少的 CO_2、SO_2、NO_x 排放量作为新能源上网电价补贴的大气环境福利效应衡量指标，研究发现，新能源上网电价补贴提高了新能源发电企业生产的积极性，新能源发电量不断提升，替代燃煤火电的贡献度逐渐增大，优化了我国能源消费结构，减少温室气体 CO_2 以及污染性气体 SO_2、NO_x 的排放量，有利于改善大气环境质量，提高了大气环境福利[①]。聂亚平（2013）通过研究湖南省全省涉及民生的财政支出、全省的企业退休人员月平均基本养老金、湖南全省新增城镇就业人数、三项基本医保制度参保人数以及城镇职工医保、失业、工伤、生育等五项社会保险基金的收支规模等经济指标，认为财政投入带来了社保绩效的显著提升[②]。

（二）经济指标的综合评价法

单纯的经济指标法存在指标体系庞杂、指标权重设置不客观的问题。为了简化指标项目、突出重要指标，学术界尝试在单纯的经济指标法的基础上，去粗取精，去伪存真，由此及彼，由表及里，进行更深入有效的财政绩效评价。

从评价内容来看，包括支出绩效目标的确立、指标体系的建立以及对绩效目标的实现程度的实证考评。从评价的方法来看，主要有排序法、层次分析法、德尔菲法、主成分分析法、数据包络法、聚类分析法等，其中，前三种方法虽然简

---

① 丁芸等. 新能源上网电价补贴的大气环境福利效应 [J]. 财政研究，2015（6）：59-68.

② 聂亚平等. 财政投入提升社会保障绩效探析——以湖南省绩效提升为例 [J]. 财政研究，2013（7）：75-77.

化了决策过程，但要求评价主体具有较高的经验水平和认识程度，存在片面性和主观性；后三种方法能够转化多维指标问题为较少的综合指标，不仅使决策过程简单、直观，还能够保留原有指标的绝大部分信息，也是近年来常用的决策方法。

1. 主成分分析法

主成分分析也称主分量分析，旨在利用降维的思想，把多指标转化为少数几个综合指标（即主成分），其中每个主成分都能够反映原始变量的大部分信息，且所含信息互不重复。这种方法在引进多方面变量的同时将复杂因素归结为几个主成分，使问题简单化，同时得到更加科学有效的数据信息。在实际问题研究中，为了全面、系统地分析问题，我们必须考虑众多影响因素。这些涉及的因素一般称为指标，在多元统计分析中也称为变量。因为每个变量都在不同程度上反映了所研究问题的某些信息，并且指标之间彼此有一定的相关性，因而所得的统计数据反映的信息在一定程度上有重叠。主成分分析法用较少的变量去解释原来资料中的大部分变量，将我们手中许多相关性很高的变量转化成彼此相互独立或不相关的变量。通常是选出比原始变量个数少、能解释大部分资料中变量的几个新变量，即所谓主成分，并用于解释资料的综合性指标。

辛立秋（2012）运用主成分分析法，结合 TOPSIS 综合评价法，评价我国社会保障绩效，从定量分析的角度对我国内地 31 个省份的社会保障水平进行综合评价和排序，并提出完善社会保障体系的建议①。

2. 聚类分析法

聚类分析的实质是建立一种分类方法，将一批数据按照它们在性质上的密切程度在没有先验知识的情况下自动进行分类，再根据已知类别的事物的性质，建立函数式并对未知类别的新事物进行判断以将之归入已知类别中。根据因子分析得到的五个公因子按照欧式距离或其他方式进行快速聚类分析。

王全良（2015）使用因子聚类的分析方法，以海南省 19 个市县 2006~2010年数据为样本，进行实证检验。根据分析结果，发现该省各市县均不同程度地存在财政支出结构不合理的问题，没有形成有效而稳定的综合绩效增长机制②。

3. 结构方程模型（SEM）

在财政绩效管理研究领域，有时需要处理多个反映投入的经济指标、多个反

---

① 辛立秋等. 基于主成分分析和 TOPSIS 法的社会保障绩效评价 [J]. 财政研究，2012 (7)：50 - 52.

② 王全良. 基于因子聚类分析的财政支出综合绩效——以海南省 2006~2010 年数据为例 [J]. 财政研究，2015 (6)：2 - 7.

映产出的经济指标的关系，或者会碰到不可直接观测的变量（即潜变量），结构方程模型能够帮助我们揭示这些经济指标之间的关系。

伍凤兰（2015）在梳理区域公共产品相关研究成果的基础上，从投入、产出、结果三个角度构建指标体系，运用结构方程模型构建了区域公共产品供给的配置效率模型，以"珠三角"区域作为实证样本，对"珠三角"9 地市在 2003～2013 年间公共产品的配置效率进行了分析。研究表明，各辖区政府更倾向于提供有利于本辖区居民利益最大化的恶意型公共产品，而不是外溢性更强的善意型公共产品；区域公共产品的整体配置效率在不同时期会呈现波动性；区域内各辖区的配置效率存在差异。[①]

二、假设检验法

假设检验（Hypothesis Testing）是数理统计学中根据一定假设条件由样本推断总体的一种方法，即通过统计量来描述数据的特点，并以此为根据结合所需的置信度，通过常用的分布来推断假设条件是否应该被接受，从而得出关于总体的结论。假设检验分为参数检验和非参数检验。参数检验是在总体分布形式已知的情况下，对总体分布的参数如均值、方差等进行推断的方法。非参数检验是在总体方差未知或知道甚少的情况下，利用样本数据对总体分布形态等进行推断的方法。

（一）参数检验法

1. 线性模型

线性模型（Linear Regression）是现代统计学中应用最为广泛的模型之一。线性模型对应的函数是一个或多个称为回归系数的模型参数的线性组合。线性模型又可分为一般线性模型、混合线性模型和广义线性模型。

（1）一般线性模型。一般线性模型是最常使用的经济模型之一，我们常见的一元线性回归模型和多元线性回归模型都属于一般线性模型。

胡志勇（2016）选择行政运行成本作为分析对象，采用 28 个省和 10 个城市的相关数据进行实证检验，根据实证结果分析各个影响因素的作用，并提出合理控制行政运行成本的对策建议[②]。姚维保（2014）以多元线性回归模型实证分析

---

① 伍凤兰等. 区域公共产品的有效供给——基于配置效率的视角 [J]. 财政研究，2015（10）：15 - 20.

② 胡志勇等. 中国行政运行成本影响因素的实证分析 [J]. 财政研究，2016（5）：68 - 76.

了广东科技服务财政支出对科技服务业发展的影响。研究表明，广东科技服务财政支出对普通科技服务企业的数量增长影响显著，对于品牌科技服务企业的成长也有积极作用[①]。余可（2014）基于广东省科技厅在 2010 年 1 月进行"振兴科技型中小企业示范工程"的问卷调查数据，对于中央财政补贴和地方财政补贴影响科技中小企业知识产权资产形成进行了实证研究，得出结论：中央财政补贴对于科技中小企业知识产权资产的形成影响不显著，甚至对于实用新型和软件著作权专利的申请具有显著的负相关性影响；地方财政对于大部分科技中小企业知识产权资产的形成具有显著的正相关性影响，但是对于植物新品种和集成电路布图设计专有权专利申请具有不显著的负相关性；财政补贴对于科技中小企业的技术研发投入具有显著的替代效应。[②]

一般线性模型通常用于解释地方财政支出及其他影响因素对某个财政绩效产出变量的作用。万建香（2015）以经济增长、资源消耗、环境污染为被解释变量，以财政预算支出规模、教育科技预算支出、环境保护预算支出为解释变量，进行了线性回归分析。[③] 王艺明（2014）探讨了非生产性公共品支出和生产性公共品支出对地区人均碳排放量的影响。[④] 茆晓颖（2014）以江苏省所辖 13 个市 2010 ~ 2012 年的全口径支农支出（即包括一般预算支农支出、预算外支农支出、政府性基金支农支出、其他涉农资金）各子项与各自的农民收入进行了回归分析。[⑤] 谈毅（2014）对政府科技投入以及高校创新产出进行了相关研究。[⑥] 张勇（2012）通过实证研究指出，在当前发展阶段，高等教育对于中国经济增长和创新的贡献显著大于基础教育。[⑦]

第一，时间序列数据用于多元线性回归模型。部分学者选择采用时间序列数据进行多元线性回归分析（姚维保，2014；王玺，2013；胡东兰，2013；张宏翔，2012）。

王玺（2013）通过结合政府教育投入和家庭教育投入产生的人力资本进行实

---

① 姚维保等. 广东科技服务财政绩效实证研究 [J]. 财政研究，2014（1）：59 – 62.

② 余可等. 财政补贴对科技中小企业知识产权资产形成的影响 [J]. 财政研究，2014（9）：61 – 64.

③ 万建香. 中国财政预算支出对经济增长、资源消耗、环境保护的绩效分析 [J]. 财政研究，2015（3）：6 – 10.

④ 王艺明等. 财政支出结构与环境污染——碳排放的视角 [J]. 财政研究，2014（9）：61 – 64.

⑤ 茆晓颖等. 财政支农支出结构与农民收入的实证——基于全口径财政支农支出 2012 年江苏省 13 个市面板数据 [J]. 财政研究，2014（12）：68 – 71.

⑥ 谈毅等. 政府科技投入对高校创新产出的影响——基于 2004 ~ 2013 年的数据 [J]. 财政研究，2014（12）：53 – 57.

⑦ 张勇等. 公共投资对教育不同阶段的影响——公共投资流向与教育转型的实证研究 [J]. 财政研究，2012（5）：44 – 48.

证分析，深入研究不同教育投入机制对经济增长的具体影响，发现随着经济发展人力资本对中国经济增长贡献显著。① 使用时间序列数据进行多元线性回归分析时，作者考虑到人力资本投入对增长的长期影响，对人力资本变量作滞后三期处理。

在回归分析中使用时间序列数据可能存在伪回归的情况。胡东兰（2013）采用1978～2010年的年度时间序列数据实证分析了中国财政支农支出对农村居民消费的影响。由于中国财政支农支出和农村居民消费支出绝对额总体呈上升趋势，若直接对两者进行回归分析，难以确定经济变量之间的关系是由于共同趋势而产生的伪回归还是真实相关。为真实反映财政支农支出对农村居民消费的影响，本书将农村居民家庭年收入引入模型中（Tsung-wu Ho，2001）。含有财政支农支出自变量的模型拟合优度比不含该变量的模型略有增加，说明财政支农支出确实对农村居民消费产生了正向的影响，使得模型的拟合优度进一步提高。②

时间序列经济数据一般是非平稳的，需要进行平稳性检验。张宏翔（2012）实证分析了支援"农村生产支出和各项农业事业"费、基本建设支出、农村科技三项经费、农业救济费以及农产品补贴对农业 GDP 的影响。对回归结果的残差进行 ADF 检验，在 0.01 的置信水平下，拒绝残差非平稳的原假设，即残差是平稳的，变量之间存在长期的协整关系。③

第二，面板数据用于多元线性回归模型。在对地方财政绩效管理进行研究时，学者也常常使用面板模型（胡志勇，2016；茆晓颖，2014；徐建军，2013）。面板数据根据不同个体之间截距、系数是否相同又分为混合效应模型、变截距模型、变系数模型。混合效应模型认为不存在个体异质效应，即所有的个体拥有相同的回归方程通过模型进行回归。变截距模型则认为有个体异质因素存在。根据个体异质与自变量与控制变量是否相关变截距模型又分为固定效应模型和随机效应模型。变系数模型认为所有个体之间没有共性，结构因素和个体因素均存在。对于面板数据，首先运用协方差分析等方法判断出恰当的模型形式为混合效应模型、变截距模型或变系数模型，并进一步通过 Hausman 检验确定个体影响为随机效应或固定效应模型。

茆晓颖（2014）以江苏省所辖 13 个市 2010～2012 年的全口径支农支出（即包括一般预算支农支出、预算外支农支出、政府性基金支农支出、其他涉农资金）各子项与各自的农民收入面板数据，使用选择固定效应模型进行回归分析。

① 王玺、张勇. 公共投资在中国经济转型中有效引导——教育投入形式长期经济效果的实证分析 [J]. 财政研究，2013（10）：43－47.

② 胡东兰等. 中国财政支农支出对农村居民消费影响——实证分析与政策建议 [J]. 财政研究，2013（1）：50－53.

③ 张宏翔. 基于我国农业财政支出的效益再评估——探析优化其管理的政策建议 [J]. 财政研究，2012（11）：39－43.

徐建军（2013）利用1985～2009年我国省际面板数据，依据粮食主产区、非主产区和东、中、西部两种方式的区域划分标准，使用随机效应模型测算出财政支农力度对粮食产量的边际产出。① 余长林（2016）利用2007～2013年中国287个城市的面板数据，运用固定效应模型实证考察了地方财政支出对环境污染的影响。② 陈贵富（2015）利用美国北卡罗来纳大学和中国疾病控制中心在我国12个省、直辖市和自治区进行的家庭营养与健康调查数据微观面板CHNS数据，应用随机效应面板单位概率模型来分析财政和就业的关系。③ 王朝阳（2016）使用湖南省114个县2005～2010年连续6年的统计数据，建立面板数据模型，对财政扶贫与县域经济增长之间的关系进行实证分析。④ 周宏（2012）利用我国31个省、自治区、市2003～2008年的省际面板数据分析了中等职业教育对经济增长的影响。⑤ 金雪涛（2015）选取2000～2012年中国31个省区市有关数据构成面板数据，应用OLS模型估计文化财政投入对于文化产业产出的贡献。⑥

针对面板数据的特性，也有学者选择应用特定的模型，例如面板向量自回归模型（PVAR）。相较于普通的VAR、SVAR模型，PVAR模型并不需要很长的时间序列数据，主要针对面板数据，它继承了VAR模型的多数优点，将系统中所用变量都视为内生变量，可以通过正交化脉冲响应函数分离出一个内生变量的冲击给其他内生变量所带来的影响程度，同时还存在独特之处，通过引入个体效应和时点效应变量分别捕捉了个体差异性和不同截面受到的共同冲击。

林炳华基于PVAR模型的方法，通过构建公共投资强度、私人投资强度及城镇居民人均收入指数，并采用我国31个省区市面板数据的实证结果表明，三大区域的政府公共投资和私人投资对城镇居民人均收入影响都不大；东部地区政府公共投资较大程度地挤出了私人投资；中部地区政府公共投资对私人投资产生一定的挤入效应；西部地区政府公共投资对私人投资的挤入效应较大。从中可反映我国的区域投资结构仍不是非常合理。⑦

---

① 徐建军. 财政支农粮食产出效应的区域比较研究 [J]. 财政研究, 2013 (1)：54－57.
② 余长林等. 分权体制下中国地方政府支出对环境——基于中国287个城市数据的实证分析 [J]. 财政研究, 2016 (7)：46－58.
③ 陈贵富等. 财政与就业的经验分析——基于CHNS微观面板数据 [J]. 财政研究, 2015 (4)：15－19.
④ 王朝阳等. 财政扶贫与县域经济增长的实证研究 [J]. 财政研究, 2012 (6)：23－25.
⑤ 周宏等. 中国中等职业教育对经济增长的影响——2003～2008年省际面板数据 [J]. 财政研究, 2012 (2)：53－55.
⑥ 金雪涛等. 我国文化财政投入与产出关系——基于面板数据模型的实证研究 [J]. 财政研究, 2015 (6)：23－29.
⑦ 林炳华等. 基于PVAR模型的城镇化政府公共投资与私人投资的互动效应研究 [J]. 财政研究, 2014 (3)：72－75.

（2）混合线性模型。混合线性模型（mixed linear model）是用来描述一个因变量和多个自变量之间的关系。该模型主要特点是可以处理至少有一个自变量为分类变量的问题，此分类变量用来代表数据中实验或观测的单位。混合线性模型是一种方差分量模型，在方差分量模型中，把既含有固定效应又含有随机效应的模型称为混合线性模型。

分类变量的作用是将数据分群。其变量值是定性的，表现为互不相容的类别或属性。陈高（2014）对中国1990～2012年省际数据进行分析，采用混合线性模型研究中国地方财政支出对经济增长的作用。实证结果显示，中国所有地区的地方财政支出对经济增长具有正向的外部作用，所有地区的政府部门要素生产率高于非政府部门。通过实证分析还发现，不同地区的地方财政支出对经济增长的作用存在着差异。[①]

该文以省份为一个分类变量，且属于纵向数据分类变量。纵向数据分类变量研究一般考查对个体单位重复测量的特征随时间变化的规律。每个个体单位在不同的时间点甚至不同的外界条件下进行重复观测。通常，我们不能控制观测时的外界条件，并且被观测的个体数量和观测时间可能发生较大变化。纵向数据通常难以用未限制协方差结构的普通多元模型分析，而混合线性模型是分析纵向数据的有力工具。纵向数据混合模型最先由 Laird and Ware（1982）提出。

（3）广义线性模型。广义线性模型（Generalized Linear Model，GLM）是一般线性模型的扩展，其特点是不强行改变数据的自然度量，数据可以具有非线性和非恒定方差结构，主要是通过联结函数，建立因变量 Y 的数学期望值与线性组合的预测变量 P 之间的关系。与线性模型相比，GLM 模型中 Y 的分布可以是任何形式的指数分布（如高斯分布、泊松分布、二项式分布），联结函数可以是任何单调可微函数（如对数函数 logarithm 或逻辑函数 logit）。这些优点使得 GLM 模型可以处理非正态分布的因变量，同时可包含定性、半定量的预测变量；Y 通过连接函数 g(E(Y)) 与线性预测因子 P 建立联系，不仅确保线性关系，且可保证预测值落在因变量的变幅内，并可解决数据过度离散的问题，从而使 GLM 得到越来越多的关注。

第一，probit 模型。probit 模型是广义线性模型的一种，服从正态分布。最简单的 probit 模型就是指被解释变量 Y 是一个（0，1）变量，事件发生概率是依赖于解释变量，即 $P(Y=1)=f(X)$，也就是说，$Y=1$ 的概率是一个关于 X 的函

---

① 陈高等. 中国地方财政支出与经济增长关系研究——基于1990～2012年省际数据的线性混合模型分析［J］. 财政研究，2014（8）：42－45.

数，其中 f(X) 服从标准正态分布。

当因变量是序次变量，回归时只能用有序 probit 模型。有序 probit 模型可以看做 probit 模型的扩展。赵新宇（2013）基于 2011 年吉林省公众幸福感问卷调查数据，采用有序概率模型（ordered probit model）考察了公共支出对公众主观幸福感的影响。实证结果表明，公共支出对吉林省公众主观幸福感的促进作用还有待发挥，科学技术、医疗卫生、教育、农林水事务和环境保护支出对公众幸福感有着明显的正面作用。政府应发挥公共财政的基础作用，进一步优化公共支出结构，才能更好地以民生事业的发展和居民收入的增加促进公众幸福感的提升。①

第二，logistic 模型/logit 模型。logistic 模型是一种广义线性模型，有些文献认为 logistic 模型和 logit 模型是合二为一的。

姚艳燕（2015）利用 2013 年对广东省 1745 个城镇居民的随机抽样调查数据，实证检验了财政教育投入对城镇居民幸福感的总体效应与作用机制。由于因变量（城镇居民幸福感）具有多值离散变量性质，其残差服从 logistic 分布，因而采用 ordered logistic 模型进行检验。研究发现：一是财政教育投入与我国城镇居民幸福感呈现正向关系，但是总体效应并不显著，该结论是稳健可信的；二是通过对城镇居民幸福感的三个主要组成成分的分解发现，财政教育投入显著降低了教育费用，提高了居民承担的税负，但对于教育质量并无显著的影响；三是在此基础上进一步探讨发现，制度环境的改善能够加强财政教育投入的教育质量效应。②

杨运忠（2012）选择就业概率作为职业培训财政补贴绩效评价的因变量，以湖北省宜昌、荆州和咸宁三市的职业培训数据为基础，从受教育水平、经验、就业政策实施状况和其他个体特征四个方面选取了部分变量作为自变量，采用 logit 模型对职业培训财政补贴绩效进行了检验。③

2. 非线性模型

回归参数不是线性的，也不能通过转换的方法将其变为线性参数的这类模型称为非线性回归模型。

（1）面板平滑转换模型（PSTR）。面板平滑转换模型主要用来处理变量之间存在的非线性关系，最早由 Gonzalez et al.（2005）提出，并经 Fouquau et al.（2008）进一步完善。使用 PSTR 模型进行估计之前需要确定三点：一是检验模

---

① 赵新宇等. 公共支出与公众主观幸福感——基于吉林省问卷调查的实证研究 [J]. 财政研究，2013（6）：13 – 16.

② 姚艳燕等. 财政教育投入如何影响城镇居民幸福感——来自广东的微观证据 [J]. 财政研究，2015（9）：108 – 114.

③ 杨运忠. 职业培训财政补贴绩效研究——就业机率检验 [J]. 财政研究，2012（8）：36 – 40.

型是否具有非线性；二是确定位置参数个数 m 的数值；三是确定位置参数 c 和平
滑参数 γ 数值。

宋丽颖、杨潭（2016）为了研究和验证企业活动资金与企业 R&D 投入之间
可能存在的非线性关系，将财政补贴和行业集中度作为转换变量引入 PSTR 模
型，并对转换函数进行一系列的估计检验。① 研究发现，财政补贴显著促进高技
术企业 R&D 投入，挤入效应明显；但是，随着财政补贴强度提升，财政补贴对
高技术产业 R&D 投入的正影响会减弱（见图 1 - 2）。企业在集中度较低时，为
了扩大企业市场份额，企业会增加 R&D 投入，从而提升产品科技含量，占领市
场份额。但是，随着行业集中度的提升，企业为了争夺稀缺资源，会更加注重规
模的扩大而忽视企业的 R&D 投入（见图 1 - 3）。

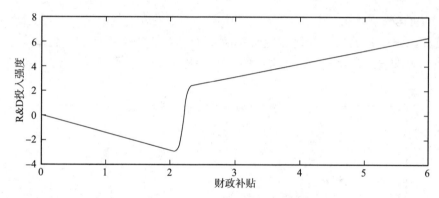

图 1 - 2　以财政补贴为转换变量的 PSTR 曲线图

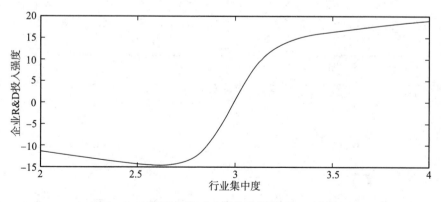

图 1 - 3　以行业集中度为转换变量的 PSTR 曲线图

---

①　宋丽颖，杨潭. 财政补贴——行业集中度与高技术企业 R&D 投入的非线性关系实证研究［J］. 财
政研究，2016（10）：59 - 68.

（2）非线性平滑转换回归模型（STR）。非线性平滑转换回归模型专门研究变量间的非线性关系。具体而言，STR 模型是一种能够体现机制连续性变换的非线性时间序列模型，能准确描述两个极端机制之间的变量平滑转换关系，体现变量之间的动态结构变化，具有很好的模拟经济现实和突发性经济政策的优点，被广泛应用于金融、经济等领域的研究。

赵建国（2012）针对中国社会保障制度改革的特殊性，运用非线性 STR 模型重点考察了财政社会保障支出经济增长效应的动态性。经验研究表明，两者关系表现出明显的非线性动态特征。如图 1－4 所示，财政社会保障支出与经济增长的关系表现出非线性特征。大体可分为四个主要阶段：（1）1984～1993 年。财政社会保障支出与经济增长的关系在线性和非线性间频繁转换。（2）1994～2002 年。两者关系比较稳定。此时转换函数为 G＝1，财政社会保障支出对经济增长的负向影响最大。（3）2003～2008 年。两者关系也较稳定。不过此时转换函数 G＝0，只有滞后 1 期财政社会保障支出对经济增长具有一定的抑制作用。（4）2009 年至今。这种关系还有待进一步观察。①

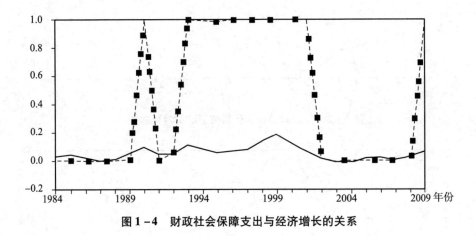

图 1－4　财政社会保障支出与经济增长的关系

（二）非参数计量模型法

1. 数据包络分析

数据包络分析（DEA）是由美国著名的运筹学家 A. Charnes 和 W. W. Coo-per 等学者以相对效率概念为基础发展起来的一种效率评价方法。该方法以相对效率

---

① 赵建国等．财政社会保障支出的非线性经济增长效应研究［J］．财政研究，2012（9）：51－54.

概念为基础，以凸分析和线性规划为工具，应用数学规划模型计算比较决策单元间的相对有效性，进而对决策单元做出评价。

效率评价是现代公共财政管理主要研究工具之一，常见的效率评价方法很多，诸如 360 度效率评价方法、数据包络分析、平衡计分卡法、层次分析法等。政府购买服务的财政支出效率评价涉及多个指标，输入指标包括政府每年购买服务资金投入，输出指标包括政府购买服务项目数量、服务人员数量、服务满意度等。因此，财政支出效率评价属于多输入—多输出综合性评价问题。与其他效率评价模型相比，DEA 对于评价复杂系统的多输入—多输出分析具有独到之处。应用 DEA 建立模型前无须对数据进行无量纲化处理，也不需要确定投入产出的具体表达形式。同时，DEA 方法无须设定权重值，权重值是根据决策单元输入输出的实际数据自动形成最优，避免了主观因素的干扰。近些年 DEA 方法被广泛运用在各个领域的效率评价中，如政府、银行、铁路运营等。

DEA 效率评价结果不仅可判断决策单元是否有效，而且可以对无效决策单元的效率改进提供依据，主要方法是利用无效决策单元的松弛变量进行数据分析，松弛变量包括投入冗余和产出不足两部分。

钱海燕（2014）选用 DEA 模型及安徽省合肥市政府购买居家养老服务为研究样本，在对地方政府购买服务的财政支出效率进行评价的基础上，提出效率改进的相关措施以及完善政府购买服务的政策性建议。[①] 代娟（2013）利用 DEA 方法，对中国 2011 年地方政府的财政支出效率（综合效率、纯技术效率、规模效率）进行核算，结果显示，中国绝大部分地方政府的支出都不是很有效率，而且处于规模报酬递减阶段。在此基础上，作者利用受限 Tobit 模型对影响各省财政支出效率的因素进行了探讨。[②]

（1）超效率 DEA 模型。传统的 DEA 方法分析相对效率时，可能出现很多研究样本全部有效即效率值为 1 的情形。为了弥补这一缺陷，安德鲁森和彼得森（1993）提出了超效率（super-efficiency）DEA 模型。

姚艳燕（2016）利用超效率 DEA 模型对 2003～2014 年广东省义务教育财政资金配置效率进行综合测度，获得历年总体效率值及排名，并分析历年规模收益、投入和产出实际值与目标值的差距，找出适合的义务教育财政资金投入产出

---

① 钱海燕等. 地方政府购买服务的财政支出效率评价——以合肥市政府购买居家养老服务为例［J］. 财政研究，2014（3）：64 – 67.

② 代娟等. 基于 DEA 的财政支出效率研究［J］. 财政研究，2013（8）：22 – 25.

比例，为广东今后的义务教育财政资金配置提供参考。[①] 管治华（2016）利用超效率 DEA 模型测算了我国 31 个省级行政区划单位 2007～2013 年财政支出相对经济效率，结果显示，我国财政支出相对有效，但省际间存在相对效率差异，表明相同的支出规模上财政支出效率具有提升空间。[②]

（2）DEA 模型与 Malmquist 指数相结合。Malmquist 指数最初是由瑞典经济学家 S ten Malmquist 在 1953 年提出的。Malmquist 首先提出缩放因子概念，其次利用缩放因子之比构造消费数量指数，即最初的 Malmquist 指数。基于 DEA 方法，Fare 等（1989、1994a）将 Malmquist 生产率指数从理论指数变成了实证指数。同样，也由于 DEA 的优越性，Fare 等（1994b，以下简称 FGNZ）进一步将 Malmquist 指数进行分解，将指数分解成技术效率变动以及技术进步和规模效率变动。[③]

韩凤芹（2015）认为，直接使用 DEA 模型处理时间序列数据进行效率测度存在误区，通过 Malmquist 指数予以纠正之后，运用中国各地区 R&D 中政府资金投入面板数据，对政府投入效率进行测度和影响因素分析。效率测度结果表明，2013 年 R&D 中政府科技投入效率在地区间存在较大差异，但 2009 年以来地区间效率差异在缩小；政府科技投入效率呈阶梯式分布，东部地区高于中西部地区；2009 年以来技术效率变化的正向贡献逐步被技术进步率的负向影响所抵消，目前制度和政策无法适应科技创新的需要，资源配置机制阻碍了效率提升。[④]

姚艳燕（2016）为了更好地了解广东省义务教育财政资金配置效率的构成和变化趋势，将 DEA 模型与 Malmquist 指数相结合，即使用 DEA – Malmquist 指数法测度广东省义务教育财政资金配置效率，将广东省义务教育财政资金配置效率分解成技术进步率变化、纯技术效率变化、规模效率变化等。[⑤]

杨伯坚（2012）采用标准 DEA 模型和 Malmquist 生产率指数计算各省（市、自治区）财政支农支出的静态和动态效率，探寻中国支农资金效率的区域差异及

① 姚艳燕等. 义务教育财政资金配置效率的统计测度——以广东省的实践为例 [J]. 财政研究，2016（5）：54 – 67.

② 管治华等. 结构性减税压力下的财政支出效率提升——基于省际间财政支出超效率 DEA 模型分析 [J]. 财政研究，2016（7）：35 – 45.

③ 章祥荪、贵斌威. 中国全要素生产率分析——Malmquist 指数法评述与应用 [J]. 数量经济技术经济研究，2008（6）：111 – 122.

④ 韩凤芹等. R&D 中政府投入效率测度及影响因素分析——基于省级面板数据的研究 [J]. 财政研究，2015（11）：75 – 85.

⑤ 辛立秋等. 基于主成分分析和 TOPSIS 法的社会保障绩效评价 [J]. 财政研究，2012（7）：50 – 52.

原因。他指出，DEA 给出了财政农业支出的静态效率，Malmquist 生产率指数反映了动态效率变动情况。[1]

（3）两阶段相对效益评价模型。两阶段相对效益评价模型最早由冯英浚等（2001）提出，主要将评价决策单元的当期发展水平或效率视为"参考条件"，将评价决策单元的当期发展水平或效率视为"当前条件"，以"参考条件"为投入、以"当前条件"为产出，采用 DEA 模型进行二次相对效率测度，有效消除了各评价决策单元的客观基础条件差异。

常斌（2015）借鉴该方法，构建用于评价我国省域义务教育发展现状水平和提升能力的两阶段评价模型。其中，第一阶段主要选择因子分析模型对我国义务教育发展的基期水平和当期水平评价，反映省域间义务教育发展的基础状况差异。第二阶段主要基于 DEA 模型的现状水平和提升能力评价，在评价义务教育基期水平和当期水平的基础上，首先按照平均分位原则赋予等量的权重，得出义务教育发展现状水平；其次将基期水平作为投入，将当期水平作为产出，采用 DEA 模型测度义务教育发展的提升能力。[2]

（4）DEA - Tobit 两步法。自从 Tobin（1958）研究了被解释变量有上限、下限或者存在极值等问题以来，这类研究受到学者们的广泛关注。人们为了纪念 Tobin 对这类模型的贡献，把被解释变量取值有限制、存在选择行为的这类模型称为 Tobit 模型。这类模型实际上包含两种方程：一种是反映选择问题的离散数据模型；另一种是受限制的连续变量模型。

杨伯坚（2012）运用了 DEA - Tobit 两步法分析效率差异和影响效率的因素。首先，采用标准 DEA 模型和 Malmquist 生产率指数计算各省（市、自治区）财政支农支出的静态和动态效率；其次，运用 Tobit 回归分析方法研究影响财政支农支出效率的因素；提出强化资金管理、提高使用效益是提高财政农业支出效率的关键，强化各省（市、自治区）粮食安全责任意识、优化农业基本生产条件、提高农业投入的比较利益、增强城镇的集聚效应，可以提高财政农业支出的使用效率。[3]

2. 局部前沿法

非参数方法如数据包络分析和特殊情形自由处置包（FDH）在处理数据异常

① 杨伯坚. 2004～2008 年中国财政农业支出效率的实证分析——基于省际面板数据的 DEA—TOBIT 两步法 [J]. 财政研究，2012（3）：23-25.

② 常斌. 中国省际间义务教育发展差异及解释研究 [J]. 财政研究，2015（4）：5-10.

③ 张勇等. 公共投资对教育不同阶段的影响——公共投资流向与教育转型的实证研究 [J]. 财政研究，2012（5）：44-48.

值方面存在较大问题，并且容易受到测量误差的影响。为解决非参数方法存在的问题，基于 FDH 方法，Cazals et al.（2002）提出了 order-m 效率测度方法，Aragon et al.（2005）提出了 order－α 效率测度方法。以上两种方法均允许效率前沿之外超级效率点的存在，因此，两者所测度的效率前沿不受异常值的影响，同时降低测量误差的影响。以上两种方法可统称为局部前沿法（partial frontier approaches），该方法可以克服 DEA 和 FDH 方法易受异常值干扰的问题。

亓寿伟（2016）引入局部前沿效率方法，克服异常值及测量误差的影响，利用 order-m 效率和 order－α 效率方法，使用 1997～2014 年中国 30 个省份的面板数据，对我国各省的基础教育支出效率水平进行测算。估计结果表明，20 世纪 90 年代中西部省份的教育支出效率水平高于东部地区，但从 1997～2014 年趋势来看，东部地区的基础教育支出效率增长最快，2014 年东、中、西部地区之间的差异并不明显。①

三、其他分析方法

（一）数据对比分析与调研相结合

李金珊（2016）从财政资金对出口信保补贴的绩效入手，探究现阶段我国出口信用保险的政策绩效。中国信保浙江分公司提供了在该公司投保的企业名录及出口数据。经统计，2011～2014 年，在中国信保浙江分公司投保的企业共有 8184 家。其中，保险费用由省级财政直接补贴企业共有 50 家，剩余 8134 家由地方政府财政补贴。笔者比较了浙江省连续出口企业、购买信保出口企业、未购买信保出口企业、省财政直补企业、地方财政补贴企业的出口额度、出口增速、占全省出口比例（见图 1－5），在数据分析的基础上综合选取了两大主要调研地区进行实地走访与考察。得出结论：现阶段接受出口信用保险补贴的企业在促进本省出口上并不比没有出口信用补贴的企业做得更好，浙江省出口信保政策的绩效偏低②。

---

① 亓寿伟等. 中国基础教育支出效率及制度因素的影响——基于局部前沿效率方法的分析 [J]. 财政研究，2016（6）：103－113.
② 李金珊等. 出口信用保险补贴对出口影响的实证研究——以浙江省为例 [J]. 财政研究，2016（5）：29－39.

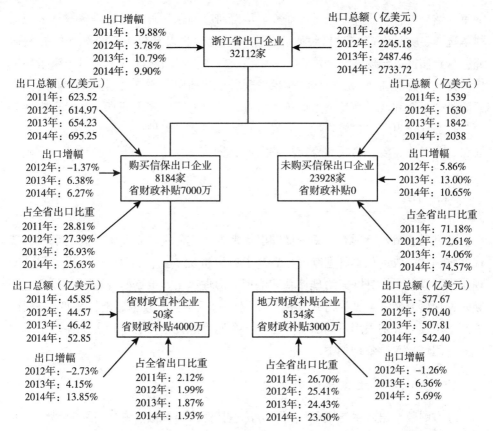

图1-5 企业的出口额度、出口增速、占全省出口比例数据汇总

（二）内容分析法

内容分析法（content analysis）始于第二次世界大战时期的军事情报研究，现已应用于传播学、政治学和管理学研究中的许多领域（李钢、蓝石，2007）。作为一种分析文本材料的结构化方法，内容分析法通过一系列的转换范式将非结构化文本中的自然信息转换成为可以用来定量分析的结构化的信息形态（Tracy & Tony，2003），主要用于分析议会声明、司法条文、政府工作报告、案例调查报告、新闻出版物、报刊书籍、专栏文章和信函等（Neuendorf，2003）。①

黄溶冰（2012）采用内容分析法，以环境保护资金公共支出的绩效评价为研究问题，以审计机关发布的2006～2011年环境保护资金征收、管理、使用情况

---

① 黄溶冰等. 我国环境保护财政资金的绩效评价（2006～2011年）——基于审计结果公告的内容分析 ［J］. 财政研究，2012（5）：31～35.

的审计结果公告为研究对象进行研究。围绕研究问题和研究对象，从数据来源与样本选择、类目设定与材料编码、信度和效度检验以及分析汇总等步骤开展研究。从真实性、合规性、经济性、效率性、效果性和回应性六个类目分析了环境保护财政资金的绩效状况。研究结果发现，成效和问题评价在不同类目间的分布不同，合规性和效果性是绩效评价的重点；西部地区更多出现真实性、合规性问题，东部地区更多出现效率性、效果性问题；随着时间推移，不同类目呈现波动衰退、凸对称、波动增长和稳定型的发展趋势。

四、小结

地方财政绩效管理有利于督促和引导地方深化财税体制改革，有利于建立现代财政制度、改进预算管理制度，有利于加强和改进事中事后监管、提高财政管理效率，有利于推进国家治理体系和治理能力现代化。根据研究内容，地方财政绩效管理研究领域可分为财政支出效率测度和财政支出效率影响因素两个部分。这两个子领域分别适用不同的研究方法，我们将上文提及的各种方法在两个子领域的适用情况归纳整理如下。

（一）地方财政支出效率测度

地方财政支出效率测度可使用的方法包括经济指标法、参数计量模型法、非参数计量模型法、数据对比分析与调研相结合以及内容分析法，前三者为常见方法。

经济指标法将产出全部归因于公共财政投入，忽略了私人投资、人力资本和技术进步对生产活动的影响（樊潇彦、袁志刚，2006），因此，会高估财政支出效率水平。传统的经济指标法存在权重设置、评分标准设计主观化，存在明显的局限性。运用主成分分析、聚类分析和结构方程模型能够适当弥补其不足。

参数计量模型方法核心是参数估计值，无法对财政效率进行区域和时间维度比较，也无法对财政效率的影响因素进行深入分析。参数计量模型法在函数形式的设定方面带有一定的主观性，当函数形式设定错误时，往往会出现较大偏差。地方财政支出效率测度研究领域的参数计量模型法主要包括生产函数法和随机前沿函数法。生产函数法忽略了无效率的情形，无法分解出全要素增长率的技术进步因素和技术效率因素。随机前沿函数法虽然考虑了无效率项和随机误差项，并将其作为实际生产没有处于前沿生产面的原因，但又会经常出现无效率项假设分布的事先设定无法通过检验的情形。

非参数计量模型法中，传统数据包络分析法不需要设定具体的生产函数形式，也无须对无效率项的分布提出假设，突破了参数模型限制，特别适用于多投入、多产出的复杂系统，与 Malquist 指数结合能测度出规模效率和技术效率。但是，DEA 一方面只能估算生产前沿边界上或以内的效率值，当投入—产出坐标位于生产前沿边界外时则无法测算，也即无法判断和比较超效率单元（唐旭茂、粟芳，2015）；另一方面将财政支出内规模和投资比较其相对效率，则忽视财政支出结构外相关政府投入对投资影响因素，故可能低估财政支出的效率水平。

（二）地方财政支出效率的影响因素分析

地方财政支出效率的影响因素分析方法主要是 Tobit 模型。

Tobit 模型的特点在于因变量是受限变量，这一点不同于离散选择模型和一般的连续变量选择模型。它的模型实际上由两类方程组成：一类是表示约束条件的选择方程模型；另一类是满足约束条件下的某连续变量方程模型。Tobit 模型主要研究在某些选择行为下连续变量如何变化的问题。当前，这种模型已经引入了更复杂的形式，面板数据、半参数等形式的 Tobit 模型在研究中广泛应用。现有的估计方法基本上都是在 Heckman（1976）两步法的基础上扩展的。

Tobit 与数据包络分析法相结合形成的 DEA – Tobit 两步法，能够在 DEA 分析得到效率差异的基础上，进一步分析引起效率差异的因素。其分析结果有助于我们发现提高地方财政绩效水平的重点，有的放矢地提出对应的解决方案。

然而，Tobit 模型也有自身无法克服的缺陷，Tobit 模型估计要求两部分模型中解释变量不完全相同，另外，系统模型假设随机变量是服从联合正态分布的，违背这两个基本假设，可能导致模型不可估计。Tobit 模型在设定、估计与检验等理论方面有待进一步突破，在地方财政支出效率影响因素分析领域的研究实践中，需要结合日益丰富的微观数据进一步拓展 Tobit 模型的应用领域。

第四节　财政绩效管理中政府会计的变革与调整

现代财政首先应该是公共财政，它主要应着眼于满足社会公共需要，弥补"市场失效"的缺陷。公共财政体制本质上要求以公共受托责任为起点建立公开透明的管理机制，不但保障财政资金安全有效地运行，而且要持续提高财政资金的使用效率和效果。财政资金的绩效管理应该成为我国财政、预算改革的重点内容，与之相适应，政府会计应进行相应的变革与调整。

一、公共财政与政府会计的关系

公共财政与政府会计因公共受托责任而联系起来。公共财政的职能本质上是政府要承担的公共责任，而政府会计就是对公共受托责任完成过程及其结果的确认、计量、记录和报告，其提供的信息服务于公共财政管理目标的实现。完善的政府会计理论与实务、健全的公共财政职能都是良好的公共治理的关键因素，建立与社会主义市场经济体制相适应的公共财政体制必然要求改革现有政府会计体系，这是公共财政职能不断发展变化乃至公共受托责任发展变化的要求，是建立良好的公共治理结构的要求，是完善公共财政管理的要求。

（一）政府会计基于公共财政的受托责任而产生

公共财政与政府的公共责任密切相关，公共财政的职能与公共财政的支出范围是根据社会的公共需要确定的，政府的公共责任就是履行政府职能满足社会的公共需要，这种公共责任就是一种受托责任，在这种受托责任中，社会公众是委托人，而政府是受托人。根据公共选择和政策分析学者的观点，由于公共物品的估价或评价上的困难、公共机构尤其是政府部门垄断了公共物品的供给导致缺乏竞争机制、政府机构及官员缺乏追求利润的动机、监督机制的缺陷等原因，公共机构提供公共物品存在低效率的问题。解决公共机构提供公共物品的低效率问题的途径是多方面的，通过会计的手段对公共受托责任的完成过程及其结果予以确认、计量、记录和报告，提供相关信息是一个重要途径，由此催生了政府会计。

（二）政府会计与公共财政相互促进

健全的政府会计理论与实务对于一国经济增长有着深远的影响，它是良好的公共治理结构的关键因素。充分、有效地发挥公共财政的职能必然要求构筑健全而透明的政府会计体系，健全有效的政府会计作用的发挥也需要良好的公共治理环境的支持。财政体制的深化改革与绩效、透明政府的打造，实际上可以改善、提高公共政策制定和执行所依赖的环境。构筑健全而透明的政府会计体系是良好的公共部门治理的基石。良好的公共治理应具备透明度、明确受托责任、反应敏捷、面向未来等几个基本属性。财政的透明度、受托责任的明确，即要求公开政策意图，制定和实施过程，并评估其经济性、效率性和效果性，而这必然要求有效的公共预算和会计体系。

（三）政府会计与公共财政互相依存

政府会计是公共财政管理最基础的技术，它系统地为公共财政的控制、管理及计划目标服务。公共财政管理的每一个不同目标要求不同的相关信息，控制目标需要关于是否应当采取某项行动的信息；管理目标需要对投入和产出的实现及联系作出衡量；计划目标需要预测未来可能发生的事件和前景，同时寻找实现未来目标的途径。政府会计系统正是为公共财政管理目标的实现而提供相关的信息服务。从会计系统中可以得到预算信息，使得评价、分析实际支出与预算支出的相互关系成为可能，这是控制的前提。政府会计系统为运营和财务方面的决策提供信息，涉及资金管理的决策是以会计系统信息为基础的。会计系统提供的信息有利于政府及各预算单位制定财务收支计划，计划通常是建立在将来与过去相似的假设基础上的，而会计系统就是提供过去活动的信息。

二、财政绩效管理与政府会计的关系

（一）委托代理理论是财政绩效管理与政府会计共同的理论基础

随着社会经济的不断发展，财产所有权和经营管理权逐渐分离，形成了委托—代理关系。财政资金主要来源于税收，其所有权在于纳税人，纳税人作为委托人，需通过纳税委托政府提供公共产品；财政部门作为代理人行使资金分配权，对以税费方式形成的财政收入进行分配与再分配；各级政府及行政、事业单位则是具体的资金使用者。财政资金使用的效益、效果如何，能否实现经济、社会、生态利益的最大化及最大程度地满足社会成员的公共需要，财政部门有义务对其进行绩效管理与评价。因此，委托—代理理论构成了财政绩效管理的基础理论。政府会计须向资财的提供者披露、报告资源的管理情况，从而完成社会公众的受托责任，基于此角度，可以说政府会计与财政绩效管理有共同的理论基础，即委托—代理理论。

（二）财政绩效管理的目标对政府会计提出要求

财政绩效管理是从经济、效率和效果的角度出发，对财政资金的使用实施全程跟踪和综合评价的一种新型财政管理职能，即经济性、效率性和效果性是财政绩效管理的三项主要目标。

1. 经济性目标对政府会计的要求

经济性主要是用来衡量投入与成本间的关系，表现为在特定的投入水平下成本最低。财政支出时投入了一定的资源，且通过各种渠道筹集了所需的资金，政府会计既要全面反映财政提供公共产品及服务而形成的负债，又要反映履行偿债义务的资金来源及对资源的管理、保值增值等情况。

2. 效率性目标对政府会计的要求

效率性主要用来衡量投入的资源与产出的成果之间的关系，公共财政支出的高效率体现为以最小的投入实现既定目标，或者说投入既定时产出最大化。效率性是建立高效率政府的主要目标之一。对投入产出的评价要求政府会计能确认并准确计量政府运行成本，并能在财务报告中提供有关收入、费用及成本等信息。

3. 效果性目标对政府会计的要求

效果性目标主要用来评价财政支出结果在何种程度上实现预期目标，体现为直接及间接、经济及社会、生态效益等。效果性目标对政府会计信息的披露提出了更高要求，政府会计在衡量与评价财政绩效时，既要有定量的财务指标，又要有定性的、非经济的、非财务的指标，除了真实、完整地反映支出情况外，还需结合其他公共信息共同披露政府的履责情况等。

（三）政府会计是实现财政绩效管理的重要基础与技术保障

财政绩效管理的核心理念是通过制定公共支出的绩效目标，建立财政绩效评价体系，逐步实现对财政资金从注重资金投入的过程导向型管理转向注重支出效果的结果导向型管理。显而易见，财政绩效管理是一项系统工程，它涉及各项相关制度的建设与完善，其中最根本的三种制度基础就是公共部门报告制度、公共部门问责制度和以权责发生制为核算基础的政府会计制度。公共部门报告制度是为了保障社会公众的知情权、参政权和监督权，通过建立有关法律法规，要求政府必须将一定时期内的行为信息向外界公开披露的制度，这就需要有完善的政府财务报告制度；公共部门问责制度是指对政府及其官员的一切行为和后果都必须而且能够追究责任的制度，是追究公共部门失职行为的制度化，而这主要应基于公共服务的提供成本和财政资金的支出绩效来进行；实行权责发生制政府会计制度，可使预算收支核算确认的重点由投入转向结果，部分长期项目和或有负债得以反映，进而对政府提供公共产品（服务）的成本和产出能够予以配比分析，从而能够加强成本核算，使政府预、决算更加完整和透明。因此，可以说，政府会计制度是保障公共部门报告制度和问责制度的基础，是财政绩效管理得以进行的技术性保障。

三、政府会计存在的问题对财政绩效管理的影响与制约

在西方发达国家，政府会计改革与"新公共管理运动"、财政绩效管理基本上是同步进行的，且政府会计改革在推动公共财政建设、财政绩效管理的发展方面起到了举足轻重的作用，而公共财政建设、财政绩效管理的发展也反过来要求政府会计必须进行相应的变革与调整。2008年以来，我国逐步在各省市及相关单位开展绩效管理制度，其中包括各级政府及不同类型的行政与事业单位的试点，并在信息公开及绩效评价环节中取得了较好的实践反馈。财政绩效管理的全面实施成为我国财政及公共项目建设发展的必要手段，不仅有助于对相关责任主体的绩效进行考核，也有利于提升政府的公信力。然而，目前我国政府会计在确认、计量、记录和报告等核算流程方面却存在不少问题，成为影响和制约我国财政绩效管理深入进行的关键所在。

（一）现行政府会计体系不严谨，制度不协调，影响财政绩效管理的效果

我国现行政府预算会计体系由财政总预算会计、行政单位会计和事业单位会计组成，三个分支互相独立，分别采用不同的会计制度，记录不同单位的经济事项而核算范围侧重点不同，导致各种制度之间的协调性较差，缺乏统一的客观基础，不利于政府整体财务报告的生成，也影响了财政绩效管理的效果。具体表现有以下两个方面：第一，财政总预算会计与行政事业单位会计不协调。财政总预算会计的核算重点是拨款，财政资金一旦拨出进入行政、事业单位形成资产、权益等，都不在账面上进行反映，造成财政总预算与行政单位之间联系被切断，同时也无法完成对国有资产的监督和追踪，适时的财政绩效管理更无从开展。第二，事业单位分类不合理。事实上，现在部分事业单位的职能和任务已超出政府会计的核算范围，在核算基础等方面也无法和行政单位保持一致，如此，在对预算单位进行绩效管理与评价时，比较欠缺可比性，从而影响财政绩效管理的效果。

（二）收付实现制会计核算基础影响财政绩效管理的客观性、全面性

1. 收付实现制导致会计信息不真实

自2016年1月1日起施行的《财政总预算会计制度》第十一条明确规定"总会计的会计核算一般采用收付实现制，部分经济业务或者事项应当按照规定

采用权责发生制核算";自 2014 年 1 月 1 日起施行的新《行政单位会计制度》第九条明确规定"行政单位会计核算一般采用收付实现制,特殊经济业务和事项应当按照本制度的规定采用权责发生制核算";自 2013 年 1 月 1 日起施行的《事业单位会计制度》在其"第一部分总说明"的第四点中明确规定"事业单位会计核算一般采用收付实现制,但部分经济业务或者事项的核算应当按照本制度的规定采用权责发生制"。收付实现制中确认当期收支的依据是当期现金的实际收付,并不考虑与之相应的权利或义务是否实际发生。在收付实现制核算基础下,长期以来,我国行政、事业单位对于固定资产不计提折旧,导致报表上无法反映固定资产净值情况,固定资产的账面价值与实际价值随着时间的推移两者背离越来越远;总预算会计中由于收付实现制的实行导致的"以拨列支",致使政府的投资在核算上定为支出,一旦由财政拨出即脱离政府预算管理,对于进入国有企业的国有股权没有进行确认、计量、记录和报告,因此,难以实现对国有资产实行所有权和收益权的管理,更难以反映政府资产的整体状况。同时,政府负债只反映当期收到现金所产生的负债(如政府借款),而对于当期已发生但未用现金支付的债务及政府担保债务等或有负债却无法全面反映。其结果导致无法真实反映政府部门的财务状况。同时,收付实现制容易导致将不属于当期财政收支的资金确认为当期的财政收支,而应确认为当期财政收支的资金却没有确认,从而高估或低估当期的财政收支,导致虚增了政府可支配的财力或造成政绩提高的假象等,从而导致会计信息失真。会计信息的不真实不利于年度预算编制,不能客观地反映与计量政府的资产、负债及其成本,不能真实准确地反映政府部门提供公共产品及服务的成本控制及投入产出等情况;同时,非现金交易无法及时核算,收入与成本难以配比,难以为财政绩效管理提供客观、真实的基础资料。

2. 收付实现制导致会计信息不全面,不能如实反映政府家底,不利于防范财政风险

随着我国社会主义市场经济的发展、政府职能的转变以及财税、预算领域改革的进一步深化从而带来的公共财政体制的建立,收付实现制基础已经显露出若干重大缺陷,诸如,第一,所有非现金交易不作为收入、支出核算,相应的债权和债务也得不到确认,不能充分反映某些政府承诺、长期决策的全部成本,如政府欠发的工资、政府发行的国债与社会保险基金及养老金的缺口等隐性负债不能在报表中表现出来,不能及时完整地反映政府管理业绩和工作效率;第二,收付实现制是一种面向过去的确认基础,并不能提供未来现金流动的信息;第三,收付实现制只反映现金的运动,而非整个资金运动过程,不能反映出政府真实的财务状况。因此,收付实现制会计核算基础导致不能如实反映政府"家底",不利于加强资产负债管理，无法全面准确地记录和反映政府的财务状况，难以真实、准确地反映各政府部门和行政单位提供公共产品及公共服务的成本耗费与效率水平，不利于客观、全面地进行财政支出的绩效评价，财政难以据此做出防范及化解财政风险的正确决策，财政管理存在一定的风险。

（三）政府会计核算范围有限，不能全面反映资金运动过程，造成财政绩效管理的滞后性

现行政府会计核算范围有限，难以全面反映出政府的资金运动过程，"以拨列支"导致资金支出后就脱离政府和公众的监督，容易造成国有资产的大量流失。例如，厦门市公安局、园林局相关人士均曾指出，2016 年第 14 号台风"莫兰蒂"造成全市红绿灯、林木虽然损失众多，却难以具体统计数量，这主要是因为最初都是"以拨列支"，至于每次拨款后分多少次及每次具体购买或追加购买、添置或补种了多少红绿灯、林木，公安局、园林局并没有相应地适时入账（只有支出总额），因此，在台风一夜洗劫后无从知悉具体损失数目。又如，各行政、事业单位都要求会计核算其拥有的固定资产，但是国家的预算和决算并没有追踪和监管固定资产的信息，不少单位也不计提折旧，以致固定资产的账面价值只反映其历史成本，导致其报表资产价值虚增。同时，收付实现制核算基础下，政府会计未能全面反映政府发行的国债中应由本期负担的以后年度支付的利息，从而形成政府的隐性债务，给财政经济持续、健康运行带来隐患。因此，收付实现制导致的政府会计核算范围的局限性造成政府会计无法全面反映资金运动过程，给财政绩效管理的适时进行带来困难，引发滞后性。

（四）报表结构不完善，信息披露不充分，难以根据政府财务报告评价财政绩效

根据财政部 2014 年 12 月发布的《权责发生制政府综合财务报告制度改革方案》，我国目前正在着手推进政府综合财务报告制度改革，但仍在试编之中。现行的政府财务报告制度主要反映政府年度预算执行情况的结果，对准确反映预算收支情况、加强预算管理和监督发挥了重要作用。政府财务报告体系包括资产负债表、收入支出表及附表、财务报表说明书等。虽然覆盖了各级政府及各预算单位，但基本都是单位层层汇总上报并对报表数据进行简单加总，未充分披露会计信息，无法科学、全面、准确反映政府资产负债和成本费用，不利于强化政府资产管理、降低行政成本、提升运行效率、有效防范财政风险，导致难以根据政府会计报告进行财政绩效的评价，难以满足建立现代财政制度、促进财政长期可持

续发展和推进国家治理现代化的要求。

1. 会计报表结构不完善

从报表结构上看，报表项目设置不科学，结构不合理。收付实现制下的资产负债表缺少反映现金科目外的各种资产科目，如行政单位对无形资产等非流动性资产缺乏计量；长期债务等科目也无法体现；收支情况表主要体现财政收入的分配，对于财政资金的使用情况却未能反映；一些行政单位对会计报表的附表及报表说明不够重视，造成披露内容不足及不准确等；各级政府重视财政预算，而对财政决算报告主要是各级政府之间以汇总方式编制，高度加总的数据非常不利于分析，不利于信息使用者作出决策。这种种会计报表结构不完善造成会计信息难以得到全面的反映，由此也导致了财政绩效评价缺乏全面评价的依据。

2. 会计报表数据失真

会计报表的真实准确是财政绩效管理的重要前提，而我国现行政府财务报告制度比较简单，未涉及反映公共组织绩效与信息成本的内容，信息含量低，不利于对政府绩效进行评价。收付实现制的运用导致政府的资产很多并没有计量、确认入账，而各行政单位由于对固定资产不计提折旧，导致报表无法真实反映单位的财务状况及财政资金的预算执行结果，不利于财政绩效评价及监督。

上述收付实现制会计核算基础及会计报表存在的问题导致决策者难以对财政资金的使用情况进行全面、准确及客观的评价，对于财政支出产生的两个结果绩和效方面，既无法从量的角度反映支出是否能实现预设的目标，也无法从质的角度反映资金的使用效益及节约情况等。从开展财政绩效管理的意义来讲，财政资金支出的管理水平、支出效益难以得到提高，支出结构难以优化，最终不利于增强政府政策的科学性及提高政府建设的透明度。

四、公共财政建设和财政绩效管理的推进带给政府会计变革与调整的契机

（一）政府会计变革与调整的可行性

20 世纪 20 年代，德国教授 Lüder 通过美国、加拿大、英国等欧美工业化发达国家政府会计的相关研究提出了政府会计改革应变模型（A Contingency Model）。该模型通过激励因素、信息使用者、生产者的结构变量以及实施障碍等因素间的相互作用来分析综合因素对政府会计改革的影响。激励因素是指发生在改革初始阶段的各类事件，它们会为会计信息使用者创造信息增长的要求，为信息

生产者的信息工具作准备。简单来说，激励因素就是最近时期新出现的因素，它会对政府会计提出更高的要求。结构变量是指社会和政治管理环境对政府会计的影响，包括信息使用者和信息生产者两部分。实施障碍是指在改革过程中不利于其进行的环境变量。

1. 激励因素

（1）政府预算公开。预算信息公开是建立公开透明的政府会计体系的重要环节，也是完善公共财政体制的本质要求。2009 年，我国财政部首次公布了全国人大审议通过的预算报告和中央财政预算 4 张表格。近年来，社会各界对预算公开的呼声日高，对"晒政府账本"形成了广泛的共识和强烈的诉求。2014 年 8 月新修改、发布的《预算法》在总结近些年来预算公开实践的基础上，从预算公开的内容、时间、解释说明以及法律责任等方面对预算公开的规定进行了全面的细化规定，一是规定了预算公开的内容，既包括预算，也包括预算调整和决算，既包括本级政府预算，也包括部门预算；二是规定了预算公开的时限，要求本级政府和部门的预算、决算分别在批准或批复后 20 天内公开；三是规定了预算公开的主体，其中，本级政府预算由财政部门公开，部门预算由各自部门公开。公开透明是现代财政制度的基本特征，是建设阳光政府、责任政府的需要。政府预算公开是提高政府财政透明度的重要措施，此举将会对政府会计核算提出更高的要求，将在一定程度上推动政府会计改革，从而进一步促进财政绩效管理。

（2）财政压力。国际金融危机和政府债务风险的出现，尤其是底特律市政府宣告破产、冰岛政府宣布国家破产及欧洲债务危机等事件的不断爆发，为我国敲响警钟。虽然我国政府财务收支目前比较稳定，据统计，2015 年我国地方政府债务率（债务余额/政府综合财力）为 86%，低于 100% 警戒线。但 2015 年地方政府债务余额（限额）共计达到 16 万亿元，2013 年 2 月审计署抽样审计的结果表明，截至 2012 年底，全国 18 个省会城市中有 9 个省会城市债务率超过 100% 警戒线，最高 188.95%。因此，我国不少地方政府债务利息负担重，有一定的财政压力。在财政压力下，政府必须强化其财政管理能力，合理配置财政资源，要求政府会计发挥出更大效力，这将会极大促进政府会计改革。

（3）政策支持。"十二五"规划中提出，深化国库集中收付、政府采购及国债管理制度改革，进一步推进政府会计改革，逐步建立政府财务报告制度；2013 年 11 月在党的十八届三中全会上通过了《中共中央关于全面深化改革若干重大问题的决定》（以下简称《决定》），《决定》在财政法治、政府间财政关系调整、宏观税负调整、税收优惠清理、地方税体系构建、预算管理制度改革、财政透明度提升、财政绩效考评等方面均有涉及。这些深化改革的相关政策支持必将有力地推动政府会计改革的进行。

（4）技术支撑。目前我国政府各级行政机关、事业单位基本已实现会计电算化，建立了会计行业信息管理系统和电子政务系统。同时，财政、国库通过网络技术封闭型设计、票据的规范销号和资金进出口采用支付密码等方式逐步提高国库资金的清算、报解速度和安全性，最终达到操作的规范性和日常监管的有效性。这些为政府会计改革提供了技术支撑。

2. 社会环境因素

在政治文化方面，随着我国公民素质的提高，老百姓的民主意识增强，对政府公共服务与政府资金使用情况越来越关注。老百姓要求参与国家决策、了解政府政务与财务信息，现行的政府会计制度难以满足公众的需求，社会公众要求进行政府会计改革的呼声越来越高。

在社会经济方面，我国目前经济总量保持持续增长，老百姓的经济状况得到改善，自1995年以来，我国宏观税负（通常是指一个国家在一定期间内税收收入占当期国内生产总值（GDP）的比重）持续上升，宏观税负的增高导致社会上高度重视税负问题，在关心税收是否合理公平的同时，还重视税收收入是否有效转化为公共服务、社会福利、民生支出等，对政府行政成本支出的有效性及所提供的公共服务水平的要求也有所提高。而目前政府会计体系所提供的服务无法满足其要求。随着我国公民社会经济地位的提高，其对政府会计改革的实施也就越重视。

3. 国际因素

我国面临与国际接轨的客观要求，我国企业会计准则体系已与国际趋同，政府会计的国际趋同也迫在眉睫。国际货币基金组织、世界银行、国家会计师联合会等组织对政府财务信息均有严格的评价标准。自我国加入WTO以后，国际货币基金组织等国际组织都多次要求中国公开政府财政信息，并保证信息的真实性、完整性及与国际惯例的一致性。

国际会计师联合会于1996年成立了公共部门委员会，而该机构于2004年被改组为国际公共部门会计准则委员会，到目前为止，该机构已制定出一套完整的会计准则，覆盖了政府活动的主要领域，大约有30多个国家在采用这套会计准则。法国、瑞士等国家直接采用国际公共部门会计准则，西班牙、南非等国家则根据其国情对准则作出部分修改，而美国、新西兰等采用本国制定的与其相似的会计准则。由此可见，各国政府已纷纷采取实际的改革行动，我国应借鉴他国的成功经验，结合我国实际状况开展政府会计改革。

（二）公共财政建设与财政绩效管理的推进带给政府会计变革与调整的契机

1. 部门预算的编制推动政府会计的变革与调整

部门预算是编制政府预算的一种制度和方法，由政府各个部门编制，反映政府各部门所有收入和支出情况的政府预算。部门预算的实施，严格了预算管理，增加了政府工作的透明度，是防止腐败的重要手段和预防措施之一，是当前财政改革的重要内容。部门预算改革的推行要求政府预算与财务核算部门制定科学合理的预算单位支出定额，并进一步细化预算，真正做到自下而上全面实行，而定额的制定和预算的细化都依赖于真实、完整而科学、准确的会计数据，这就给政府会计核算与财务报告制度的改革带来契机。

2. 国库集中收付制度的实施促进政府会计体系的完善

国库集中收付制度是指政府将所有财政性资金都纳入国库单一账户体系管理，收入直接缴入国库或财政专户，支出通过国库单一账户体系支付到商品和劳务供应者或用款单位。逐步建立和完善以国库单一账户体系为基础，资金缴拨以国库集中收付为主要形式的财政国库管理制度，是整个财政管理制度改革的有机组成部分和主要内容。国库集中收付制度推行后，不少地方政府财政实行会计集中核算，实施会计委派制度，其主要做法是，由会计服务中心在银行开设统一账户，取消各单位原设账户及会计、出纳岗位，通过电算化管理手段，给每个单位统一会计核算、统一资金结算、统一档案管理。单位资金使用权和财务自主权不变，一切财务收支结报业务均通过报账会计到服务中心办理。经过 2～4 年会计集中核算的具体实践，逐步实现由会计集中核算制向国库集中支付制的转轨。

实行国库集中支付制度后，财政国库支付执行机构上连财政总预算会计，下接行政、事业单位会计，成立此机构的重要目的是对行政事业单位的财政性资金进行全面、全程监控。然而该机构却只核算当年的财政拨款支出，对于行政事业单位的其他收支业务及以前年度结余和暂存、暂付往来业务则不核算。可见，财政国库集中支付制度核算的范围明显小于预算会计核算的范围。预算会计和财政国库集中支付制度核算的范围不协调，国库集中支付制度充分发挥作用就无从谈起。同时，预算会计和财政国库集中支付制度在会计信息的提供上不协调。目前，财政国库支付执行机构没有专门的会计制度和统一的会计报表。它虽然执行《财政总预算会计制度》，但财政总预算会计报表中只反映预算收支，不显示预算单位的用款额度使用情况、国库存款中有多少是未支付预算单位的资金等内容。预算会计和财政国库集中支付制度在会计信息的提供上不协调，那么领导就无法及时掌握国库集中支付机构的运行质量和效果。这就客观上倒逼政府会计核算体系与范围的完善。

3. 政府采购制度的进一步实施强化了政府会计核算，提升了政府财务透明度

政府采购是指国家机关、事业单位和团体组织，使用财政资金依法制定的集中采购目录以内的或者采购限额标准以上的货物、工程和服务的行为。随着《政府采购法》的出台，中国形成了相对完善的政府采购法律体系，政府采购实践也取得了较大的成效，政府采购的规模也越来越大，因此，必须要有更加完善的政府会计制度与透明的财务制度与之相对应。然而，我国政府采购制度目前还存在不少问题，诸如，由于条块分割导致部门利益为上，影响政府采购的公平性与绩效性；政府采购往往注重节约资金、消除腐败等较低层面问题，而忽视通过政府采购发挥调整总量平衡、优化经济结构以及参与国际竞争等高层次作用。基于此，应相应地进行政府会计改革，加强政府采购资金中的会计核算。财政部门要加快信息化建设，从根本上解决政府采购报表统计项目不完整的问题。首先，要全面、真实、准确、及时地反映政府采购工作成果，将分散采购、协议供货、电子采购等所实施的采购成果纳入季度报表的范围，做到不重不漏；继续将政府采购机构、采购从业人员、专家评委、采购人、供应商、其他监管机构这些方面的统计信息全部纳入年度报表的范围，解决统计项目不完整的问题。其次，做好报表分析工作，将本年发生数与上年发生数、实际采购金额与采购预算进行对比，分析存在的问题，并提出今后工作的努力方向。通过多管齐下，提升政府采购财务的透明度。

4. 支出结构的优化有助于提高财政的效率和效果

财政支出结构是指财政支出总额中各类支出的组合以及各类支出在支出总额中所占的比重，也称"财政支出构成"。财政支出结构优化是指在一定时期内，在财政支出总规模占国民生产总值比重合理的前提下，财政支出内部各构成要素符合社会共同需要且各构成要素占财政支出总量的比例相对协调、合理的状态。从社会资源的配置角度来说，财政支出结构直接关系到政府动员社会资源的程度，从而对市场经济运行的影响可能比财政支出规模的影响更大。不仅如此，一国财政支出结构的现状及其变化还表明了该国政府正在履行的重点职能以及变化趋势。财政支出结构的优化改革应以政府职能的合理定位为前提，要根据满足社会公共需要的要求，并科学界定财政支出责任。

（1）划清政府与市场的边界，确定财政支出范围和方式。按照理论上的逻辑，一般来说，对于政府与市场边界的界定和划分，应遵循如下基本原则："凡是市场机制能够充分发挥作用，资源能够实现有效配置的就不需要政府干预；凡

是存在市场失灵，市场机制不能有效发挥作用的地方，就需要政府干预。"从这一意义上来讲，党的十八大报告中所提出的要"尊重市场规律"，实际上也就是强调要善于用市场经济的思维思考问题，以市场体制中的价格机制来调节和配置各种要素资源；党的十八届三中全会《决定》中提出要"使市场在资源配置中起决定性作用"，实际上也就是要求培育全国统一的市场体系，制定公平竞争的市场准则，让价格机制能够全面形成，并使价格机制能够充分发挥调节资源的作用。如各种体育赛事实际是体育产业的组成部分，有巨大的电视转播权、广告、赞助等收入，就可以由市场来决定，而不是由政府来大包大揽。类似有利可图的产业，均可以由市场决定，企业承担。

（2）区分财政公共性的层次，以其不同的层次制定相应的机制、制度。在分税制财政中，地方支出是大头，只有地方支出具有公共性，才有财政的整体公共性。我国财政的生产建设性主要体现在中央财政支出上。国有企业应主要集中在中央一级，以充分发挥其基础性、支柱性和控制性等全局性功能。省财政既是地方财政中主导性的环节，又是中央财政和地方财政之间的枢纽；既是公共财政，又有一定的生产建设性投资支出。省财政的职能内容是满足地方公共需要，由此，省财政应坚决、积极、稳扎地从一般竞争领域完全退出，把一般竞争领域的地方国有企业全部逐步民营化，把主要财力投入地方公共需要的满足，改善地方经济环境与自然环境，投入科教文卫、人力资源开发和社会保障体系建设，促进地方社会事业发展，推进共同富裕进程。市县财政不仅要完全退出竞争领域，而且要退出基础工业，建成公共服务型"纯"公共财政。在市场经济条件下，市县的自然资源条件（较大规模的自然资源多为国有或省属）有限，科技、人才条件及财政实力都不允许支撑资金和技术密集型产业以及与市场风险相伴随的竞争性地方国有产业的运转。

（3）清理规范重点支出挂钩机制。目前与财政收支增幅或生产总值挂钩的重点支出涉及教育、科技、农业、文化、医疗卫生、社保、计划生育七类。2012年仅财政安排的七类重点支出占全国财政支出的48%。这种重点支出挂钩的机制导致支出结构固化、僵化，肢解了预算安排，并导致各地相互攀比，以致财政投入与事业发展"两张皮"，出现"钱等项目"、"敞口花钱"等怪现象。这就需要对现有众多的挂钩法定支出项目进行清理整顿。例如，目前法定支出项目中有一部分是人员经费和公用经费；有一些支出项目具有一定的竞争性和营利性。为此，通过对现有法定支出项目的梳理，国家对于具有公共性的重点项目应该重点保障，取消法定支出中的人员经费和公用经费项目，将具有竞争性和营利性的支出项目更多地交给市场，这样才能不断优化法定支出结构，让有限的财政资金用在刀刃上。同时,法定支出管理应从"投入导向"转向"绩效导向"。长期以来,我国法定支出的管理过于关注地方相关事业的投入是否达到了法定标准,而对法定支出的绩效不够重视,因此,虽然法定支出项目的投入在不断增加,但资金的使用效率非常低下,浪费严重。为此,法定支出管理应由"投入导向"转向"绩效导向"。党的十八届三中全会《决定》明确指出,清理规范重点支出同财政收支增幅或生产总值挂钩事项,一般不采取挂钩方式;2016 年政府工作报告也指出,要对收入高增长时期支出标准过高、承诺过多的不可持续的支出,或者政策性挂钩的支出,在合理评估的基础之上,及时压减。为此,财政部积极推动修订重点支出挂钩相关法律,如《教育法》、《农业法》、《科技进步法》等。

(4)清理规范各类税收优惠政策及各种财政补贴。近年来,为推动区域经济发展,一些地区和部门对特定企业及其投资者(或管理者)等,在税收、非税等收入和财政支出等方面实施了优惠政策(以下统称税收优惠政策),同时,各种财政补贴也层出不穷,如惠农补贴、能源补贴、家电补贴等。这些税收优惠政策与财政补贴在一定程度上促进了投资增长和产业集聚。但是,一些税收优惠政策扰乱了市场秩序,影响国家宏观调控政策的效果,甚至可能违反我国对外承诺,引发国际贸易摩擦;许多补贴只考虑短期需求,缺乏激励相容的运行机制,形成支出碎片化、短期措施长期化、资金使用低效化。因此,应对此进行清理规范。

(5)压缩经济建设支出规模,严格控制"三公经费"等一般性支出,降低行政成本。据统计,在西方发达国家,经济建设支出比重为 10%(我国占50%),社会福利支出达到 60% ~ 70%(我国占 30%)。显然,我国这种财政支出的结构与建设公共财政的初衷背道而驰。这就要求我国压缩经济建设支出规模,优化公共投资结构;加大社会福利性支出比重,优化人力资本投资型社会福利项目。在政府会计的支出项目中,处理投资性支出与消费性支出的关系时,一方面要控制并调减投资性支出的规模,另一方面要注意投资性支出有保有压。严格控制公共资本流向一般竞争性领域和行政事业部门的基本建设,保证社会对基本公共设施的投入需求。在消费性支出上,从严控制行政性公共消费,尤其"三公经费",突出预算保证重点,使有限的资金用于教育、医疗、社会保障、就业、"三农"、自主创新、环境保护等社会发展的薄弱环节和与民生有关的支出。

要优化财政支出结构,提高财政支出的效率与效果,就需要改善公共治理机制。大多数的经验研究表明,良好的治理有利于提高公共支出的效果。完善的公共治理机制包含公共支出的决策、融资、生产、监督与问责的全过程。政府的责任是,要为公民获得基本公共服务提供制度保证,并作为基本公共服务的最后出资人。但这并不是说所有的公共物品服务都必须由政府出资或生产，政府可以灵活运用监管、融资和生产三种角色，充分发挥社会其他主体的潜力。政府的责任仍存在着不明晰和不恰当之处，政府应努力克服公共服务供给的这一制度缺陷，并推动在政府会计体系下的负责任政府的打造，建立良性互动的公共物品与服务治理框架。

第二章

国外财政绩效管理的思想
演化与绩效管理实践

第一节 国外财政绩效管理的思想演化

一、国外财政绩效管理思想的演化进程

绩效预算自 20 世纪 40 年代提出以来，目前已经有 50 多个国家不同程度地实施了绩效预算。从国际经验角度看，绩效预算的产生有特定背景条件，伴随着绩效预算的完善，这种预算模式也形成了稳定的基本内容。20 世纪六七十年代以来，传统政府官僚体制的弊端日益暴露，对于政府部门中存在的效率低下、人浮于事的现象，公民日渐不满。在这种情况下，加上新公共管理运动的盛行，大规模的政府改革浪潮先在英美等国兴起，随后席卷到世界大部分地区①。而政府绩效管理成为这场改革运动的核心，以英美为首的各国在 20 世纪 80 年代前后都掀起了绩效管理的浪潮，促使政府绩效管理理论和实践不断发展。

绩效管理起源于工商管理，源头可追溯到 20 世纪初泰勒的《科学管理原理》，而之后法约尔以更宏观的视角将这一理念从工商管理扩展到各种人类组织。但绩效评估与绩效管理真正运用到政府财政管理中，则是始于 20 世纪 50 年代美国的绩效预算制度。直到 20 世纪 70 年代欧美国家普遍开展所谓的"新公共管理运动"，政府财政绩效管理才得到广泛应用。

政府财政绩效管理也称目标—结果导向管理，是随着政府改革运动而兴起的

---

① 汤鑫，彭文. 国外地方政府绩效评估的特点及启示［J］. 企业家天地（理论版），2008（05）.

一种全新管理模式。最早提出财政绩效管理的是美国的胡佛总统，当时针对美国政府"分项排列预算"存在着预算与效果脱节以及官僚、政客等的"党派分肥"等现象，胡佛政府提出了通过绩效管理来改革预算制度的设想。1951年美国联邦预算局在编制预算时第一次使用"绩效"的概念，并将绩效预算定义为："绩效预算是这样一种预算，它阐述请求拨款是为了达到目标，为实现这些目标而拟定的计划需要花费多少钱，以及运用哪些指标来衡量其在实施每一项计划的过程中取得的成绩和完成工作的情况。"虽然限于某些条件的不成熟，这些具体改革措施最终搁浅，但其为后来的政府绩效管理指明了方向。

自20世纪70年代末至80年代初开始，西方各国掀起了一场声势浩大且旷日持久的政府改革运动，它起源于英国、美国、新西兰和澳大利亚，并迅速扩展到其他西方国家，这就是"新公共管理（new public management）"运动。"新公共管理"理论代表了政府公共管理研究领域发展的新阶段，它是在对传统的公共行政学理论批判的基础上逐步形成的。

"新公共管理"自20世纪七八十年代起源于英国、美国、新西兰和澳大利亚之后，迅速扩展到加拿大、荷兰、瑞典、法国等欧洲国家，进入90年代之后，一些新兴工业化国家和发展中国家如韩国、菲律宾等国也加入了改革的大潮。[①]各国改革的内容、方式和措施并不完全相同，理论界也给这些改革冠以不同的名字，比如"重塑政府（reinventing government）"、"再造公共部门（reengineering the public sector）"等。这场"新公共管理"运动对于西方公共部门管理尤其是政府管理的理论与实践产生了重大而深远的影响。绩效管理既是新公共管理的重要组成部分，更是推动新公共管理理论转化为实际制度安排的重要工具。

二、国外财政绩效管理走向实践的原因

20世纪70年代之后特别是80年代以来，西方社会乃至整个世界发生了根本性的变化。公众的价值观念多元化、需求多样化，民众的民主意识、参政意识增强，时代的变化对政府提出了新的要求。政府必须更加灵活，更加高效，具有较强的应变能力和创造力，对公众的要求更具有影响力，更多地使公众参与管理。传统公共管理体制僵化、迟钝，具有使行政机构规模和公共预算总额产生最大化的倾向，易于导致高成本、低效率的问题越来越突出。西方各国在20世纪七八十年代普遍面临政府开支过大、经济停滞、财政危机严重、福利制度走入困境、

---

① 雷田雨. 我国公务员考核制度研究［D］. 郑州：郑州大学，2004.

政府部门工作效率低下、公众对政府的不满越来越强烈等问题，也促使人们开始变革传统的公共行政体制。①

在这种背景下，一种突破传统公共行政学的学科界限，把当代西方经济学、工商管理学、政治学与社会学等学科的理论、原则、方法及技术融合进公共部门管理的研究之中，以寻求高效、高质量、低成本、应变力强、响应力强、有更健全的责任机制的"新公共管理"模式应运而生。②

（一）传统的政府行政管理模式弊端日益显露

西方在20世纪初大致形成官僚主义的行政管理模式，"官僚主义政府"指那种与传统的专业化、大批量、"流水线"生产相适应的政府管理模式。传统的官僚主义管理模式无一例外地采用"分项排列预算"的财政拨款制度，在进入新经济时代后，这种模式的行动迟缓、办事拖沓、效率低下、浪费等缺陷明显暴露出来。它无法适应20世纪50年代以来人性的解放、个体偏好的增强和自主选择的市场化浪潮，加上第二次世界大战后民主化思想深入人心，同时，由于中等收入阶层的崛起，广大民众的纳税人意识、参与公共事务管理的意识增强，人们对税收的使用和监督要求显著提升，加上传统管理体制自身的僵化腐朽，强烈要求需要进行新的政府管理方式变革。传统落后的政府行政管理体制与新经济社会变革的不适应是财政绩效管理出现的深层原因。

（二）政府自身的财政压力加大

政府财政压力是政府绩效改革的直接推动因素。20世纪70年代以来，美国进入了第二次世界大战后最严重的经济危机，整个西方国家经济发展均受到石油危机等影响，在战后世界经济持续高速发展后，各级政府财政收入异常紧张，面临巨大的财政压力，而此时想通过传统的提高税收来充实财政几乎没有可能。同时，各级政府入不敷出，赤字持续扩大，从20世纪60年代开始，很多国家开始提出旨在压缩公共支出的预算改革，如目标管理、零基预算等，最终都没能压缩预算，反而出现改革一次财政支出膨胀一次，政府出现了巨大的信任危机。几方面情况叠加使政府不得不转而寻求降低政府行政成本，减少财政支出浪费，提升财政管理的效率水平。

---

① 安志刚. 美国政府财政支出绩效评价述评及其对我国的启示［J］. 经济研究参考，2012（41）.
② 张敏. 政府绩效评估的理论与实践［D］. 太原：山西大学，2007.

（三）一系列新的经济与管理理论的诞生

政府职能的迅猛扩张使得政府运行的低效率进一步显现，社会上出现了逐步减少政府干预的新自由主义思潮。以布坎南为代表的公共选择理论、以科斯为代表的新制度经济学等学说分别从宪政经济、官僚经济、交易成本等角度对传统官僚体制进行了较为系统的批判，进而演变为国家公共管理绩效化的理论基石。同时，在管理领域，"新公共管理运动"逐步取代威尔逊和古德诺的"政治—行政二分论"以及韦伯的科层理论，以适应新的社会经济形势。为了适应政府公共部门对政策执行和政策管理的要求，20 世纪 70 年代出现与兴起了政策科学和公共政策分析，并成为公共行政的主流学派。[①] 以普雷斯曼（Jeffrey L. Pressman）和韦达夫斯基（Aaron Wildavsky）为主要代表，谋求政策科学、政策分析与公共行政相结合，使政策科学与政策分析转而重点研究政策执行和公共项目，而不再重点研究机构。

三、国外财政绩效管理的典型评估模型

长期以来，西方国家普遍推行的绩效管理措施包括：政府围绕其使命采用目标管理（MBO）、全面质量管理（TQM）等手段进行绩效管理，强化了政府对议会和顾客的双重责任；实行成本核算，加强财务控制，完善信息反馈，实行以绩效为基础的预算制度；改革公务员制度，打破统一的薪酬体系，推行绩效工资制和业绩奖励制。[②] 针对这些具体措施，可以归纳出如下几种财政绩效管理的典型方式。

（一）基于政府运作过程的评估模型

1. 西奥多·H. 波伊斯特模型

这是一个典型的基于公共项目运作过程的评估模型，揭示了项目的"资源、过程、产出、成果"之间的逻辑关系。该模型的突出特征是强调区分产出与结果的重要性。产出表示的是一个项目的实际操作过程的表现及其阶段性成果，而成果是项目最终产生的结果或者效果。产出只是项目成功的必要条件而不是充分条件，结果才是构成绩效评估中唯一的最重要的要素。结果是衡量项目工作绩效的

---

① 王华. 基于政府治理的国家审计研究［D］. 成都：西南财经大学，2009.
② 蔡立辉. 西方国家政府绩效评估的理念及其启示［J］. 清华大学学报（哲学社会科学版），2003（01）.

最终标准，除此之外，类似于项目工作活动的直接产品与产出，对于达到预期的结果来说也是非常关键的。

2. 美国政府会计标准委员会的评估模型

1994 年，美国政府会计标准委员会设计出一个评估"投入、产出、后果、效率与成本效益"的评估模型："投入指标（input indicators）"，这将测量某一项目消耗的资源，产出指标（output indicators），这将报告产品数量，或为服务群体提供的服务单位（unit-service）。它们同样包括"工作量"测评，反映生产一个产品或提供一项服务所付出的努力。后果指标（outcome indicators），这将测评报告项目与服务结果，效率与成本效益指标（efficiency and cost-effectiveness indicators）。这些测评集中于一个目的是如何达到的，而不是我们取得了什么。

3. 荷兰业绩测评工作小组的评估模型

1989 年，荷兰业绩测评工作小组制定了一项对公共部门绩效测评的总体模型，该模型强调绩效测评的总目的是增强"控制"公共部门生产过程或政策过程的能力。评估内容分为四个基本元素："投入（input）、通过量（throughput）、产出（output）和后果（outcome）"。这里的"通过量"可以说就是公共服务提供的"过程"（processes）。强调在可能的条件下，这些元素应当用客观的措施和指标来测评。为了避免产出测评可能存在的局限性，测评工作小组就产出测评区分了产出的鉴别（identification）和产出的对比（homogeneity）。在缺乏产出鉴别的情况下，测评应该关注管理的过程或活动，以便提供生产的准确过程指标。

（二）基于政府管理价值的评估方式

1. "三 E"评估模型

20 世纪 80 年代初，英国雷纳爵士负责的效率小组提出"三 E"评估模型，建议在财务管理改革中设立包括"经济"（economy）、"效率"（efficiency）、"效益"（effectiveness）在内的"3E"评估指标体系。此后，"3E"模型逐渐成为西方国家公共部门绩效评估的基本框架。"经济，指输入成本的降低程度。效率，指一种活动或一个组织的产出与投入之间的关系。最常用的效率测定概念是劳动生产率及单位成本。效益，指产出对最终目标所做贡献的大小。"经济测评目的是树立成本意识，节约开支，尽可能降低成本，实现"资金的价值"，可选择成本与投入的比率、行政开支与业务开支的比率、人均开支、资源浪费额等指标进行经济测定。

2. "计划评估"模型

在澳大利亚，"计划评估"模型是一个对政府部门或项目从一致性、效率、效果、成本—收益分析四个维度进行系统评估的框架。（1）一致性（appropriate-ness）指"规划目标或预期成果"符合政府政策优先性和公众需要的程序。（2）效率（efficiency）要求对规划项目的投入和产出进行比较，可在项目规划的各个阶段进行。（3）效果（effectiveness）或质量。其评估涉及的是取得的成果对政策目标的实现程度，这是评估的重点。（4）成本—收益分析（cost-effectiveness analysis）主要分析取得实际成果所花费的成本及是否用较少的投入生产成果，即"成本收益之比"，也即货币形态的"投入"与"结果"之间的对比关系。这里的结果不是指产出的数量，而是指实际效果，不能直接转换成数量。

（三）基于政府管理职能的评估方式

1. 美国坎贝尔研究所的评估模型

坎贝尔研究所设计的绩效评估模型主要包括五个基本维度：（1）财政管理。主要包括政府举债能力管理是否符合法律规定的比例；退休金管理是否得当；现金管理是否得当，有多少做了风险性投资；政府采购各个环节设计和管理是否合理；项目管理是否合理合法，工程招标是否公开公正等。（2）人事管理。人事管理机制复杂、情况各异，许多环节和因素都难以考核，目前主要评估等级工资制度和公务员甄选及退休制度的完善性。（3）信息管理。主要考核计算机的数量和质量，在政府工作中的应用率及所起的作用，计算机是否在最能服务于政府工作的人手中使用。（4）领导目标管理。主要评估领导者战略计划制定是否科学而可行、完成得怎样、有什么样的推进措施、正负面的效应如何等。（5）基础设施管理。主要评估公益事业管理的政策法规制定和实施是否及时而有效。

2. 平衡计分卡评估模型

1992年，哈佛商学院罗伯特·卡普兰和大卫·诺顿从企业发展的战略出发，开发了一种绩效管理的平衡计分卡（简称BSC）。平衡计分卡从四个层面来评估企业业绩：财务状况、顾客服务、内部流程、学习和成长。平衡计分卡是从企业发展战略出发，将企业及其各部门的目标分解成由财务状况、顾客服务、内部经营过程、学习和成长在内的多元绩效评估指标模型。尽管它是针对企业的绩效评估提出的，但具有普遍意义，因为它揭示了一般组织运作的逻辑特征和绩效评估的基本要素。美国等西方国家广泛借鉴平衡计分卡模型，建立了评估模型对政府绩效进行评估。

3. 瑞士国际管理发展学院的评估模型

1999年，瑞士国际管理发展学院建立以经济表现、政府效率、企业效率和基础设施为基本维度的国家竞争力评价体系。其中，对政府效率的评估围绕公共财政、财政政策、组织机构、企业法规和教育五个要素展开。（1）公共财政。主要对中央政府预算盈余或赤字、国内负债、国外负债、利息支付额、国家总储备、一般政府支出、公共财政管理进行评估。（2）财政政策。主要对国家税收收入、个人税、公司税、资本和财产税、间接税、雇主和雇员社会保障缴款及逃税情况进行评估。（3）组织机构。主要对中央银行政策、汇率政策、国家信用等级以及资本成本进行评估；对公共政策方向的一致性、法律体系、新立法、政府经济政策、政府决策、政治团体、透明度、公共服务、官僚主义、受贿和腐败进行评估；对政府在维护社会公平与安全、社会凝聚力等方面进行评估。（4）企业法规。主要评估竞争法规、资本市场法规的完备性、法规的开放度等。（5）教育。主要评估全部公共教育支出、学生教师比、中等学校人数、高等教育成绩、文盲率、教育体系、经济知识普及、教育基金、合格工程师、知识转让等。①

第二节　国外政府财政绩效管理的具体实践

20 世纪 70 年代以来，政府绩效已成为公共管理关注的焦点，西方发达国家为应对经济停滞、管理危机、财政危机和公众对政府的满意度下降等问题，掀起了重塑政府形象的改革运动。随着政府改革的不断深入，政府绩效评估与管理作为一项提高政府工作效率和改善服务质量的重要工具，在国外政府受到广泛关注。美国、英国、德国、法国、荷兰、加拿大、新加坡、澳大利亚、新西兰、日本、韩国等都将加强绩效评估与管理作为政府改革的重要组成部分，以此来提高政府的管理效率。本节将分别阐述美国、英国、澳大利亚、新西兰以及日本和韩国政府绩效管理的实践。

一、美国财政绩效管理实践

（一）美国财政绩效管理的演进过程

从 1906 年的纽约市研究局开始至今，已有百余年历史。梳理相关学者对美国政府绩效管理的研究发现，他们对其历史进程的划分存在一些差异，但影响力最大的是美国行政学家古拉斯—亨利的五阶段论。其在《公共行政与公共事务》

---

① 马国贤. 政府绩效管理 ［M］. 上海：复旦大学出版社，2005.

一书中将美国绩效评价的历史划分为效率阶段、预算阶段、管理阶段、私有化阶段和政府重塑阶段五个阶段，具体如下。

第一阶段（1900～1940年）为效率阶段，以好政府为目标。20世纪初，美国政府改革关注的主要是效率，政府改革的目的在于创造一个好政府，即为更有效率的政府，也即更加廉洁的政府。1906年纽约成立研究局，探讨如何提高政府效率。1912年联邦政府成立经济与效率委员会，1928年成立的全国市政标准委员会是美国公共部门绩效评估的发起者。

第二阶段（1940～1970年）为预算阶段，以控制开支为目标。第二次世界大战前后，凯恩斯主义的兴起和罗斯福新政的实施使得政府规模极度扩张，进而造成政府雇员迅猛增加，政府财政负担沉重，反而行政效率没有提高，甚至出现工作中的混乱、重复和浪费。因此，在这一阶段，政府开支过大已引起社会的高度关注，控制政府开支已成为推动政府管理改革的主要动力。人们普遍认为开支过大的原因是腐败，并相信只要将行政原则加以利用，建立起精心设计的组织结构和程序，政府管理中的可乘之机便可逐步消除。

第三阶段（1970～1980年）为管理阶段，以效率和效益为目标。20世纪70年代是美国进行测量、评价以及提高生产力的重要10年，公共部门绩效评估重新得到重视。1973年布雷顿森林体系瓦解，美元的国际地位急剧下滑，对外贸易也开始走向逆差。这期间，美国更加注重效率和效益的管理，解决效益问题在于革除政府中的欺诈、权利滥用和浪费等行为，效益的提高通过效率来解决。1973年，尼克松政府颁布了"联邦政府生产力测定方案"，制定了3000多个绩效指标，力图促使公共组织绩效评估系统化和规范化。1974年，福特总统要求成立一个专门机构，对所有公共机构的主要工作进行成本—效益分析。

第四阶段（1980～1992年）为私有化阶段，以精简政府为目标。里根上台之际，美国正经历前所未有的"滞胀"阶段，其症结归咎于联邦政府的过度膨胀，税负沉重因而阻碍了经济的发展。在"经济复兴计划"中，里根政府主要用更多地由私营企业提供特定政府服务的方式，提高生产率，以此来阻止联邦政府自身规模的扩大，降低赤字规模，降低税收，节约政府开支。里根政府任命皮特格瑞斯领导了著名的格瑞斯委员会对私营部门的成本控制进行调查，以吸取经验使政府内部的浪费和滥用现象最小化，同时寻找提供公共服务有效性的最佳方式。结果是，美国政府规章条例减少25%，文牍工作时间每年减少3亿小时以上，取得了巨大成功。

第五阶段（1992年至今）为重塑政府阶段。20世纪90年代初，由于受国内外各种因素的影响，美国公民对政府的信任度下降，出现"信任赤字"。因此，政府面临着改革的巨大压力。在此期间的政府改革寻求从企业获得借鉴，倡导建立一个顾客至上和追求实际效果的"企业型政府"，以适应迅速变化的社会环境。克林顿政府在政府重塑运动中共签署了90个相关法案和50个总统行政命令，各政府部门制定了几千条顾客服务准则。通过政府重塑运动，政府机构的服务质量与私营企业之间的差距大大缩小，有80%的政府服务项目获得了公众的肯定，甚至超过国际标准的满意程度。

表2-1　　　　　　　　　　　美国各阶段财政绩效管理特征

特征	效率	预算	管理	私有化	重塑政府
动因	好政府，廉洁政府	控制支出	效率与效益	减少赤字，降低税收，节约开支	节约开支，提高效率、效益和责任心
主要政府层次	地方政府及20世纪30年代的联邦政府	所有层次的政府	联邦和州政府	联邦和州政府	先地方政府，后联邦政府
生产率运动的倡导者	公民、商人、学者	以预算为导向的公共行政官员	民选官员和学者	公民、商人和饱受智囊团	先公共行政官员，后民选官员
政治环境/研究假设	政治与管理分离，效率等于好政府等于廉洁	全面生产率仅是被纳入预算改革之中	公私部门对于生产改革高度重视	私有化能够提高公私部门的生产率	公共行政官员能建立更有效益和负责任的政府

综合美国绩效管理各个阶段并结合表2-1总结的阶段绩效管理的特征可以发现，对政府绩效的追求始终是各级政府改革的指南，而且对政府绩效的追求重点随着行政改革的发展而不断变化。总体来看，美国行政改革和政府绩效评估的动机趋向更广泛的目标，即从单纯的"追求效率"和"控制成本"逐步转变为"效率和效益"的有机结合，最终转化为"减少政府开支"、"提高公共责任、效率和效益"等多目标的综合体系。[1]

（二）美国财政绩效管理的主要内容

1. 完善的预算法规制度

1921年国会通过的《预算与会计法案》是美国较早颁布的专门规范财政预算的一部法案。根据此法案，联邦政府设立预算局和会计总局，负责预算的草拟

---

[1] 李文彬. 公共部门绩效评价 [M]. 武汉：武汉大学出版社，2010.

和会计核算，实行以单式预算为主的预算制度。后因支出规模的不断膨胀和支出
项目的日趋复杂，1968 年改单式预算为统一预算。统一预算由基本预算、预算
差额、联邦未偿还公债和未偿还贷款账户构成。在《预算与会计法案》框架指导
下，联邦政府和州政府每个预算执行期（一般 5 年）或每一个财年都要制定预算
法案和拨款法案，指导预算制定和执行。与预算法案的政策性和复杂性不同，拨
款法案的内容明确而细化，各项行政机构和政策项目的拨款账目组成拨款法案的
基本单位和绝大部分内容。

美国公共支出绩效评价制度是随着政府绩效评价的需要而形成和发展的，主
要包括《政府绩效与成果法案》（GPRA）、《总统管理议程》和项目评价体系等
方面。《政府绩效与成果法案》明确政府绩效评价的目的、战略规划、年度绩效
计划和报告、管理责任和机动权、试点方案等方面的内容；赋予政府绩效管理的
法律地位，督促绩效评价的实施，规定由总统管理与预算办公室（Office of Man-
agement and Budget，OMB）负责政府绩效评价工作，所有联邦政府机构必须向其
提交绩效管理战略规划。管理与预算办公室在各部门的年度绩效计划的基础上编
制总体的年度绩效计划，并提交给议会审议。年度绩效计划是联邦政府预算的重
要组成部分，各部门的预算安排应与其绩效目标相对应；联邦政府机构须向总统
和议会提交年度绩效报告作为绩效评价结果的反馈，将实际绩效结果与年度绩效
目标进行比较，年度绩效报告必须在下一个财政年度开始后的 6 个月内提交。

2. 严谨繁杂的预算审核程序

（1）准备总统预算。自 1921 年预算法案颁布以来，联邦政府预算的运作周
期都以白宫的总统预算报告为起点。按照法案的规定，总统需要在规定时间里
（往往是每年 2 月份的第一个星期一前），将准备好的下一财年联邦行政机构的预
算报告正式提交给国会。联邦预算由财政部、管理与预算办公室和经济咨询委员
会（Economic Consulting Committee，ECC）三个部门共同完成。各行政机构不能
直接向国会提交预算报告，必须由总统统一集中汇报。"统一集中"的过程由管
理与预算办公室辅助实现。虽然在过去近 90 年里这一制度安排和组织结构几经
调整，但管理与预算办公室始终充当着"自下而上"的总统预算上报下传过程中
核心枢纽的角色。

（2）预算初审。在预算正式颁布前，管理与预算办公室将致信给各行政机构
长官，说明预算需求的政策要求，随后各行政机构的预算编制陆续展开。然后，
管理与预算办公室将与各行政机构展开协调合作，其重点放在各行政机构新财年
预算内容应该包括哪些议题与项目上，同时也会向各行政机构派出专业人员辅助
进行部门预算的编制。管理与预算办公室在其后的两个月中将对这些预算内容进

行审核、修改，审核的关键依据主要包括行政机构预算是否符合总统政策导向的要求、支出的目标和项目是否有违法律法规、支出是否具有绩效、是否符合预算约束等。管理与预算办公室将全部预算汇总为报告，交付给总统及其负责经济政策的高层助手进行讨论、确立以及修正。根据法案的规定，行政机构可向管理与预算办公室就预算内容、项目、预算数额等问题提出上诉，要求重新考虑或修改预算安排。

（3）国会审核。总统将预算报告提交给国会两院后，国会预算审核过程正式开始。这一由立法机构主导的预算决策过程是由 1974 年预算法案确立的，旨在分享总统预算权、掌握切分"财政蛋糕"的权力、平衡国会内各委员会利益等。在美国这是一个极为繁杂而又漫长的审核、讨论、谈判和讨价还价的过程。国会审核的方式主要以听证和辩论为主，两院的预算委员会将结合总统预算报告、各行政机构预算细节报告、国会预算办公室年度报告的修改版本以及各授权委员会的评估建议等综合内容，通过听证等方式进一步进行审议，对总统预算和国会预算报告进行修改调整，最终以各自预算委员会表决通过的方式形成预算方案的报告，并以"共同决议案"（concurrent resolution）的方式提交全会审议。①

3. 严格的预算监督和执行力

美国联邦预算和州预算在其审定过程中体现了严肃性，国会组织相关单位听证、两党间对预算法案的辩论、国会与总统（州长）之间相互监督审核等，都体现了对预算法案的严密、科学和预算资金安排使用的有效，这些程序有时也会向媒体公开，体现审核程序的公开透明。一旦预算法案经总统（州长）签批后，任何个人和单位无权追加、调整和变更预算，除非在非常时期的紧急事务可由总统向国会提出追加申请。

（1）国会辩论。国会辩论其实就是对预算法案内容的事前监督。分属两党的拨款委员会主席和首席成员就拨款法案发表本党看法，对预算法案的程序进行修正，其文本按顺序逐段审核。拨款修正案的内容往往是对某一具体机构或政策的拨款计划进行调整（包括专项调整）的建议，若需增减额度，必须明确指出将作为冲抵的其他拨款计划；如果转用，一定要限制在同一项目内。如果修正案违背这些规则，任何议员都可提反对意见，得到全会确认后将不再被考虑。

（2）预算的修正。接收总统预算报告后，国会预算与管理办公室将结合总统预算中设定的基线或财政指标，适当调整《预算与经济展望》年度报告的内容，再次向两院预算委员会和拨款委员会提交修改版本的报告。按国会的规定，参与

---

① 朱立言，张强. 当代美国联邦政府绩效评估的方法和技术 ［J］. 国家行政学院学报，2005（06）.

协调会议的成员都必须在两院版本的范围内展开协调、再次修正。国会两院自身都无权对拨款法案的协调版本再次修正。

（3）预算法案的延续。新财年的常规拨款法案具有严格的时限要求，须在每年10月1日新财年开始前完成，才能保证新财年内的政府支出有法可依。一旦某些常规拨款法案无法在这个期限内顺利通过，等待常规拨款法案拨付财政资金的行政机构很可能面临因缺少预算授权而终止活动的窘境。在新财年开始之前，如仍存在未完结的常规拨款法案，国会和总统（州长）就可根据府会关系、经济与财政形势等情况，决定是否着手准备初步的延续拨款法案。

（4）支出项目的追加。在某一财年中若出现常规拨款项目内容不能覆盖特定项目或者支出要求时，国会往往采取一个或数个追加拨款的方式予以解决。追加拨款往往针对不可预期的财政需要（如自然灾害救济与重建的支出）或者支持新政策项目的支出以及支持原有政策项目需要的增长支出。

（5）审计监督。每个财年结束后，财政部和总统预算与管理办公室共同编制反映预算收支执行情况的决算报告，经联邦审计总署（GAO）审核，国会批准后即成为正式决算。审计总署负责审查联邦预算的执行结果与国会通过的法案是否相符，并对各部门的预算执行情况进行审计。

4. 较完善的核算考核体系

美国政府绩效评价始于20世纪初，经过近百年的发展和完善，已经确立形成以1993年国会颁布的《政府绩效与结果法案》为核心，以审计总署和总统管理与预算办公室为评价主体，以政府各部门和项目支出为评价对象，以量化的数据和可靠的证据为评价标准的一整套较为完善的绩效评价系统。

（1）项目评价体系（program assessment rating tool，PART）。在2003年的政府预算中，为将绩效与预算决策正式统一，管理与预算办公室引入项目评价体系，作为对联邦项目投入的一项要求，并对每个联邦项目产生的结果进行分级。PART的评价目标旨在为联邦政府项目分级提供一个持续的途径，它依赖客观数据，通过对项目的目标及设计、战略规划、项目管理及项目结果的判断，从而确定项目的整体有效性。一般来说，项目测评由以下六个方面的内容组成：工作量或产出量测评（workload measures/output measures）、单位成本或效率测评（unit cost/efficiency measures）、结果测评或有效性测评（outcome /effectiveness measures）、服务质量测评（service quality measures）、公众满意度测评（citizen satisfaction measures）和综合测评（comprehensive measures）。

（2）绩效评价的具体实施。根据《政府绩效与结果法案》的规定，美国政府绩效评价分部门评价和项目评价（PART）两部分实施：一是部门评价。先由各部门编制战略规划、年度绩效计划，并根据执行情况编制年度绩效报告，再由管理与预算办公室和国会对部门提交的年度绩效计划和年度绩效报告等进行评价。二是实施项目评价（"PAPT"）。只是联邦政府用于指导预算执行效果的一种方法和工具，各部门可根据业务性质和项目类别，分别制定符合项目管理要求的评价具体方法。通常 PART 的设计由 4 个部分近 30 个问题组成（问题数目因项目类型而各异），分为项目目标、战略规划、项目管理和项目成果，各部分权重依次是 20%、10%、20%、50%。对每一个问题，采用"是/否"的表格形式，同时有一个简短的叙述性解释和相关的证据来支持答案，并且答案必须以事实为依据。"是"表示整体绩效的潜在高水平，"否"表示没有足够的证据，或项目没有取得应有的绩效。项目绩效被分为五个等级：有效、基本有效、将近有效、无效和成效未知。

（三）美国政府绩效管理的主要特点

1. 代表性

作为民选的立法机构，就要充分代表选民意愿进行立法行动。充分的代表性是美国立法机构存在的根基。在美国国会的拨款过程中，两院议员都能以参与各委员会、全会讨论修正案以及全会投票等法定方式来表达对拨款决策的不同看法。与此同时，参众两院在程序、政治风格上的差异，在确保普通选民利益表达的同时，也较为充分地反映了各州利益、政党利益以及一些利益群体的诉求。正如前文所言，美国国会作为全美多元利益表达的论坛这一定位，在预算拨款过程中其角色得到了淋漓尽致的发挥。

2. 审慎性

作为多元利益表达的代表性立法机构，在立法过程中一定会发生各种利益之间的冲突，甚至可能陷入僵局。面对多元利益的竞争，要维持预算法案顺利通过，并体现其合理与公正，就必须审慎立法。在美国国会的预算拨款立法过程中，国会相关规则设置了当反复回转的立法程序，安排了多次深思熟虑、在不同层次和范围内审议立法的程序环节，这些都保证了立法过程在表达多元利益的同时足够审慎。与此同时，国会还通过电视直播、网络等方式公开审议过程和相关的阶段性文件，增加透明度，在更为广泛的范围内保证对立法的审慎与负责。

3. 复杂性

美国预算法案的起草、审议、通过等全过程以及国会各委员会的规则若要详细描述，汗牛充栋方可为之。如此庞大、繁杂、严密的预算拨款机制，连美国学者和民众都陷入困惑与不解之中。表面看，这种预算支出管理机制不但没有效益，反而有浪费人力和时间的嫌疑，但仔细分析便会得出完全相反的结论，即美国财政支出管理在审核中花费如此长的时间、动用如此复杂的审核程序，就是使支出项目的合法性、合规性、经济性、实际效益等原则性问题在审议和评估程序中得以解决，而不是在执行中发现问题再进行处置，正所谓"慢工出细活"。特别是国会两院的陈述、听证、质询、反复审议等复杂的程序，使得任何理由不够充分的支出项目都不可能"蒙混过关"。

4. 制衡性

预算审核相互制衡，个别人为因素被完全挤出。从预算审核的整体分析，总统与国会之间存在着明显的权力分享与制约关系，这是由美国宪法决定的。宪法设计者的理念就是不能让"枪杆子"和"钱袋子"集中在一个人手里，而从预算法案的审核过程看，这种理念完全得以体现。总统提交预算请求，国会随后相应提出自己的预算规划来监督总统预算请求；国会通过的拨款法案最终要由总统签署方可生效，总统也有权采取其他方式在拨款立法执行过程中施加影响。两个定位与动机不同的权力机构被宪法分别赋予管辖同一事物的权力，相互制衡、限制的同时必须加以协调合作。具有不同利益代表背景和政策倾向的两院在协调过程中相互限制、相互适应。这种预算管理制度对国家财政支出的安全运行扮演了很好的约束和监督角色，可严格控制财政支出，较为有效地减少赤字。但凡事有利则有弊，分权制衡也为提高预算立法的效率制造了障碍。

5. 专业性

预算拨款法案在美国可称得上是相当复杂的立法事务，需要具有专业知识和技能的立法人员参与其中。事实上，美国国会在委员会、议员个人以及辅助机构等方面已经体现出这种专业化的特点。就委员会而言，由于历史路径等原因，美国国会在职能上将管辖预算拨款事务的权力拆分到预算委员会、授权委员会以及拨款委员会，其中，拨款委员会作为拨款立法的核心机构，在预算法案审核过程中进行专业性把关发挥关键作用。这种拆分使各委员会对应其专属的事务负责审核把关，如按照国防、行政、教育、国家安全、经济管理、城市管理、社会保障等事务来划分各专业委员会，这样各委员会都具有专业化的信息支持保证，能提供专业性的信息咨询服务。[1]

（四）美国地方财政绩效管理

1. 马里兰州地方财政绩效管理概况

马里兰州州长奥马利曾于 1999 年首创了 CitiStat 项目，对城市运行管理实行

---

[1] 郑方辉. 法制政府绩效评价［M］. 北京：新华出版社，2014.

有效的绩效管理，极大地提高了城市公共服务的效率和质量。当选州长后，他迅即以 CitiStat 项目为蓝本，推动实施 StateStat 项目，重塑可信和高效的政府部门。奥马利决定实施基于数据追踪和结果导向的管理项目，他称之为 "CitiStat"。实行该项目的目标是要在所有市政府机构和职员中深深植入 "责任、透明、效率" 的观念。2000 年 6 月，CitiStat 项目启动运营，并逐渐从监管 1 个政府机构（公共建设局下属的固体废弃物处理处）扩展到于 2002 年覆盖 16 个政府机构。此外，巴尔的摩市政府专门设立了一个 311 电话接听中心，每一个市民通过拨打一个数字就可以要求一项公共服务，并能够追踪该要求的进展，直至该项要求得以解决。CitiStat 项目不仅节约了预算经费，还提高了公共服务的效率。截至 2003年，该项目还将巴尔的摩市的犯罪率大幅降低了 40%。

StateStat 项目并不是 CitiStat 项目的简单复制。相反，StateStat 项目拥有许多特别的职能。第一，一项名为 "BayStat" 的计划已实施，用于使马里兰州的著名海湾——切萨皮克湾恢复清洁。马里兰州政府联合所有相关的合作伙伴，通过GPS 技术的使用，努力发现水面的覆盖植物，从而达到防止水土流失和吸收过度营养物的目的。第二，混乱的监狱管理部门在梅纳德厅长的领导下，以果断关闭杰瑟普监狱为标志，开展了整顿行动。第三，最有可能处于危险之中的个人被StateStat 运用分析数据得以识别。之后，马里兰州假释和缓刑厅能够将不同的监视级别施加于危险的罪犯。第四，马里兰州每个地区均应具备 12 项有关国土安全和应急管理的核心能力，使用清晰、简洁、可衡量的语言描绘出来。

2. 马里兰州财政绩效管理的特点

（1）州财政局在其非常严格的预算编制阶段就已经开始介入绩效评价。州预算和管理部门规定，政府每个部门及每个项目都必须制定详细的资金使用计划，政府资金只能在规定范围内使用，由地方检察官负责专门监督各部门预算的使用和管理情况。各部门要定期汇报财政资金的使用方向和效果，并根据各部门提交的报告，进行共同讨论，在必要时对资金使用进行适当调整。

（2）该州为提高政府支出绩效，从 1997 年开始实施 "结果管理" 工程（managing for results，MFR）。2005 年，州预算和管理部（DBM）按照 "以人为本" 的总体原则，以建设一个 "每个人生活、成长、工作和获得成功的好地方" 为主要目标，制定了全面、系统的州政府结果管理计划。该计划从教育、卫生和环境、公共安全、商业、财政等方面制定了明确、合理的绩效总目标和具体目标，并为每个目标制定详细的评价标准，要求每个部门在财政年度终了后，严格对照部门绩效目标进行自我评价，撰写结果管理评价报告。评价报告必须包括项目使命、目标、任务、绩效讨论、绩效数据等一系列内容，同时对部门、项目绩效和环境结果做出说明。评价报告还将作为下年度预算安排的重要依据。

（3）财政支出绩效评价直接体现在年度预算报告中，这样，一些政府部门在执行预算项目时，同时考虑项目的绩效评价。关于这个市的绩效评价，有三个突出特点：一是各部门 2012 年度的预算都要把前两年的预算安排数列在同一张表中进行比较，算出增减变化的比率（percent change ratio），相应地有一段文字描述，讲述增减变动的原因。二是充分利用较为成熟的评价指标体系，按照不同的行业和部门，分行（产）业和项目进行评测，而且评测情况进行三个年度之间的比较，有利于发现问题，提出改正意见。三是评价指标体系更侧重于居民健康状况和实际生活水平的改善、幸福度的提升等，在实际评价工作中，这些方面所占的权重分值都很高。①

二、英国财政绩效管理实践

英国作为最早开展政府绩效管理改革的西方国家之一，其主要的管理模式和特色在于政府部门绩效目标的确定和绩效审计运动的推动。本部分将着重分析英国的绩效审计在绩效管理中的重要作用。

（一）英国财政绩效管理的演化阶段

根据评估侧重点的不同，英国政府绩效管理的发展可以分为效率优先阶段和质量优先阶段，但无论哪一阶段，都是围绕改革与创新来发展的。从 1930 年经济大萧条后，英国政府一直在调整自己的角色，遵循凯恩斯理论，政府大力干预社会和经济，这在 20 世纪五六十年代确实起到了稳定社会的作用。从 70 年代末开始，英国的经济发展环境发生了巨大变化，生产力普遍下降，政府财源渐枯，公共品供给不足。政府的无能表现使得公众对政府的能力越来越产生怀疑，英国政府面临着经济危机、财政危机和信用危机。在这样的三大危机压力下，英国公共行政管理改革得以迅速开展。但是，在 20 世纪 80 年代以前，绩效管理局限于输入和产出易于识别与调整的执行功能。直至 20 世纪 80 年代以后，撒切尔政府及其后的梅杰政府、布莱尔政府为了提高行政效率、改进政府绩效，才相继推行了一系列行政改革来推广和普及组织绩效管理。②

1. 效率优位阶段

自 20 世纪 70 年代末以来，在"效率战略"的指导下，撒切尔政府推行了雷

---

① 曹俊. 美国马里兰州政府绩效管理实践［J］. 上海文化，2014（04）.

② 汤鑫. 完善我国地方政府绩效评估的对策研究［D］. 长沙：湖南大学，2008 年.

纳评审、部长管理信息系统、财务管理新方案等改革措施。这些改革在很大程度上推动了绩效评估在英国政府部门中的应用。其中，雷纳评审的重点是经济和效率，其目的是通过评审来终止和避免那些不理想的东西（包括过时的、不合时宜的工作任务，无效率的工作程序和方法等），从而降低政府部门的开支和运营成本。继雷纳评审之后，1980 年环境大臣赫塞尔廷在环境部内建立的部长管理信息系统是整合目标管理、绩效评估等现代管理方法而设计的信息收集和处理系统。它将绩效评估、目标管理、管理信息系统相结合，使公共部门绩效评估更具有战略性、持续性。而财务管理新方案则是部长管理信息系统的扩张、延伸和系统化。在这一时期，公共部门绩效评估已获得初步的发展，但其评估的侧重点主要是经济、效率。

2. 质量优位阶段

20 世纪 80 年代后期，撒切尔夫人推行的"下一步行动方案"、"公民宪章"运动、"竞争求质量"运动扭转了 80 年代以来的"效率战略"改革方向，开创了质量和顾客满意的新方向。1988 年实施的下一步行动方案明确提出在部门内部设立"执行机构"，核心部对执行机构的运作进行监督、协调和"适距控制"，其方式包括设立绩效目标、配置资源、设计绩效示标并依此对执行机构的绩效状况进行准确的测定。同时，为了弥补执行机构责任机制上的漏洞，"下一步行动方案"还提出对执行机构的绩效状况进行定期评审并将结果公布于众。继撒切尔夫人之后，梅杰政府推行了公民宪章运动和竞争求质量运动，这些改革措施又进一步强化了质量和顾客服务的改革思想。例如，在公民宪章运动中，梅杰政府要求各公共服务机构和部门在制定宪章时要遵循六个原则：明确的服务标准、透明度、顾客选择、礼貌服务、完善的监督机制、资金的价值。在保守党政府之后，新工党政府沿袭了保守党的改革方向，继续强调公共服务的效率、资金的价值和顾客导向。例如，布莱尔政府积极引进基准比较技术；将公民宪章更名为"服务第一"，并设立了公民评审小组；在地方政府层次上推行"最优价值"（best value）。①

表 2-2 英国财政绩效管理重大事件

年份	事件
1979	效率评审（efficiency scrutinize），也称雷纳评审（rayner scrutinize）
1980	部长管理信息系统（management information system for ministers）
1982	财务管理新方案（financial management initiative）

① 王雁红. 英国政府绩效评估发展的回顾与反思 [J]. 唯实，2005（06）.

年份	事件
1988	下一步行动（the nest steps）
1991	公民宪章运动（the citizen's charter）
1991	竞争求质量运动（competing for quality）
1993	基本支出评审（fundamental expenditure reviews）
1994	持续与变革（continuity and change）
1995	进一步持续与变革（taking forward continuity and change）
1997	全面支出评审（the comprehensive spending reviews）
1999	现代化政府（the modernizing government）

（二）英国政府绩效管理的特点

从以上英国政府绩效管理的发展历程，我们不难发现，经过30多年的发展，组织绩效评估在政府各部门的应用逐渐变得经常、系统、规范起来。但同时我们也看到，公共部门绩效管理在许多方面也发生了变化，包括评估侧重点、评估主体、价值标准等。

1. 侧重点从经济、效率到效益、质量

在英国，撒切尔夫人最初引入绩效评估工具，主要是针对当时英国政府存在的效率太低、浪费严重问题，希望通过借用企业中的绩效评估工具来审查政府绩效状况，以提高行政效率和降低开支。到20世纪80年代末期，虽然改革在经济和效率方面取得了显著的成就，但同时保守党受到了牺牲质量和公共服务来追求开支节省的指责。为此，英国行政改革的侧重点从经济、效率向质量、公共服务转移。同样，作为英国行政改革的重要内容，公共部门绩效评估的侧重点也由经济、效率转向质量和顾客满意。

2. 主体从公共组织扩展到社会公众

绩效管理最初引入公共部门时，主要是作为上级部门评审、控制下级部门的工具。这一时期，政府绩效评估主要采用自上而下的单向反馈方式，评估主体主要是公共组织和专门的机构。20世纪90年代以来，随着顾客导向、质量为本日渐成为英国行政改革的主题，政府绩效评估也由以政府为中心转变为以服务对象为中心，评估主体由公共组织扩展到社会公众。例如，在公民宪章运动中，各公共服务系统颁布的乘客宪章、纳税者宪章、病人宪章等服务标准中都明确提出了

顾客满意率。而且，布莱尔政府上台后，又进一步明确提出让公众参与测评。①

3. 主题从评判到发展

20 世纪 80 年代初，英国政府绩效管理的功能主要是评判、控制。评判功能是指通过对组织绩效的分析来指出促进或妨碍组织取得绩优的因素。控制功能是指上级部门依据绩效协议或绩效合同评估下级部门，并运用评估结果对下级部门实施有效控制。然而，随着行政改革的推进，绩效管理的功能不再局限于评判、控制，英国政府开始积极运用绩效管理来推进政府绩效的持续改进、实现组织的发展。此时，绩效不仅仅是一个指导和控制的程序，更是一种学习的程序。组织通过各部门、单位间的横向或纵向比较、现有的绩效水平与标准水平或理想水平的比较，寻求进一步提高组织绩效、实现本部门发展的目的。②

4. 价值标准多元化

由于传统行政效率研究基本上嫁接普通管理学效率研究的概念、模式，忽视公共部门的公共性，因此，早期的效率测量是单一的效率取向，即追求投入产出的最大化。由于单一的效率取向的效率测量无法平衡效率与其他价值之间的冲突，20 世纪 80 年代初，英国的效率小组建议在财务管理新方案中设立"经济"、"效率"、"效益"的"3E"标准体系，以取代传统的效率标准（如财务、会计指标等）。实际上，"3E"是一种包含了不同价值观点的标准体系，它反映了公共组织目标的多元化。总之，公共组织的目标多元化和价值多样性促使政府绩效管理的价值标准日趋多元化。

5. 围绕英国行政改革不断推进

英国当代的行政改革虽然很激进，但具有系统设计、稳扎稳打的特征。在改革的不同阶段有不同的侧重点，有关部门对改革的进程进行了强有力的指导。同样，绩效评估作为英国行政改革的重要组成部分，像英国的行政改革一样，英国政府推行的绩效评估措施既激进同时具有系统设计、稳步推进的特征。从雷纳评审、部长管理信息系统、财务管理新方案、下一步行动方案、公民宪章运动、竞争求质量运动一直到后来的现代化政府白皮书，在不同的阶段，随着行政改革的主题和目标的变化，评估的侧重点有所不同，追求的目标有所不同，主要形式不同，但不同阶段间存在着有机的联系。例如，绩效评估方法由"雷纳评审"时期的经验型评估逐渐发展到"财务管理新方案"时期建立较为完善的评估系统；评估的侧重点由经济、效率转为效益、质量。③

---

① 曾博函. 公众全过程参与我国政府绩效管理问题研究 [D]. 大连：大连海事大学，2011.

② 宋晓丹. 我国地方政府绩效预算改革研究 [D]. 广州：暨南大学，2013.

③ 申亚楠，郭春明. 卓越绩效评价在政府部门的应用 [J]. 经济管理，2006（19）.

（三）英国的绩效管理改革的灵魂——绩效审计制度

在英国，绩效审计（performance audit）又称"物有所值审计"，由此可见公共支出绩效审计在英国公众中的良好形象和声誉。根据 2003 年颁布的《英国绩效审计手册》，各审计机构的绩效审计主要对议会（从而最终对纳税人）负责，并遵循以下绩效审计原则：公正性、专业胜任能力、严密性、客观性和独立性、问责性、增值性、坚定性、清晰的沟通。绩效审计的根本目标在于确保公共财政资源得到合理利用，并促进审计单位改善管理并提高效益。具体见表 2-3。

表 2-3　　　　　　　　　　英国公共绩效审计体系构成

中央机构	审计范围	报告对象
国家审计署	中央政府各部门和行政机构；苏格兰和威尔士的国民保健计划托管机构；对非公司性质的非政府部门的法定审计；对非公司性质和公司性质的非政府部门进行绩效审计	议会
北爱尔兰审计署	北爱尔兰政府各部门；北爱尔兰行政性机构和非行政性公共机构；北爱尔兰政府机关、地方政府和北爱尔兰法院	北爱尔兰下议院
审计委员会	英格兰和威尔士的地方政府；英格兰和威尔士的警察部队、保健部门和托管机构	地方政府；警察局；内阁成员和威尔士下议院
苏格兰审计署	苏格兰行政长官；非政府部门公共机构、保健部门、地方管理当局、消防和警察部队	苏格兰议会
威尔士审计署	威尔士下议院和接受资助的团体；威尔士国民保健计划托管机构、继续教育和高等监狱机构	威尔士下议院

具体来说，英国绩效审计是检查公共资金使用情况的方式和效果。其中，对经济性的审计，主要是关注在保证质量的前提下降低资源消耗量，将政府支出降到最低水平；对绩效的审计，主要是对比产出或服务与资源投入的关系，以一定的投入实现最大的产出，保证资金的合理性；而对效益状况的审计，则主要是通过对比资金支出后所实现的实际效果与预期效果之间的关系，保证资金使用达到理想的效果。实际上，经济性、效率与效果三者之间没有明确界限，三者共同构成一个整体。在对每一项公共支出项目开展绩效审计时，审计署人员必须努力实现审计时间、成本预算和产出质量三者之间的恰当平衡。即花费合理的审计时间和适当的预算支出，取得高质量的审计成果。

英国的绩效审计一般可分为四类：第一，对严重铺张浪费、效率或效益低下和控制薄弱的现象所进行的检查；第二，针对特定部门、重大工程进行的调查；

第三，对管理活动所进行的检查；第四，其他较小规模的检查。有些检查是针对某一单位或项目进行纵向审计，也可能涉及多个部门或单位，就某一共性问题进行横向审计。英国的国家审计署主要检查和评价政策的执行结果，对政策本身不提出批评意见。

在政府支出绩效审计中，适当的审计方法体系不可或缺，审计方法体系主要指收集或分析数据的技术方法，英国绩效审计将审计方法划分为定量分析法和定性分析法。[①] 典型方法见表2-4。

表2-4 英国绩效审计的典型方法

审计问题	信息收集方法	信息分析方法
某部门是否以最有效的方式购置设备	与主要工作人员谈话；采购全过程；发现最佳采购机构设备的购置方法	采用基数法等进行定性分析；与其他机构设备购置方式相比较
某部门驻地方机构间的病假缺勤率是否存在重大差异	从人力资源数据库下载数据	按年龄、性别、级别、地点等分类，对发病率进行统计分析
大学生是否因为经济困难而辍学	分别是在读和辍学学生重点小组；审阅学术报告	统计辍学率；系统查阅有关研究文献

（四）英国地方政府绩效管理实践

英国地方政府绩效管理主要是围绕其建立的"公共服务协议"体系来开展的，目的是建立一种现代的公共支出和绩效管理框架，为制定审慎、有效的中长期支出计划服务。公共服务协议的框架建立在公共服务绩效的四项原则基础上，即：一是由政府制定清晰的、侧重成果的国家级目标；二是将责任转移到公共服务提供者自身，为基层提供最大的改革的灵活性和能动性，以及保证地方需求能够得到满足的激励措施；三是独立、有效的审计和监督安排，以加强责任；四是对取得成效的透明度特别对地方和全国的绩效目标实现情况作完善的信息披露。[②]

1. 地方政府全面绩效管理的指标体系

英国地方政府绩效考核的框架结果主要包括三个部分：一是资源利用评价；二是服务评价；三是市政当局评价。其中，前两部分进行年度考核，后一部分每三年考核一次。根据考核结果，地方政府被评为四个星级。

第一部分：资源利用，包括财务报告、财务管理、财务信用、内部控制、投

---

① 胡奕明．审计与政府绩效评价研究［M］．上海：上海交通大学出版社，2012．
② 田霞，贾小燕．英美国家地方政府绩效管理及其对中国的借鉴意义［J］．生产力研究，2009（05）．

资效益 5 个要二级指标。

财务报告——年度财务报告依照法律设定的标准和格式来完成；依照法律规定，在政府网站或以其他合适的方式公开财务报告和审计报告；告知地方选举人和公众依法享有的监督权利，以提升公众的监督兴趣与责任；财务报告和报表的公布能满足不同利益相关人的需要。

财务管理——中期（3 年）财政战略、预算和资本项目充分考虑了本地优先发展的战略，同时兼顾了国家的宏观政策导向；中期财政战略完全依照 3 年可行的收入和支出建立，并且每年进行复审和评估；预算过程有高级官员及其他相关人士的充分参与和讨论，并及时向高级官员和有关人员通报绩效管理动态信息。

财政信用——财政支出量入为出，收支基本平衡；目前的开支计划与可获得的资源基本适宜；各项财务指数良好，并有真实、完整的追踪记录；所有财政活动均在既定的政策范围内进行；各项财务措施建立在对需要和风险的充分考虑的基础之上，并明确、合理地向市政委员及其他方面报告。

内部控制——重大投资项目实行第三方参与的风险管理方法；战略政策决定和项目投资计划均有风险评估报告；成立了合适的财务风险控制委员会；有完善的内部控制制度和内部审计监察机构；公职人员自觉抵制欺诈与腐败。

投资效益——成本和服务提供的范围、水平、质量等基本相称；主要服务项目的总成本和单位成本不高于其他地方的同类服务；服务项目的成本为整个社区所知晓；市政委员和高级管理者积极寻求减少现有成本的途径；实行内部成本效益审查制度，效益增加明显；克服短期行为，追求可持续发展和长期效益。

第二部分：服务评价，主要包括对地方政府环境服务、住房服务、文化服务的评价。从 2006 年开始，增加对消防服务的评价。这些服务项目的监督权都在国家审计署。各项服务评价的标体系如下。

环境服务——一是创造更好的环境：交通运输发展规划进度表；顾客对规划服务的满意度等。二是环境管理出色：路边垃圾回收桶的设置状况；废物回收、处理和循环利用的满意度；道路交通事故伤亡人数的减少量；人们对公共汽车服务的满意度；人行道上残疾人信息设施的提供状况；环境质量达标指数等。三是为后代保持优良环境：有机物是否制造成堆肥并被循环利用；是否利用贫瘠之地而不是良田建房；住房建设是否满足了节能要求；人均垃圾产生吨数等。

住房服务——一是市政房屋的管理与维修：破旧房屋所占比例；破旧房屋修缮比例；维修专项开支占财政支出的比例；租金回收和拖欠状况；平均每周的管理成本；公众参与的机会。二是为无房户、无家可归者提供住房或政策支持：公民在暂住房的平均过渡时间；是否重新接受无家可归者；离开暂住房入住更好住所的家庭的比例。三是房屋市场的调控：闲置达 6 个月以上的空房率；通过当局介入私人腾空房以重新利用或拆除率；住所纠纷中的种族事件。

文化服务——一是机会：公众常用的步行道的总里程及其比例；公共图书服务所覆盖的家庭的比例；平均每千人访问图书馆的次数；20 分钟内可以到达的体育运动场所及其设施状况。二是参与：经常借用体育设施的人口比例；5～16 岁学生每周至少参加 2 小时体育运动的比例；每周至少在体育和娱乐场所志愿服务 1 小时的人口比例。三是质量：居民对体育娱乐设施的满意度；对博物馆、美术馆的满意度；对剧院、音乐厅的满意度；每千人每年的图书采购量。四是投资效益：图书馆每人次的平均访问成本；住宅火灾死亡及伤残人数；住宅火灾未能扩散的比例。

第三部分：对市政当局的评估，包括抱负、优先发展战略、能力、内部绩效管理等。各项二级指标的指标体系如下。

抱负——一是拥有明确而富有挑战性的区域及社区发展战略：战略规划是与伙伴机构达成的共识并能被职员和公民所理解，规划既富有挑战性又具有现实可行性。二是市政当局及有关方面为社区提供领导和指导以确保有效的伙伴关系的实现：市政当局通过与政府组织、社区、志愿团体、商业机构和公民个体密切合作来实现抱负与发展战略；市政委员和政府官员能够在复杂的环境下做出何为地区前景的明智决定；市政当局能够确保合作伙伴关系的有效性和持续性。

优先发展战略——一是区域的优先发展战略明确并体现进取心：优先发展战略是在国家和地区政策框架内做出的决定；优先发展战略有利于种族关系的和谐；服务使用者、市政委员及公职人员、其他利益相关人理解关键的战略目标。二是通过强有力的战略措施实现优先发展战略：市政当局、管理部门的战略目标与财政能力具有现实可行性；具有明确的、一致同意的、以结果为导向并且挑战性和可行性相统一的改进目标；伙伴机构之间在职责划分、行动计划等方面达成共识。三是为实现发展战略锐意进取：市政当局的行动计划和资源配置等体现了对优先发展领域与非优先发展领域的合理区分；鼓舞和激励服务受用者、职员、其他利益相关人等参与行动计划并贡献力量；行动计划详实而充分，利益相关人能够评估其正确性和合理性。

能力——一是具有明晰的责任和明确的决定以支持政府提供服务和改进管理：市政委员和有关官员在决策中的角色和责任明晰；决策过程透明并产生相关行动；能够在持续的计划、实践和修正活动中把握机遇和控制风险；市政委员和有关官员坚决有效地执行种族政策。二是政府能力得到有效利用和充分发掘，以确保抱负和优先战略的实现：投资重点明确，投资效益显著；人力资源计划考虑志愿团体、社区组织等各个伙伴机构的力量；职员在满足服务需求中具有一定的灵活性和创造性。三是市政当局和伙伴机构具有适应变化和实现战略的能力：市政委员、管理部门、职员以及整个机构在能力开发中提升领导力从而确保优先战略的实现；政策制定和执行过程中充分考虑了多样化需求、顾客导向和人权问题；市政当局和伙伴机构具有适应不断变化的环境和日益涌现的挑战并灵活应对的能力。

内部绩效管理——一是具有一致、严格、开放的内部绩效管理方法：市政当局和伙伴机构在开放式的讨论和建设性的进言这种氛围中进行独立或集体的绩效评估；评估过程及周期的安排考虑了采取必要的矫正措施的时间和风险。二是市政当局和伙伴机构明确知晓它们的行为是否偏离了预定目标：服务提供者认真搜集和分析有关绩效表现及发展态势的信息，并与相似地区及全国的情况进行对比；服务提供者与同行对比服务质量、成本和效益。三是绩效评估信息促进了工作的持续不断的改进：改进目标根据优先发展战略来确立，不良表现已经被确认并引起重视；服务提供者根据绩效评估、视察报告（inspection findings）和独立审查（independent reviews）的结果形成改进工作、提高效益的战略。①

2. 英国地方政府全面绩效考核的主要特点

英国通过对地方政府进行全面绩效考核，极大地调动了地方政府提升管理水平、提高服务质量的积极性和创造性。同时，也加强了中央政府对地方政府的宏观调控，保证了中央的重大政策在地方的执行和落实。这一成功的考核制度具有以下特点。

（1）全面绩效考核由独立的、权威的部门执行。英国国家审计署是一个独立的机构，具有很高的权威性。审计署官员拥有对地方政府进行绩效审计的专门知识和丰富经验，他们通过对地方政府的财政收入与支出的审计，掌握了地方政府各项管理活动和服务项目的成本效益情况，从而达到考核地方政府整体绩效水平的目的。事实上，绩效考核是一项政策性、专业性很强的工作，必须由权威的、专门的机构来进行。

（2）地方政府全面绩效考核是一个开放式的、公开透明的体系。英国地方政府的全面绩效考核体系始终体现了开放和透明的理念。国家审计署在网页上公开考核指标设计的原则、方式与方法，政府官员、专家学者、社会团体、普通公民都可以根据这些原则和方法，提出自己认为科学、合理的考核指标体系。除了整个考核体系公开透明之外，考核结果也是高度透明的，地方政府在绩效考核中的

---

① 陈宏彩．英国地方政府全面绩效考核体系及其借鉴意义［J］．国外社会科学，2007（02）．

各项成绩以及最终结果，任何人都可以在政府网站或有关政府部门获取。

（3）注重考核结果的追踪检查，督促地方政府落实整改建议。考核结果的公布，并不意味着考核过程已经结束。地方政府必须根据国家审计署的考核报告，拟订详细的整改落实方案，审计署再进行"整改建议评估"。

（4）注重考核地方政府的可持续发展战略及其执行情况。在考核过程中，英国政府非常注重将当前绩效与长远绩效的考核相结合，不以眼前的成就论英雄，注重分析地方政府的可持续发展能力。

（5）严格考核地方政府提供公共服务的水平和能力。英国政府为地方政府设置了严格的、详细的公共服务考核指标。这些指标涵盖了公共服务的各个领域，每个领域都有定量要求。此外，英国政府强调公共服务必须体现"公共性"，覆盖所有人群和为所有人服务，特别是黑人和少数民族群体以及其他弱势群体。那些因为某些原因暂时游离在公共服务之外的困难人群，地方政府必须逐步顾及。

（6）通过特殊的激励机制最大限度地发挥绩效考核的效果。英国政府采用星级评定的方法对地方政府进行考核和评定，使地方政府绩效考核容易为被考核者接受和重视，也容易产生广泛的社会影响。同时，当地居民熟知本地政府的星级，会对较低级别的政府施加压力，政府不得不向更高目标努力。除了精神激励之外，英国政府也给最高级别即四星级政府较大力度的物质奖励，更大程度地调动地方政府的积极性和主动性。①

三、澳大利亚财政绩效管理实践

早在 1951 年，澳大利亚国会就通过了《公共会计和审计委员会法案》（Public Accounts and Audit Committee Act），并设置了独立于联邦政府的专门委员会 JCPAA，主要负责审查和评估政府部门对公共财政资金的运作绩效情况。1984 年澳大利亚正式实施《公共财政管理法案》（Financial Management Improvement Program，FMIP）和《预算改革白皮书》（White Paper：Budget Reform），旨在加强各部门的公共财政责任以及预算项目的绩效管理。1987 年成立了效率审查司（Efficiency Scrutiny Unit，ESU）和管理顾问委员会（Management Advisory Board，MAB），主要为政府各部门的公共服务改进及其绩效管理改革提供一些合理化的建议。后来又通过了《审计长法》、《财政管理与责任法案》等一系列法案。澳大利亚政府对绩效预算管理进行了重大改革，创建了一套全新的预算管理制度，

---

① 徐长河，王峰利，陈宏彩. 英国地方政府绩效考核考察报告［J］. 资料通讯，2006（12）.

推动澳大利亚各级政府的绩效管理。

（一）澳大利亚财政绩效评价概要

1. 评价主体

澳大利亚公共部门绩效评价的主体分为政府内部评价主体和外部评价机构两大部分。其中，政府内部评价主体由内阁支出委员会、财政部和国库部、公共服务委员会三个机构组成；外部评价机构是由国会参众两院、公共账目和审计联合委员会、联邦审计署三个机构组成。具体见表2-5。

表2-5　　　　　　　　　澳大利亚公共部门绩效评价主体

内部评价主体	内阁支出委员会	由总理、财政部长等组成支出审核委员会，对所有预算内的政府机构进行评价
	财政部和国库部	通过对公共预算的执行评价和财政资金收支的动态监控来评价
	公共服务委员会	拟订公共部门准则、公务员行为守则作为绩效评级的依据
外部评价机构	国会参众两院	议会下设多个专业委员会，专门负责对有关政府部门预算的审核与批准
	公共账目和审计联合委员会	两院共同成立，负责审查所有联邦机构使用国会拨款的绩效，并出具年度报告
	联邦审计署	可以对联邦各部、两个联邦直辖区进行绩效审计，审计报告直接向议会报告

2. 评价方式

澳大利亚政府的绩效管理包含四道程序：一是评价的准备阶段，制定部门发展目标，编制年度绩效计划。具体包括各部门的目标与产出情况，各部门的战略、预计的目标、需要使用的资源和实现目标的责任制度等，进而加强评价工作的管理与控制。二是编制年度绩效评价报告。主要包括：本年度绩效指标与实际执行情况的对比；与往年绩效指标实现情况的对比；对未实现的绩效目标的说明及补救措施；对年度计划的评价等。三是对绩效评价的回顾，时常回顾制定的绩效指标和实际实现的指标，及时发现差距。四是对"评价发现"的使用，其目的是为决策服务，改进现有项目的管理，增强项目管理者的责任感。

著名的"3E"（经济性、效率性、效应性）评价法是政府绩效评价在方法探索上的开端。后来，"3E"评价法在实践中暴露出一系列不足，又加入"公平"指标变成"4E"。在澳大利亚，根据政府投入产出、质量、结果三大类评价指标，人们便能知道公共财政中的"质"和"量"。其中，"质"是指支出所取得的最终结果，表明这笔财政支出是用来做什么的，人们从中能得到什么好处；"量"是指公共财政支出的效率。

（二）澳大利亚政府绩效管理的特点

1. 绩效评价从审计入手

20世纪70年代末80年代初，澳大利亚通过开创以绩效审计、绩效预算和政府绩效测评为主的政府绩效评估，对政府进行成功的改革。澳大利亚政府绩效审计是由审计部门对政府各部门工作和活动的经济性、效率性和效果性进行经常性的审计监督，分为效率审计和项目绩效审计两种类型。其中，绩效审计主要检查个人或组织履行职能或开展活动的程序，以及评价活动的经济性和效率性。项目绩效审计的范围比效率审计窄，联邦机构在管理方面的经济、效率和效果主要考虑项目和个人的管理职能。澳大利亚审计法确定了审计长的独立地位，联邦审计署是一个既独立于政府又独立于议会的机构，避免了绩效审计工作受到政府部门的干扰，保证了审计结果的客观性和公正性。

2. 强调以产出和结果为导向的管理责任制

绩效评级的目的是为决策服务，改进现有项目的管理，提高政府工作效率。责任的体现是要对社会负责，对公民负责。因此，澳大利亚将公众监督纳入政府绩效评价的体系中。绩效评价报告向公众公布的重要意义在于：有助于敦促政府部门或有关机构在决策时按规定程序进行；增强项目管理的责任感；让公众了解项目的真实情况。事实上，以公民为中心，以公民满意为标准，评价过程有公民广泛参与，已成为目前西方发达国家政府绩效评价的发展趋势。

3. 侧重于政府部门绩效管理

由于澳大利亚推行部门绩效预算改革的目标是控制政府支出规模，并提高政府公共管理的责任性、公开性及资源配置的有效性，因此，其公共支出绩效管理的范围侧重于政府部门内部。从实践看，澳大利亚的部门绩效预算管理制度改革将政府各部门的职能和事业与财政资金的供给范围和规模联系起来，有效改变了过去各级政府部门与财政挣资金、讨指标以及支出不计成本的做法，提高了公共支出绩效，很大程度上控制了部门财政支出迅速增长的趋势。①

（三）新南威尔士州的政府绩效管理

在澳大利亚联邦、州、地方三级政府架构中，地方政府规模小、职能有限，

---

① 范柏乃. 政府绩效评估与管理 [M]. 上海：复旦大学出版社，2007.

州政府承担着主要的行政管理和社会服务职能。体现在政府绩效评估工作中，由于澳大利亚地方政府没有独立的政府绩效评估标准，州政府对地方政府提供政府绩效评估指导意见，因此，对地方政府绩效评估的研究必须从州政府的绩效评估体系入手。下文在对澳大利亚地方政府绩效管理的分析中，以新南威尔士州的政府绩效管理为主要对象，通过对其内容的分析并结合新公共管理思想在地方政府管理工作中的影响，对澳大利亚以州政府为代表的地方政府绩效管理理念和管理特点作初步的探讨。

新南威尔士州从 1995 年起就成立了"政府部门财政支出和服务质量评议会"（Council on the Cost and Quality of Government，CCQG），专门从事政府部门的绩效管理。CCQG 从 12 个评估方面分为两大部分即战略政策（外部）评估和管理运作（内部）评估，详细分类如表 2－6 所示。CCQG 战略政策评估正是从一般环境和特别环境两个方面进行分析的：一般环境是从"环境、法规和政策、战略计划"三个方面，采用 PEEST 分析方法，分析政治、经济、环境、社会、技术五个要素在被评估部门工作中的应对情况；特别环境是从"服务对象、其他利益群体、政府服务、信息沟通"四个方面分析被评估部门的工作表现。

表 2－6　　　　　　　　　　　新兰威尔士州绩效评估分类

战略政策（外部）	管理运作（内部）
1. 环境	7. 文化
2. 固定服务对象	8. 信息沟通
3. 其他利益群体	9. 组织结构
4. 法规与政策	10. 人力资源
5. 政府服务	11. 管理过程及管理系统
6. 战略计划	12. 控制方法

1. 注重对服务对象和利益群体服务情况的评价

新公共管理有别于传统公共管理的不同之处，就在于它不仅关注对投入和产出的评价，而且更加重视对结果的评价。新公共管理所强调的结果就是政府部门在与公众沟通过程中体现出的顾客至上的管理理念及服务成效。CCQG 从"服务对象、其他利益群体、政府服务、信息沟通"四个方面对政府部门服务工作和服务成效规定了一系列具体的评估指标（见表 2－7）。

表 2 –7   CCQG 具体评估指标

评估范围	具体评估指标
服务对象	对象分类情况、对象的需求分析情况、对象投诉的处理情况、评估人员对对象进行的服务满意程度的调查情况
其他利益群体	利益群体的分析情况、关键群体的分析情况、与利益群体进行沟通协商的方式及技巧
政府服务	服务章程、与工作性质相类似的其他政府部门服务的比较、公共服务的成本与价格、公共服务与市场服务测算比较、评估人员对公众进行的服务满意程度的调查情况
信息沟通	年度工作总结报告、面向公众的网站服务情况、电话接听率、服务期限的承诺履行情况

CCQG 规定的政府部门服务的评估范围和具体评估指标，与新南威尔士州所倡导的加强改进政府部门服务成效的管理理念是一致的，它从八个关键环节为政府部门改进服务成效提供了工作指导方针。具体包括：规划服务战略、了解服务对象的需求、制定服务标准、运用适宜的市场化服务手段、改进提供服务的途径、提高工作人员的服务水平、重视对投诉的处理以及服务监控。

2. 从外部审计和内部回避制度两个方面加强监控

CCQG 除了通过"部门财务报告陈述、固定资产管理计划、开展活动花费"等一般性指标对政府部门的物质资源使用进行评估外，还使用"外部审计报告、内部中国城墙"这两个较为特别的评估指标。这两个指标的使用，有利于推动政府部门健全监控机制。"外部审计报告"是指由外部的专门机构完成的对政府部门的审计结果。澳大利亚地方政府和议会普遍重视发挥审计的作用，维多利亚州的"地方政府协会"和"市政管理协会"于 2003 年针对 78 个地方政府和议会负责人进行了问卷调查，调查结果显示，"问卷答复者赞成政府部门的绩效评估应该包含审计内容，而且审计必须是来自于外部的审计。"新南威尔士州设有审计办公室，"作为问责机制的组成部分，议会可以通过审计对政府部门使用纳税人的钱和行政权力的情况进行监控。"这个指标的使用，反映出审计在政府管理中的重要作用。

3. 借鉴商业部门先进的管理经验和方法

CCQG 在评估工作中将一些管理技术分析工具与方法的运用情况均列为政府部门绩效的具体指标。在政策环境方面，检查政府部门 PEEST（政治、经济、环境、社会与技术）分析结果；在工作计划方面，检查政府部门 SWOT（优势、劣势、机会与威胁）分析结果；在服务方面，检查 CGS（产品和服务分类）分析结果和 ACM（服务对象矩阵）分析结果。这些指标的使用，反映出规范的管理工具及分析方法已经在澳大利亚地方政府管理工作中得到了普遍的推广和运用，一些在商业部门中已经较为成熟的管理经验（如上面所介绍的对"一线员工"

的培训）与方法也受到了公共部门的重视，并被政府部门采用。如 SWOT 分析方法是西方现代管理学教科书中的基本内容，也是商业部门在战略管理中采用的基本分析工具。SWOT 构成了对组织内部资源能力和组织外部环境的评估，基于它的分析，管理者可以确认组织应该开发的战略方位（见表 2 - 8）。新南威尔士州将这一分析工具引入政府部门，并根据政府部门工作的特点对其内容重新进行界定，为政府部门制定战略计划和规范管理提供了有益的帮助。①

表 2 - 8　　　　　　　　　CCQG 评估的 SWOT 分析

组织内部起主要影响的 SW 因素	优势因素的表现：信息沟通；人力资源；管理过程及管理系统	劣势因素的表现：组织结构
组织外部起主要影响的 OT 因素	机会因素的表现：其他利益群体	威胁因素的表现：环境法规和政策战略计划

四、新西兰财政绩效管理实践

作为大洋洲第二大国家，尽管新西兰与澳大利亚地域临近，但新西兰政府财政支持绩效管理经过 30 年的探索和实践，既取得了丰富的经验，也独具一些特色。

（一）首席绩效执行官及其绩效受托责任制

1988 年的《国家部门法》第 35 条规定，新西兰政府公共管理改革强调改革的综合性，重点在于利用协议和绩效考评，正式规定首席执行官（CEO）对部长的绩效受托责任。政府各部门均设立一名"首席执行官"并通过公共支出绩效协议和事后绩效考评的方式，正式向部长负责。首席执行官与部长签署协议，详细说明他们的工作目标、产出和成本。在每个财政年度末，对首席执行官的工作目标进行考评，根据绩效考评结果，由国家服务委员会决定予以继续任命或者罢免。

1989 年新西兰制定的《公共财政法案》及其修正案、1991 年的《雇佣合同法》和 1994 年的《公共责任支出法》，都不同程度地强化了政府各部门及其执行机构的公共支出责任和相关的绩效管理权限。在新西兰，"驱动执行机构改革的绩效管理原则"至今仍然具有重要的生命力。在此体制下，政府部门的部长通常负责"结果"，首席执行官负责"产出"，部长为了特定的价格、数量和质量

---

① 宋涛. 从绩效评估标准看澳大利亚地方政府管理理念及特点 [J]. 河南社会科学，2006（01）.

来购买某一执行机构的产出。也就是说，部长负责"掌舵"，即确定"战略结果领域"或"关键结果领域"的行动方向；而部门执行官负责"划桨"，即提供产出以达到部长要求的绩效目标。

新西兰财政支出绩效责任受托的核心是绩效协议。在新西兰，通常由责任部长和国家公共服务专员联名与部门的首席执行官签订绩效协议，该协议规定了产出指标和结果指标，其中，"产出"指标指组织所提供的产品，而"结果"指标指提供产品或服务的后果。从新西兰的实践来看，绩效协议的主要作用有：（1）绩效协议或绩效契约能使政府部长拥有相对完整和减去额度的绩效管理系统，而政府机构自身也能更清楚其生产的努力方向，从而激发出更大的政府生产力。（2）绩效协议能使相关责任人预期变得明确和稳定，从而更能激励部长和行政主管改进公共部门服务。

（二）"面向产出和结果"的新西兰式绩效预算制度

在公共预算执行过程中，新西兰通过绩效预算和多年期滚动预算，建立各种可量化的产出指标与成果指标，并以此来评估公共部门及其公共支出的预算绩效。新西兰式绩效预算的理论逻辑可表述为：公共机构不仅应就其公共资源的使用承担责任，同时也应就这些资源所产生的结果（即产出和结果）承担责任。在新西兰，公共支出预算的绩效管理机构包括财政部、国库部、内阁支出控制委员会以及国会、国会控制下的审计署。各部的首席执行官负责其部门的日常财务性支出绩效。作为一种法律性的要求，政府各部均需向国会提交年度财务报告，国会审计署作为政府外部的评估机构，可以有选择地对年度财务报告及其预算执行情况进行绩效审计，绩效审计结果直接向国会报告。

从绩效管理对象来看，新西兰公共服务部门所有的 36 个机构，以及其他所有的财政预算拨款的"国家部门"，原则上都是国家公共服务委员会进行公共支出绩效管理的对象。国家公共服务委员会、财政部、内阁支出控制委员会及国会的审计署，分别在各自专业领域对公共部门进行侧重点不同的公共支出绩效评估。最后，国会汇总掌握所有由公共财政拨款的公共机构的绩效信息。

（三）公开透明的绩效管理信息

未来能够确保收集到较完备和较充分的公共绩效管理信息是开展有效的公共支出绩效管理的重要基础。在新西兰，未来让国民了解自己的政府在做什么、为什么做以及如何做，早在 1980 年新西兰国会就发布了一份重要的研究报告，该报告建议总理实施一个"走向公开政府"的政务信息公开改革。这份有重大影响力的研究报告，强调了政府信息公开的四大理由：（1）参与（participant），即更公开的政务信息更有利于激发广大民众参与民主的进程。（2）责任（accountability），即私密财政阻碍了公共部门履行其应尽的公共责任，而政务信息公开则有利于公众对政治家和管理者的监督，促使其强化公共服务责任，从而提升公共支出绩效水平。（3）有效政府（effective government），即政务信息公开有利于政府更有效地开展公共治理，并制定更为灵活有效的公共政策。（4）关注个人利益（concern with individuals），即通过政务信息公开能够使公众更关注公共管理与公共政策中涉及的个人权益，保障政府持有的个人信息得到合法有效的使用，防范政府对个人信息的错误和非法使用风险。总之，政府信息公开对新西兰的公共支出绩效管理改革具有关键的支撑作用。

（三）权责发生制的政府会计体系

在新西兰，基于权责发生制的政府预算会计体系的改革与完善，对公共支出绩效管理发挥的支撑作用也不容低估。新西兰是世界上最早实施权责发生制的国家，目前也只有新西兰、澳大利亚和英国实行完全的权责发生制预算制度。在1988年《国家部门法》和1989年《公共财政法》框架下，新西兰彻底改变了传统的现金收付制预算制度，引入企业中普遍的权责发生制会计制度。通过这一制度，财政部和国库部、国家审计署可以清晰地掌握各个部门的公共资金收支有关信息，从而为公共支出绩效评估与管理提供有力的工具。①

五、日本财政绩效管理实践

（一）日本财政绩效管理历史概况

第二次世界大战后的日本，建立起了政、官、财联合的政府主导的"赶超型"经济体制，在战后经济恢复及高速发展方面起到了积极作用，而在赶超任务完成后，由于政府对经济干预过于广泛而成为发展的桎梏。20世纪90年代，一方面，日本经济陷入了战后时间最长、最严重的萧条，政府总债务净值达到700万亿日元，而90年代日本的GDP还不到50万亿日元，财政赤字超过GDP的5倍；另一方面，接二连三的政治丑闻遭到披露，案件披露后政府互相推诿的举措更是让民众对官僚体制失去信心，政府公信力降到谷底。为了改变这种状况，政

---

① 张雷宝. 地方政府公共支出绩效管理研究 ［M］. 浙江：浙江大学出版社，2010.

府管理体制改革迫在眉睫。鉴于欧美新公共管理理论为先导的行政改革在减少国家财政赤字、提高行政效率的改善等方面已经取得了一系列成果，日本政府也开始引入新公共管理理念，实施全面改革。在日本，关于新公共管理运动的起源有三种看法：一是源于 20 世纪 80 年代第二次临时行政调查会主导的国营企业民营化等行政改革；二是源于 20 世纪 90 年代日本政府推行的重视决策与执行分离、结果导向等行政机构改革；三是源于 21 世纪初小泉政府积极确立"日本版 NPM"的改革时期。对于这场政府变革运动，日本开始表现迟缓，但随着地方分权改革以及放松政府管制改革的不断深入，也走上了这条政府治理变革之路——先地方、后中央的日本引人的行政评价、政策评价制度等政府绩效评估改革实践，正是这一变革发展的主要产物。①

其实，早在 20 世纪 70 年代，日本内阁通商产业省依仗总理大臣的支持，就开始对其他省厅的经济政策实施审查，其他省厅私下称之为"责备官厅"。但是，早期的政策审查缺少明确的制度规范，还谈不上是严格意义的政策评估。系统的政府绩效评估最初发端于地方行政改革实践，1994 年，静冈县开始对行政业务进行盘点；1995 年日本政府制定《地方分权推进法》，随后三重县实施了事务事业评估，同年静冈县实施了以业务评估为内容的行政改革活动。三重县北川知事从考虑国民利益的角度来进行，开展了一场"明白服务改革运动"，即政府提供的各项服务内容都能够让国民清楚与明白；1996 年北海道开始实施"即时评估"和"政策评估"。其他的都、府、道、县、市、区、町、村也都开展了行政评估。

1997 年，日本在中央引入了"再评价制度"，并要求与公共事业有关的六省厅（北海道开发厅、冲绳开发厅、国土厅、农林水产省、运输省和建设省）对全部公共事业进行评价，接着又将总务省的行政监察局改为行政评价局，由行政评价局行使政策评价的职能，对内阁和政府各部实施的各项政策进行全面深入的评价，同时也负责对内阁和政府各部实施的政策评估进行再评估。日本的行政评价局在全国设立了 47 个地方分支机构，地方分支机构负责地方政府执行国家政策的情况，对地方政策实施状况进行评估并提出建议。1998 年 6 月，日本制定中央省厅等改革基本法，明确提出建立政策评价制度。1999 年，中央省厅等改革推进本部提出政策评价大纲，确定了政策评价的基本框架。2000 年，中央省厅等改革推进本部制定了《关于中央省厅等改革的基本方针》，将总务省的行政监察局改为行政评价局。

---

① 冉敏. 国外政府绩效管理法制化研究述评——以美澳日韩四国为例［J］. 天津行政学院学报，2016（01）.

2001 年 1 月，日本召开政策评价各府省联席会议，讨论通过《关于政策评价的标准指导意见》。随后，成立了政策评价及独立行政法人评价委员会。6~9月，众议院和参议院先后通过《关于行政机关进行政策评价的法律》（简称《政策评价法》），于 2002 年正式施行。以此为标志，日本政府绩效评估进入法治化阶段。《政策评价法》界定的"政策"，是指行政机关在其任务或职责范围内，关于计划和立案等方面采取各种行为、制定方针政策并开展其他类似活动的总称。可见，日本政府绩效评估的具体内容较为宽泛，它既包括项目评估也包括政策评估。2002 年，日本制定并实施《行政机构实施评估政策有关的法律》，标志着日本政策评估制度或立法后评估制度的成熟。该法案规定内阁和政府各部在其权限范围内实施政策评估：把握政策效果，明确其必要性、有效性、效率性，以及正确反映其规划方案和实施的情况；公布评估结果等与评估政策有关的信息，力求对国民彻底说明其责任。[①]

（二） 日本地方政府绩效管理的核心——公众参与

1. 政府绩效评估中的公众参与变迁

日本中央—地方的政府绩效评估应该说由来已久，而且在 20 世纪七八十年代还出现过关于政府绩效评估的讨论高潮，为之后实践的推进和深化创造了良好的理论基础。一般认为，1996 年三重县导入政府绩效评估是当时和之后政府绩效评估活动得以强力推进的重要"契机"，由此在日本全国范围铺开，最终以2001 年日本政府制定《政策评价法》（2002 年施行）为象征，这一运动向中央政府层面深入。

值得关注的是，制定该法的目的被认为是提升政府绩效评估的实效性以及社会公众对行政机关的信赖。而当时推动行政改革的行政改革会议认为，"以往我国的行政总是将法律的制定和预算的获取作为工作的重点，而经常轻视基于效果和之后的社会经济形势变化积极完善政策的评估功能"，特别指出作为行政改革的一环需要完善以往的绩效评估制度。这里提到的强化政府绩效评估的建构要因，实际上凸显了强调行政效果、实效性或政策适应性的结果导向，强调公信力或公众信赖的行政责任，以及改进评估环节的政策过程管理或政府治理等要素。

截至 2001 年，日本地方政府引入绩效评估的统计如表 2–9 所示。在这一自下而上积极推动的政府绩效评估制度变革中，日本地方政府的能动性、主体性和积极作用不可忽视，同时，战后以来以促进政府变革为基本价值导向的日本行政

---

① 杨栋梁. 日本近代经济史 ［M］. 北京：世界知识出版社，2010.

学研究也为此起到了支撑和促进作用。而这些也都成了日本在强力推进政府绩效评估时不断与公众参与相关联的基本条件。

表 2 – 9 截至 2001 年日本地方政府引入绩效评估统计

	都道府县（47）		制定个数（12）		市区町村（3235）	
	个数	占比（%）	个数	占比（%）	个数	占比（%）
已导入	37	79	7	58	150	5
试运行	6	13	5	42	140	4
探讨中	3	6			1519	47
不考虑	1	2			1426	44

日本行政学界很早就开始关注政府绩效评估与公众参与等公共问题，行政学家西尾胜编著的《行政评价的潮流》一书提到的日本政府绩效评估中的公众参与事例，最早可以追溯到 1997 年群马县大田市开展的"行政审查制度"，以及 20 世纪 90 年代出现的宫城县"县民参与型行政评价"和东京都三鹰市的市民参与、三重县政府绩效评估中的非政府组织参与等。应该说，日本在推进政府绩效评估的同时，也关注到了公众参与的问题，并以多样化的形式得到了发展。其中表现出的主要方式是：公开政府绩效等信息，唤起公众关心政府绩效评估和促进公众参与；参与的公众包括外部专家、非政府组织成员以及当地居民等，强调了外部性特征。公众参与的幅度虽然因地方政府而异，但不同程度地涉及政策或政府活动的多个环节。

考察东京都中野区推进政府绩效评估中的公众参与过程，有助于我们更好地观察其中的变迁。2000 年中野区开始了"行政评价"，其方式最初仅是行政组织内部的政府绩效评估，即：先由各部门自我评估（一次评估），然后由行政主管构成的政府内部的"行政评价委员会"进行二次评估。考虑到需要引入绩效评估的"外部视角"，从 2002 年开始尝试实施外部专家对区政府活动的评估，2003 年则开始建立由 5 名专家和 2 名居民参与的"外部评价委员会"，将评估体的范围进一步拓宽。

其目的主要在于："明确政府行政目标、推动结果导向的行政管理、确保回应性责任的实现、保证政府管理顺畅、改革公务员的意识。"其中，特别重视的是，如何充实基于"区民评价视角"的政府绩效评估，以及如何方便让第三方做出对政府活动必要性的政策判断等。2003 年 12 月发布的《2003 年度行政评价报告书》主要是由"外部评价委员会"完成的，其中不乏对区政府的批评建议，

"表述得较为自由"。"外部评价委员会"的评估方式还是"基于日常生活的感受"，从结果导向和效率性的角度就区政府的行政活动做出了"应继续推进、虽有改进空间但应继续实行、应重新建构目标标准和政府活动计划、应立即废止和彻底完善、现阶段不易评估"等多类评估结论。不过，小泉政府绩效评估中的公众参与也发现了一些难点，特别是由于区内居民缺乏关于政府活动以及绩效评估的基本知识，难以使其达成或整合关于政府活动的基本共识等。而政府绩效评估涉及的效率性和有效性等评估标准则更是如此。①

2. 政府绩效评估中公众参与的案例分析

札幌市将该市的政府绩效评估分为"市政府自我开展的内部评价"和"基于市政府外部视角的外部评价"两种，将外部评估进一步细化为由外部专家构成的"行政评价委员会"的绩效评估以及公众直接参与的"市民参加"方式的绩效评估两种。其中较为重要的是，还将这一外部评估的结果作为"输入"项作用于政府内部评估中的评估课题的提出、自我评估、政府活动的修正与完善，反馈到下年度预算中，并以此构成内部和外部评估联动的评估循环过程。

在这一评估循环过程中起主导作用的外部评估，应该说是由具有专业知识的专家和普通公众为主体展开的。外部专家的主体性具体体现在《札幌市行政评价委员会设置要纲》中：政府绩效评估制度的目的在于保证客观性和可信性，为此，要基于外部专家和市民的视角进行评估（第1条）；外部委员的权限涵盖了基于外部专家及公众视角的评估、评估对象的选定、关于政府绩效评估制度的探讨、市长认为重要的事项（第2条）；任期1年的委员人数不超过7人，由市长从具有学识经验以及认为合适的人选中任命，委员长由委员互选产生，委员会由委员长召集委员召开，一般为公开的评价委员会会议（第3、5、7条）。特别是，关于评估视角、评估对象的自由选定以及参与评估制度的建构等，可以提升其外部评估的自主性、主体性以及权威性。

最近一届外部评估委员包括了北海道大学经济学和公共政策学科的教授、律师、注册会计师以及企业家等。这些专家多为本地出身，其身份具有市民、居民、选民、纳税人等多重属性，但还是强调了经济学、公共政策、企业管理等专业知识和经验背景，体现了札幌市提出的对外部评估所要求的专业性和市民性。而为了更好地实现这一外部评估的目标，札幌市还将普通公众的参与纳入外部评估委员会的评估活动中，以此来进一步体现外部性、参与性和公众评估的视角或标准。

---

① 张青. 外国财政制度与管理 [M]. 北京：中国财政经济出版社，2007.

有关外部专家与公众协作前提下的政府绩效评估，可以从该市"行政评价委员会"的相关报告中作进一步的观察。这一协同评估是以"参与型会议"（workshop）的形式展开的：召集具有各种"立场"、想法的市民，通过相互理解彼此的观点，发现存在的问题和改进的方向。具体而言，札幌市从外部委员会评估的事项中，选择与当地市民生活关系密切、需要与市民协同互动的外部评估对象，也就是针对那些需要将普通市民的"视线"、"感觉"、"需求"引入进来的评估主题，通过众多市民的参与讨论进行评估的方式。札幌市就此还特别留意这些主题的设定应该贴近市民生活，努力让公众从自己的生活体验出发交流共有生活体验和见闻，公众参与的讨论不拘泥于专业性和过于细化的方式，让讨论从宏观视角展开，而关于今后改进方案，则更多地激励意见交锋，从而得出来自公众的新思路。

实际上，札幌市外部评估委员会的评估活动分为三个环节：（1）委员会通过调查来选定评估对象；（2）根据市政府内部评估的结果，对相关部门进行访谈确认；（3）将"参与型会议"得出的公众意见和建议作为外部评估结果的方案与相关部门沟通，外部评估委员会在此基础上合议出最终评估结果。由此来看，外部评估委员会的评估结果在很大程度上是根据公众的"参与型会议"的讨论结果得出的。从札幌市 2013 年度政府绩效评估结果来看，涉及公众参与的外部委员会做出的完善建议中，近半数是由"参与型会议"得出的。另外，札幌市还实行了公众主导的被称为"市民评价"的判定下一年度政府项目存废与否的外部绩效评估活动，结果废止了众多政府项目，实现了较大规模的评估效益。这一"市民评价"还被称为"事业分类"，进入 21 世纪以后，在日本地方政府中被广泛推行，其目的主要在于，通过当地公众直接参与绩效评估来优先选择或削减政府项目，以达到减少政府成本以及使政府活动更符合公众需求的效果。

在过去十年中，如表 2 - 10 所示，到 2010 年日本已有 977 个即 54.4% 的地方政府引入了政府绩效评估制度，实施政府绩效评估的地方政府数量逐年增多。同时，通过以上对日本政府绩效评估实践的探讨可以发现，日本在强力推动政府绩效评估之初就已经努力将公众参与、评估主体多元化、公民本位、外部性等要素整合进来。从前述讨论来看，作为行政改革运动而被强力推动的日本政府绩效评估，与公众参与在多个层面交错和结合，使其形式表现出多样化特征。而且，如表 2 - 11 所示，21 世纪初期日本行政学家所设想的公众参与型政府绩效评估模式已经在日本初步形成。

表 2 – 10　　　　　截至 2010 年日本各地方政府引入绩效评估制度统计

调查时间	2004 年 7 月末	2006 年 1 月 1 日	2006 年 10 月 1 日	2007 年 10 月 1 日	2008 年 10 月 1 日	2009 年 10 月 1 日	2010 年 10 月 1 日
地方政府总数	3169	2122	1887	1870	1857	1843	1797
引入地方政府数	573	599	641	764	846	932	977
都道府县	46	46	45	46	47	46	46
政令制定都市	13	14	15	17	17	18	18
市区町村	514	539	581	701	782	868	913
导入率	18.1	28.2	34.0	40.9	45.6	50.6	54.4

注：地方政府总数减少，是由于日本伴随地方分权改革推动了明治时期以来第三次大规模的基层政府合并。

表 2 – 11　　　　　日本各级地方政府引入绩效评估的具体组织机构

	都道府县	制定都市	市区	町村
第三方机构	20 (43.5%)	11 (61.1%)	168 (27.9%)	48 (17.1%)
非政府组织	2 (4.3%)	0	4 (0.6%)	5 (1.8%)
议会	1 (2.2%)	0	8 (1.2%)	4 (1.4%)
居民	0	5 (27.8%)	73 (11.7%)	32 (11.4%)
其他	3 (6.5%)	1 (5.6%)	20 (3.2%)	5 (1.8%)
引入评估的地方政府数	46	18	623	280

　　总之，虽然政府绩效评估由于存在追求效率性、经济性的宏观背景，因而技术性、专业性的客观要素无法回避，但赋予公共治理语境下的绩效评估合法性、妥当性的公众参与同样需要不断强调。在这里，政府绩效评估与公众参与并不是机械的联系或联动，而且政府绩效评估与公众参与如何结合这一问题意识对于民主行政目标的实现而言具有重要的意义。政府绩效评估与公众参与的直接结合，也是人们对民主决策的诉求。因而政府绩效评估与公众参与的讨论，最大的焦点还在于公民社会的建构等公众是否能够对行政活动结果领域承担其必要的责任。虽然关于这一课题的讨论经常会引发人们对公众主体的政府绩效评估存有诸多质疑，但也正说明这不仅是政策实施过程即行政活动领域的绩效评估存在的课题，更是政策过程整体的公共治理课题，特别是与政府绩效评估密切相关的决策过程的公共治理课题。当然，这也构成当代公共治理变革的基本表征和情态。①

---

① 白智立，南岛和久. 试论日本政府绩效评估中的公众参与 [J]. 日本学刊，2014 (03).

六、韩国财政绩效管理实践

为适应全球化、信息化和知识经济给政府管理带来的挑战，韩国政府于20世纪90年代启动了新一轮的行政改革，目标是创建一个廉价、高效和服务型的政府。为了推动行政改革，达到行政改革的最终目标，韩国完善和强化了政府绩效评估与管理机制，主要措施包括：（1）成立了由总统直接过问的经营诊断委员会，统一负责对各个政府部门绩效测评指标的开发，并对各部门及其工作进行评估，就政府机构的职能、机制、制度创新和机构设置提出相关建议；（2）加强政府绩效审计，以增进公共部门的效率和竞争力；（3）推行制度评估，监督、分析、评估主要政策的实施及其效果、政府机构和代理机构执行政策的能力以及公民对政府提供的公共服务的满意度；（4）引入以目标管理为基础的公务员绩效评估制度，在政府各部门的公务员中实施目标管理，引入绩效工资制；（5）结合政府绩效评估的实践，制定政府绩效评估框架法案，对政府绩效评估的目的、原则、程序以及评估结果的运用做出明确规定，促进政府绩效评估的制度化和规范化。

（一）韩国地方政府的绩效审计

韩国是审计与监察合一的国家，监查院（The Board of Audit and Inspection）负责审计与监察两项任务。监查院是根据韩国宪法规定设立的宪法机关，监查院名义上直属总统领导，但具有相对的独立性，不受政府的领导。监查院院长由总统提名，但须经国会批准方能生效。

韩国监查院的审计对象主要包括国家、地方政府或地方自治团体、国家银行的账目以及它们投资一半以上的机构等。审计分强制性和选择性两种，对中央和地方政府的财政、国家银行、中央与地方投资一半以上的机构等属强制性审计，审计内容包括收入、支出以及财产的取得、管理、支出行为和原因等方面。

韩国监查院的审计分为书面审计和实地审计。书面审计是指接受审计对象所提交的书面材料，并依此进行审计，即所谓的报送审计、送达审计。实地审计也称现场审计，指派审计官员前往被审计单位，实施就地审计。实地审计包括一般审计和特别审计，特别审计又分为成果审计和特定审计。一般审计是指定期审计，成果审计是指对主要决策事项及对国计民生有重要影响的事项进行综合的系统的审计，特定审计是指对腐败及违法行为等不正之风多的地方进行审计。审计结果的处理包括赔偿判决、要求上一级机关进行处理与处罚、要求改正、完善有关政策法规、劝告、告发等。①

---

① 田秋蓉. 政府审计推动民主政治发展的作用研究 [D]. 成都：西南财经大学，2012.

　　为了提高公共部门的运营效率，韩国监查院近年来每年都要安排70～80项问题多、影响大的公共项目或领域（如公共建设工程项目和公共金融机构）开展绩效审计。绩效审计的主要目标是建立一个抑制腐败的良好环境，增进公共部门的效率和竞争力：（1）通过建立严格的会计制度鼓励政府公共部门有效的财务管理；（2）通过加强对隐瞒收入、预算编制与执行管理松懈、非法使用或转移等的审计，确保建立一个良好的会计环境；（3）通过消除能引起低效率活动的职能重叠以及检查其海外项目的管理等方式，提高国有企业、事业单位的效率；（4）通过识别当地政府不必要的预算执行，检查当地政府基金近期的大规模投资项目，发现当地政府所属公司管理失误等方面的问题，确保当地经济健康运行。

（二）韩国地方政府的制度评估

　　韩国政府在20世纪60年代早期就已经开始实行政策、项目评估，主要集中在投入和产出的测量上，但不是一种综合的成果测量。20世纪的80年代至90年代中期在政策和项目的效率与效益上做过努力，但没有取得预期的效果。金大中上台后进行了大刀阔斧的行政改革，改组政府机构，重新确定政府职能，并由此改革了传统的绩效评估制度，发展了一种新的评估体制——制度评估。

　　制度评估的内容包括政策评估、政策实施能力评估以及公民、客户对政府提供的服务和政策实施的满意度的调查三个方面。政策评估着重于评估政府机构和代理机构所实施政策的效果；政策实施能力的评估侧重于评估政府机构对计划要实施的政策实际执行的能力；公民、客户满意度的调查，既衡量公民满意的程度，又衡量公民、客户对服务提供和政策实施满意层次的增加程度。具体见表2－12和表2－13。

表2－12　　　　　　　　　韩国地方政府制度评估中政策评估指标

元素	标准	指标
政策模式	政策目标合适	政策目标明确定义了吗？其与更高层次的目标一致吗？
	政策内容合适	政策方法逻辑上与目标一致吗？准备阶段征求公众意见了吗？
政策实施	政策实施正确	就投入、各种活动、日程来说，政策是按原计划实施的吗？资源的利用有利于完满取得政策的结果吗？
	政策实施合适	政策被很好地实施了吗？在实施过程中克服遇到的困难了吗？通过听取有关机构的意见、通知有关的公众知道政策是否顺利实施了吗？
政策结果	完满取得预定目标	从产出方面说，预定目标按原计划实现了吗？
	政策有效率	从效果方面说，政策目的和目标达到了吗？

表 2 - 13　　　　　　　　韩国地方政府制度评估中政策实施能力评估指标

元素	标准	指标
政策实施能力	更新机构事务的能力	有足够的力量实现政府的知识性；有足够的力量制定规则和章程来实施国民大会的决定；有足够的力量反腐败；有足够的力量告人们每个机构要发生的事。
	机构评估政策/项目的能力	合适地选择评估人和评估计划；合适地选择评估程序；合适地选择评估类型；正确地利用评估结果。

表 2 - 14　　　　　　　　韩国地方政府制度评估中公民满意度评估指标

元素	标准	指标
公民满意度	可接近性	友好地提供服务，为客户提供指导
	方便性	形式简便，多途径获得服务
	迅速和准确性	处理事务快速而准确
	设施便利	提供停车场、休息室、茶水、电话等
	反馈	对公民的要求及时做出反应
	公平	在处理事务中保证公平

韩国制度评估的具体实施程序如下[①]：

（1）政府及其代理机构每年 6 月 15 日前提交一份上半年的自我绩效评估报告，10 月 25 日前提交下半年的自我绩效评估报告。

（2）先由评估小组委员会对政府及其代理机构提交的绩效报告进行讨论，然后提交全体委员会讨论，通过后再在所有评估者和政府及其代理机构参加的年中（7 月底举行）和年终（12 月中旬举行）报告大会上讨论。

（3）对评估中发现的相关问题，责令相关机构自行采取补救措施，并提交政策委员会备案，每年 2 次向其报告补救措施实施进展状况，而总理办公室的人员则负责对补救措施的执行进行督促和指导。

（4）评估结果确定后，对表现突出者予以奖励，对表现低劣者进行惩罚。评估结果要通过新闻媒体和网络进行公开，同时，评估结果也要在政策评估者、政府及其代理机构的首脑都参加的联合会议上报告给总理和总统。

---

① 范柏乃，程宏伟，张莉. 韩国政府绩效评估及其对中国的借鉴意义［J］. 公共管理学报，2006（02）.

（三）富川市运用平衡计分卡改进政府绩效管理的实践

1. 引进背景和实施进程

根据韩国行政自治部的要求，富川市自1999年到2003年上半年实行了目标管理制。但在该制度的下引发了部门之间的相对孤立，进而降低组织的协同程度。为了应付政府内部的评价，各团队将焦点集中在自我利益的维护上，忽视了市民的需求，目标管理蜕化成应付绩效评价的工具，最后导致目标管理宣告失败。由此，该市于2004年1月决定引进平衡计分卡，其目的在于重视经营战略思考，推进以战略目标为中心的政策，忠实履行对市民的责任，满足市民的深层次需求。换言之，富川市试图从内部角度提高政府成员的行政管理能力和创造性，营造积极挑战目标的组织氛围；从多个侧面构建综合管理系统，在绩效上坚持顾客导向，重视业务效率、组织灵活性以及关键人才。而且，通过构建市民和政府成员易于接受的绩效管理体系，将行政管理的实情告知市民，展示尽职尽责的责任担当，确保政务透明度。

富川市构建平衡计分卡系统分为推动引进、试运行及正式施行三个阶段，各阶段的主要措施如下。第一阶段，推动引进（2004年3~6月）。这一阶段主要关注两个方面：一是外部专家的介入方式；二是制定富川市长期发展规划和有关政策评价的条例。第二阶段，试运行（2004年7~12月）。这一阶段主要开展两项工作：一是成立政策评价研究会，为平衡计分卡设计与运行提供组织保障；二是在平衡计分卡理论的指导下着手构建绩效评价指标体系，并进入试点工作。第三阶段，正式施行（2005年1月至今）。这一阶段的主要工作也是两项：一是绘制战略地图，并对绩效评价指标体系进行修改和完善；二是正式施行平衡计分卡。随着卡普兰和莫顿《战略地图——化无形资产为有形成果》一书的出版，平衡计分卡理论得到了进一步完善。随之，富川市将平衡计分卡系统付诸实践，并依据有关政策评价的条例进行监控和管理。根据该条例，富川市每年修订和完善中长期发展战略，并将战略效果、政策价值及其可行性作为政策制定的标准，采取了评价指标检视、公开评价结果、内部评价与外部评价相结合等系列办法，有效地保证了绩效评价的有效性、公平性和客观性。

2. 绘制战略地图

富川市战略地图将其使命定为"建设以文化促进发展、以经济实现腾飞的富川"，确定了文化和经济在富川市发展中的核心地位。根据使命，该市确立了文化、经济、交通、环境、福利、自治六个核心领域，并以六个核心领域为立足点，确立了"以知识经济为中心的经济城市"、"享誉世界的文化城市"、"便利的生活空间城市"、"洁净、舒适的环境城市"、"共同生活的福利城市"、"有竞争力的自治经营城市"六个战略主题。具体见图 2 - 1。

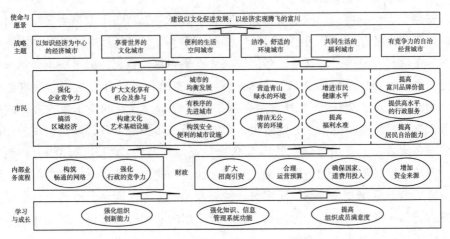

图 2 - 1　富春市平衡计分卡战略地图

3. 构建绩效管理体系

富川市构建绩效管理体系是围绕评价指标及评价项目、评价主体、评价周期、评价结果的应用等四关键决策进行的。具体做法如下。

（1）评价指标及评价项目。富川市在选取评价指标时力求其所衡量的绩效维度服务于市民满意度的提升，并尽可能使用量化指标，并将绩效指标分为结果型指标（产出和结果）和过程型指标（投入和过程），并且尽量选取结果型指标；设计权重时，力求主次分明、统筹兼顾。在评价项目及其权重的分配上，富川市的做法是按照内部评价和外部评价划割权重。其中，内部评价由政策评价研究会实施，占绩效总分的 75%；外部评价通过问卷调查的方式由市民评分，占绩效总分的 25%。

（2）评价主体。公共部门绩效管理的评价主体一般由上级、同级、自身和公众组成。富川市在平衡计分卡系统中，采用了内部评价和外部评价并行的办法，内部评价是由政策评价研究会根据平衡计分卡对各部门绩效完成情况的评价，外部评价是对各部门政策执行情况的市民满意度评价。富川市对市民参与的高度重视，也真正体现了其以市民满意为中心的管理理念，从而突破了韩国地方政府绩效评价主体仅局限于政府自我评价和上级评价的传统做法，是政府绩效评价主体多元化的新探索。

（3）评价周期。一般来说，评价周期与评价指标、职位类型、工作周期等因素有关。富川市在评价过程中，根据指标的特性采用了季度、半年、一年等不同的评价周期。而且每年都进行一次中期评价和一次年度评价。

（4）评价结果的应用。在评价结果的应用上，富川市主要从三个方面下功夫：第一，绩效改进，避免了为评价而引进平衡计分卡的误区。不同层级不同部门在同一管理平台上进行绩效沟通和反馈，实现了对组织绩效的监控和提升。第二，信息建设。富川市根据平衡计分卡体系开发了相应的绩效管理信息系统，通过该系统可以随时查询每个周期的评价结果和分析意见。第三，人力资源管理决策。富川市将绩效评价结果作为决策依据，应用到绩效等级的评定、职务的晋升、薪酬的支付等人力资源管理实践中。

4. 富川市绩效评价的特点

（1）紧扣政府的组织属性。首先，政府为了达到给市民谋利益、求发展的目标，将"建设以文化促进发展、以经济实现腾飞的富川"作为使命和愿景，努力发展经济和文化的同时更好地满足市民的需求。其次，富川市政府绩效目标具有多元化的特点。为了满足市民的需求，富川市在其平衡计分卡战略地图的市民层面中设置了多达 14 个目标和 25% 的权重。最后，从政府组织的平衡计分卡战略地图来看，财务层面一般位于战略地图的底部，其作用在于驱动客户、内部业务流程、学习与成长这三个层面的战略目标。这种摆放方式不仅保持了政府组织以市民和公共利益至上的组织属性，而且体现了富川市在引进和构建平衡计分卡系统过程中深入探索、敢于创新的精神。

（2）重视绩效的共担责任。在组织体制上，富川市在课和个人之间增加了团队这一层级。团队是具有明确的行政责任和职能范围的真正意义上的绩效责任单位。这种方式有利于提高团队的绩效责任意识。而且，为了提高课的整体绩效水平，采取了将课的绩效分数体现到团队的办法。如上文所述，团队绩效分数的 70% 是课绩效分数，30% 是团队自己的绩效分数。由此，课的整体绩效直接影响各个团队的绩效，课的绩效不好将会导致团队绩效也很难得到提高。这一办法促使课和团队之间"你中有我，我中有你"的共同体模式的形成。在这种制度下，一旦遇到绩效下降，大家首先想到的是如何发现问题和解决问题，而不是互相推诿或推卸责任。

（3）以行动方案管理绩效过程。富川市的指标体系由指标及其行动方案组成。指标主要关注要完成"什么"，行动方案则关注"怎样"完成。富川市一方面提出任务设定标准，反复检验"行动方案说明书"；另一方面对指标与目标、行动方案与指标的匹配度进行市民满意度评价。通过这些措施，将原来一个指标最多拥有 14 个行动方案，减少到最多拥有 5~6 个行动方案，并提高了指标与行动方案间的关联度，体现了通过对行动方案的评价，管理绩效全过程的特点。

（4）基于双重平衡计分卡（double balanced scorecard）分析，平衡各部门业务环境差异。平衡计分卡不仅强调四个层面结构上的平衡，而且注重绩效结果上的平衡。富川市在设计全市平衡计分卡之后，面向各部门实施了双重平衡计分卡分析。通过双重平衡计分卡分析，确定了能够有效落实全市战略的部门以及因部门业务环境和能力的差距不能正常落实的部门。并根据分析结果，给各部门赋予不同的分数，以此平衡部门在业务环境上的差异，并制定了具有说服力的评价标准。①

第三节　国外财政绩效管理理论与实践对我国的借鉴

20 世纪 80 年代以来，以西方国家为代表的财政绩效管理成为新公共管理运动在政府管理变革中的核心内容和根本措施，这也是在科学技术发展、全球化和国际竞争环境下政府管理方法的重大革新。尽管到目前为止它还存在着种种缺陷，但它反映了政府管理体制、财政支出预算等多方面在管理上的发展趋势，同时也是对政府组织构架、服务理念和管理职能创新的推动。2003 年我国开始项目绩效管理，近些年，我国无论各级政府还是理论界都对财政绩效管理进行了很多的实践与研究，取得了初步的成果，但客观来说，我国还处于起步阶段，面临诸多问题。因此，分析与借鉴发达国家丰富的经验和成功的实践，对我国各级各地政府建立适合自己的财政绩效管理体系具有重要的理论价值和现实意义。

对西方各国实践经验的借鉴首先要明白四个问题，即"3W + 1H"：为什么要绩效管理（Why）；绩效管理的内容是什么（What）；谁来参与绩效管理（Who）；如何进行绩效管理（How）。虽然很多研究者对这些问题进行了深入研究，但很少有从国外政府的成功实践中来总结这一系列问题②。

Why 是指政府绩效管理的价值问题，主要体现在两个方面：其一，建立责任政府的必然要求；其二，有助于改进政府管理、提高政府绩效。对于我国而言，目前市场经济与民主政治所要求的服务行政和责任行政观念并不成熟。政府管理理念过分强调统治功能和管制功能，忽视服务功能和政府自身的责任。这种情况的必然后果是政府权力的膨胀和失控，政府责任意识的淡化和责任机制的缺失，政府服务功能的萎缩和服务质量的下降。推行绩效管理有助于转变我国政府管理

---

① 方振邦，金洙成. 韩国地方政府绩效管理实践及其对中国的启示——以富川市构建平衡计分卡系统为例 [J]. 东北亚论坛，2010（01）.

② 李娅. 西方政府绩效评估：理论、实践及其启示 [J]. 行政论坛，2007（03）.

理念，从强调对上级负责转向对公众负责，强调政府自身的公共责任；从强调政府管制功能转向服务性功能，从强调投入和过程转向结果。

西方政府绩效管理的经验告诉我们，What 应当包括投入、产出、效率和有效性等因素，其中，有效性管理应当是政府绩效管理的核心，这是受"公共"管理本身的特点决定的。当前我国政府绩效管理仍没有摆脱传统的效率管理模式，过度关注投入、过程和有形产出等效率因素，而忽视服务质量、结果和公民满意度等有效性因素。甚至有些地方政府片面地以 GDP 论英雄的观念仍根深蒂固。

西方政府绩效管理的传统主体是政府部门自身，但随着政府服务意识的提高和公民权利观念的增强，关于 Who 的范围逐步扩展，公民和其他主体在政府绩效管理中的重要性迅速增加。政府自身、大学和研究机构、非营利组织、顾客和公众等都是当代西方政府绩效管理的重要主体。我国政府绩效管理的传统主体是上级管理部门，导致了只对上级负责而不对公众负责的必然后果。要改变这种状况，就必须扩大政府绩效管理的主体范围，降低政府自身在绩效管理中的主导地位，同时提升公民、大学、研究机构和其他组织在绩效管理中的地位，方能保证绩效管理的客观性，增强政府的责任意识。

关于 How，最显著的特征是从过程控制到结果控制的转变。无论是美国的"绩效报告"还是英国的"责任条款"，都明确绩效管理的原则从"规则为本"向"结果为本"转变，主管部门及其所属各部门签订绩效合同要求部门对其结果负责，给予执行机构更大的灵活性和自主性，包括内部组织机构、财务管理、人力资源管理与开发等各方面。执行机构可以充分发挥主动性与创造性，在政策执行与服务提供方面实现效益的最大化和资金的价值。

一、国外政府财政绩效管理的特点

（一）规则法制化

科学理性主义对于制度的尊重赋予西方国家公共部门绩效管理明显的制度化特征。从上述各国财政绩效管理的实践可以看出，所有绩效管理的成功实施均有制度化的立法保护。通过立法严格地规定政府绩效管理的目标、措施和责任，在实际运行中，也会有相应的管理程序、绩效信息使用制度等，以规范和保障绩效管理的顺利实施。西方国家在绩效管理上对规则的尊重集中体现在与绩效管理相关的法律法规的出台和颁布上。美国联邦政府的《政府绩效与结果法》、澳大利亚的《公共财政管理法案》等一系列法律法规用来规范和保障其政府财政绩效管理改革。

（二）指标定量化

从前面对相关国家的分析中可以看出，西方国家财政绩效管理在实践中特别注重其可行性，而可行性的核心在于指标体系的设定和方法技术的确立。[①] 国外政府大多认为，只有通过严格检测的数字才具有评价效果的说服力，使得其在制定相关考核指标时，首先考虑的是如何定量问题。定量的指标体系，一方面能客观真实地对政府财政收支绩效进行科学测评，能够以一种清晰明了的方式向社会公众展示政府财政的实施情况；另一方面只有量化的指标，才能够更好地督促各财政收支主体对自身进行绩效考核，进而提升效率。

（三）管理专业化

西方国家的绩效管理专业化表现在两个方面：一是设置专门的绩效评价机构，确保绩效评价在及时层面上能够较好地观测实施；二是运用大量的信息技术，以确保绩效信息的准确性。绩效管理是一个具有专业性的问题，特别是对评价对象进行绩效考核以及收集资料、计算指标、推定结论等都需要具有专业知识的人员来处理。国外一般成立专门的绩效评价机构或是审计委员会来负责政府财政绩效评价，既可以保持绩效评价的独立性和客观性，也使得其结果更具有科学性和准确性。

（四）过程渐进性

绩效管理从 20 世纪初萌芽到四五十年代正式提出，从八九十年代开始付诸实践到如今遍布全世界，总体上呈现明显的波浪式的持续渐进性。绩效管理在世界范围的扩散明显具有"发展—回落—发展"的过程，但总体上均是在不断推进绩效管理向前发展。而在地方政府的绩效管理实践中，基本都是由某一两个地方率先进行、不断探索经验后其他地方逐步模仿规范的过程。[②]

二、国外政府绩效管理对中国的借鉴与启示

根据以上分析，结合我国政府绩效评价仍处于初级阶段和具体国情，要进一步

---

① 蔡立辉. 西方国家政府绩效评估的理念及其启示 [J]. 清华大学学报（哲学社会科学版），2003 (01).

② 杨宏山. 政府绩效评估的国际比较及启示——以美国、英国、日本和韩国为例 [J]. 北京电子科技学院学报，2015 (01).

推进我国地方政府财政绩效管理的完善，主要应从如下四方面借鉴一些有益措施。

（一）加大地方政府财政绩效管理的立法保障力度

英美等国绩效管理的成功经验告诉我们，成熟的法律框架是绩效管理成功的前提和保证。[①] 当代美国联邦政府的绩效管理之所以能够取得很大成功，其中一个很重要的原因就是成果法案确立了绩效管理的制度框架。在行政效率难以管理的传统观念下，我国各级政府绩效管理大多停留于抽象层次上，没有具体的、可操作性的政策性指导，更没有绩效管理的法律框架。由此造成的直接后果是：绩效管理处于自发状态，不能在政府系统全面推行；没有建立起战略规划、绩效计划和绩效报告等制度框架，绩效管理的随意性很大；缺乏统一的领导机构和绩效标准，部门各自为政，无法进行部门或地区间的比较管理。因此，从长远来看，通过绩效管理立法确立绩效管理的法律框架是解决我国绩效管理困境的一项重大制度安排。

我国应该通过完善相关政策和立法保护使我国政府绩效管理走上制度化和规范化的道路，要从立法上确定政府部门绩效管理的地位，保证公共部门的绩效管理成为政府公共管理的基本方法，从法律上梳理权威性，确保绩效管理有法可依、有规可循。同时还要加快推进绩效管理结果公开的法制化进程，尤其是信息公开化，提高老百姓的知情权、监督权。

（二）完善社会公众对政府绩效管理的参与机制

公民参与政府绩效管理，意味着公民可以以社会的主人和服务对象的角色对政府绩效提出要求，协助和监督政府机构对它们的各项收支行为负责。我国应该加大民众对政府管理的参与度，有序参与政府的绩效管理，绩效管理对社会公众公开，使民众成为政府绩效管理的参与者。这样的政府财政绩效管理不但能帮助政府以民众需求为导向，还能使政府的运作随时受到公众的监督。此外，在公共服务设计中引入"使用者介入"机制，通过对公民的参与增加指标体系的社会相关性，选择那些最需要监控又最能体现对公民负责的重要项目，以保证公共服务的提供机制符合公民的偏好。

（三）加快政府职能转变

政府绩效管理虽然是从私营部门的管理经验与方法中加以借鉴和发展而来

---

① 杨松. 西方绩效预算理论实践及对我国财政管理的启示 ［J］. 地方财政研究，2004（01）.

的，但不能用纯粹的管理主义思想、管理技术与方法来看待和理解政府绩效管理，也不能用"经济人"假设来理解政府绩效管理的目标与评价标准。政府绩效管理在管理的理念上已完全不同于传统公共行政，以效率至上或仅以管理学理论为基础，现代民主社会、信息社会和全球化趋势日益明显的背景条件决定了不可能再回到泰勒的科学管理时代。政府绩效管理坚持以"顾客至上"为管理理念，更加强调顾客导向、社会导向、任务导向、结果导向和市场导向，并将顾客的需求作为政府存在、发展的目标。

我国政府部门长期以来注重对所有事情的控制力，社会各领域均有政府势力的渗入。随着市场化的发展和政府绩效管理改革，必须打破传统的政府垄断体制。从西方各国的具体实践经验来看，我国需要在如下方面进行政府管理改革：各层级政府间合理分权，把过度集中于中央政府的权利下放到地方政府，给地方政府充分的绩效管理选择权；发挥社会中介和社会团体的作用，在绩效管理中，充分听取和采用它们的方式方法，将专业性的市场化主体引入政府财政绩效考核中来；建立和强化政府宏观调控的权力、管理监督国有资产的权力和提供公共服务的权力，加快行政审批制度改革，精简机构设置等。

（四）努力实现政府绩效管理的专业化建设

从西方各国的实践可以看出，建立专门的政府部门财政绩效评价组织十分重要，专业化的绩效评估机构能够推动政府绩效管理的迅速发展。而我国政府部门绩效管理尚未建立完善的组织机构，往往是政府内部人员自己进行，很难保证效果。而政府绩效管理是通过制度保障的、规范化的工作行为，同时也是具有专业化和技术含量的研究活动。因此，为了保证政府财政绩效评价工作免受部门内部的干扰，有必要成立具有专业知识的研究人员组成绩效管理机构。[1]

专业化的绩效管理还包括设立合理的绩效管理指标，建立一个能反映机构、项目、程序或功能如何运作的指标体系，同时使不确定因素、活动、产品、结果及其他对绩效具有重要意义的方面量化。既要有经济指标，也要有社会发展和环境建设的指标；既要考核已经表现出来的显绩，也要考核潜力绩效；既要考虑当前，也要考虑未来。要借鉴西方发达国家的成功做法，完善指标体系，使管理活动科学化、规范化，且注重加强对顾客满意度和质量的管理。

---

[1] 何小璇. 政府绩效评估的国际比较与借鉴 [J]. 开发研究，2007（03）.

第三章

我国地方财政绩效管理实践

第一节　我国地方财政绩效管理意义

一、我国实施地方财政绩效管理的必要性

实施地方财政绩效管理是建立现代财政制度、提高财政管理水平和财政运行效率、依法行政的重要手段；财政预算绩效管理是政府绩效管理的重要组成部分，是现代财政制度建设的核心内容。

（一）实施地方财政绩效管理是政府绩效管理的重要组成部分

现代国家治理必须重视绩效理念和结果导向。财政预算绩效管理于 20 世纪80 年代在英美等西方国家率先兴起。绩效管理理念由企业引入政府管理领域，最早在 1949 年由美国政府提出，真正开始运用是在 20 世纪 70～80 年代。自 20世纪 90 年代开始，各国基本上建立了较为完善的绩效评价制度和体系。据世界银行《财政实践和流程数据库》2003 年统计，在 OECD 国家中，有 67% 的国家，有关政府部门或部门负责人正式承担着设定绩效目标的职责；在接近 1/2 的国家，绩效成果信息被用于政府机构和部门内部设定项目优先顺序与分配资源。

党中央、国务院高度重视财政预算绩效管理工作，多次强调要深化财政预算制度改革，加强财政绩效管理，提高财政资金的使用效益和政府工作效率。

我国在 2003 年党的十六届三中全会首次提出"建立预算绩效评价体系"，开启中国预算绩效管理时代。2003 年 10 月，党的十六届三中全会提出"建立预算绩效评价体系"，党的十七届二中、五中全会分别提出"推行政府绩效管理和行

政问责制度"、"完善政府绩效评估制度"。十一届全国人大五次会议要求进一步加强预算绩效管理，健全支出绩效考评机制，提高资金使用效益。2011 年 3 月，国务院成立政府绩效管理工作部际联席会议，指导和推动政府绩效管理工作。2011 年 6 月，经国务院同意，财政部的预算绩效管理被纳入政府绩效管理试点范围。

党的十八大明确提出推进政府绩效管理，十八届三中全会也特别强调绩效理念。2015 年 1 月 1 日起施行的新预算法以法律形式明确了绩效管理要求，为我国开展财政绩效管理奠定了坚实的法理基础。自 2003 年开始，我国各地陆续开展了财政绩效管理试点，并取得巨大成效。地方财政绩效管理成为政府绩效管理的重要组成部分。

（二）实施地方财政绩效管理是建设现代财政制度的核心内容

地方财政绩效管理改革是深化财税制度改革的必然趋势和结果。实施地方财政绩效管理是全面贯彻落实党的十八大及十八届二中、三中全会精神，督促和引导地方深化财税体制改革，建立现代财政制度，改进预算管理制度，加强和改进事中事后监管，提高财政管理效率，推进地方政府治理体系和治理能力现代化建设的要求。

地方财政绩效是指财政资金所达到的产出和结果。绩效管理是一种结果导向，财政绩效管理（以下简称绩效管理）是一种以结果为导向的管理模式，是围绕提高财政绩效的管理理念与实践。它要求在预算编制、执行、监督的全过程中，更加关注预算资金的产出和结果，促使政府部门花尽量少的资金、办尽量多的实事，向社会公众提供更多、更好的公共产品和公共服务，使政府行为更加公开、规范、高效。

（三）实施地方财政绩效管理是现代预算管理制度的新机制

地方财政绩效管理改革不仅要对财政部门绩效管理和对部门项目支出绩效进行评价，而且要形成地方各级人大对政府财政部门的财政管理绩效进行考核评价，财政部门代表政府对部门预算整体绩效进行考核评价，部门对下属单位预算绩效和项目支出绩效进行考核评价。

地方财政绩效管理不仅要评价部门预算绩效，也要评价财政部门绩效管理；不仅要对项目支出绩效评价，也要对综合绩效评价；不仅要评价财政支出绩效，也要评价财政支出政策绩效等。

地方财政绩效管理改革要改变预算绩效为绩效预算。预算编制和批准以绩效目标为依据，预算执行和调整以绩效目标为依据，决算也以绩效目标为依据。将绩效预算执行结果作为下一个财政年度预算分配安排的主要依据，并对预算执行绩效不佳的部门单位和个人进行问责。

二、加强我国地方财政绩效管理的意义

财政预算绩效管理，指以绩效指标和事业成本为核心，以绩效目标、绩效拨款和绩效评价为基本环节的政府理财模式。

开展地方财政绩效管理实质上是全面深化改革、依法治国和执政为民理念的具体化、操作化，是建设高效、廉洁、责任政府的核心内容。

（一）有利于转变地方政府职能，提高工作管理效率

实施地方财政绩效管理，加强财政绩效管理，有利于转变政府职能、提高管理效率。当前，我国开始实施"十三五"规划，面对全球经济不景气，我国经济增长速度放缓，财政收支矛盾加剧，实施供给侧改革，全面建设小康社会的新形势新任务，我国现行行政管理体制还存在一些问题，主要表现为：政府部门职能交叉、权责脱节、机构重叠、人员臃肿、效率不高、考核体系不健全；公共资源配置效率不高；公共产品和服务供给不足等。

财政绩效管理强调地方政府提供公共服务的质量与成本，并注重财政资金的使用效益，其内容和意义实际上已经超过了公共支出管理本身，涵盖了政府整个公共管理范畴。加强财政预算绩效管理能从根本上解决上述问题，提高地方政府工作的效率。

（二）有利于增强地方政府责任意识，提升公共服务质量

地方政府花钱的目的是获得社会效果，在以结果为导向的绩效管理中，体现在预算资金分配上就是部门每年的支出要与其取得的产出和成效挂钩，上一年的表现会影响下一年的预算拨款。部门申请资金必须依据其职责，设定具体的绩效目标，准确计算达成目标所需的资金，力求避免浪费。"谁支出谁负责"的基本原则，使预算部门申请财政资金时变得谨慎，从而增强了地方政府部门的责任意识。同时，绩效管理强调把居民看做顾客，要求地方政府的一切活动都要从满足顾客需求出发，因此，加强财政预算绩效管理，可以强化地方政府为公众服务的观念，强化地方政府对公共资金使用结果的关注，使地方政府机关人员追求办事效果，激发地方政府的活力，使地方政府行政变得更加务实、有效，从而提升公

共服务的质量。

（三）有利于增加地方政府透明度，提高决策管理水平

财政预算绩效管理形成的一套量化的绩效目标、指标体系，为社会和公众监督政府行为创造了条件，有利于扩大公众的知情权和参与权，从而促进地方政府创新管理理念与管理方式，提高决策、管理水平，推动地方政府建设和治理创新。

第二节　我国地方财政绩效管理实践概况

我国地方财政绩效管理自党的十六届三中全会提出以来，到现在已有十几年，其改革发展过程可分为三个阶段：第一阶段 2000～2010 年，这个阶段提出绩效目标及绩效评价理念；第二阶段 2011～2014 年，这个阶段确定了全过程预算绩效管理理念；第三阶段 2015 年以来，这个阶段确定了财政管理绩效综合评价理念。

一、地方财政支出绩效评价实践回顾

2000～2010 年是地方财政绩效管理实践的试点阶段，在这个阶段，提出绩效目标及绩效评价理念，为开展地方财政绩效管理工作奠定基础。地方财政绩效管理实践主要以财政支出特别是以项目支出的绩效评价为主，并且主要是事后评价阶段。

（一）财政支出绩效评价实践大事记

随着国外绩效管理理念的推广和盛行，我国决定尝试引入绩效评价的思想来提升预算效率。20 世纪 90 年代后期，政府开始重视对财政支出项目验收、考核等工作，1998 年财政部门开始建立财政投资评审体系，这是推行财政预算绩效评价的开端。

2000 年，在湖北恩施州安排了 5 个事业单位作为财政支出绩效评价试点，进行了绩效评价的早期探索。

2001 年起，根据财政部的统一部署，湖北、湖南、河南、福建等地首先开展财政支出绩效评价试点。

2002 年，湖北省扩大了试点范围，同时北京、河北等地也开展了一些小规

模试点。

2003 年 10 月，党的十六届三中全会明确提出了"建立预算绩效评价体系"的新要求。2003 年财政部教科文司率先对教科文部门 7 个项目资金进行试点。2003 年，广东、浙江等省开始试点，并逐渐摸索出了项目支出绩效评价试点的路子，为下一步开展绩效评价工作积累经验。

2004 年 11 月，财政部下发了《中央经济建设部门项目绩效考评管理办法（试行）》，要求各地采取先行试点，由易到难、分步实施的原则，摸索经验，逐步推开，有效开展项目绩效评价工作。

2006 年 8 月，财政部发布《关于完善和推进地方部门预算改革的意见》，对各地开展绩效评价工作提出要求：探索建立预算绩效评价体系。要把绩效管理理念与方法引入财政支出管理，逐步建立起与公共财政相适应、以提高政府管理效能和财政资金使用效益为核心的绩效评价体系。要按照统一规划、分步实施的原则，积极推进绩效评价工作，并将绩效考评结果作为编制以后年度预算的重要参考依据。

广东、江苏、湖北、福建、湖南、浙江、海南、云南、河南、北京、天津、黑龙江和大连等 10 多个省、市，相继开展了绩效评价，其中广东、江苏、湖北、河北、云南、北京、浙江、福建等起步较早。

地方财政绩效改革的实践主要模式有：广东模式——绩效预算导向；江苏模式——绩效目标管理；湖北、浙江模式——追踪问效与绩效指标管理相结合等。

2009 年 6 月，财政部印发了《财政支出绩效评价管理暂行办法》。绩效评价有了统一的部门规章。

（二）财政支出绩效评价实践主要成效

2003 年 10 月，党的十六届三中全会提出"建立预算绩效评价体系"。党的十七届二中全会也明确指出，要推行政府绩效管理和行政问责制度。各地认真贯彻落实党中央、国务院有关文件精神，积极开展财政支出绩效评价，初步探索财政绩效管理，在机构设置、队伍建设、制度建设和宣传发动等方面都进行了有益的尝试。各地开展财政绩效管理工作可以概括为以下几方面。

1. 宣传发动氛围浓厚

江苏省省长在全省财政工作会议上提出，以提高财政绩效为导向，深化财政体制机制改革。把科学化、精细化管理作为深化财税体制改革的主攻方向，在加强管理中最大限度地提高财政运行效益。

云南省财政厅在接受《中国会计报》采访时强调，2010 年是云南省的"绩效管理年"，"财政的钱怎么花，绩效评价说了算"。

浙江省采取了电视媒体、报刊、网络相结合的宣传模式。2008 年，采用网上竞答方式在全国范围内开展了"新中天"杯绩效评价知识竞赛，同时开展"新中天"杯绩效评价有奖征文活动；2009 年省财政厅与杭州市财政局、上城区财政局联合开展了"关注民生、关注绩效"为主题的广场宣传活动，由浙江电视台、杭州电视台亲临广场作了采访和报道，《中国财经报》、《浙江日报》也作了相关报道。

2. 组织机构逐步健全

为切实推动绩效管理工作的开展，截至 2010 年，全国 36 省（市、自治区、计划单列市）级财政部门已有河北、黑龙江、上海、江苏、浙江、福建、江西、青岛、湖北、湖南、广东、海南、贵州、云南等 14 个成立了单独的预算绩效管理机构，其他未单独设立机构的财政厅（局）也由相关处室（19 个省市设在预算处，3 个省市设在监督处）履行绩效管理职责，并有专门人员从事预算绩效管理工作。各地强化绩效管理职能，充实人员配备，加强业务培训，为开展财政绩效管理工作奠定了坚实的基础。

2010 年，北京、黑龙江、河北、浙江、江苏等 9 个省区市的市、县设立绩效管理机构，如黑龙江省 13 个市（地）中有 12 个设立了专门机构（只有哈尔滨市工作职能在预算处），县（市）有 40% 设立了专门机构，其余分别设在国资、预算、国库等不同部门。

3. 规章制度不断完善

2003 年，党的十六届三中全会上明确提出建立预算绩效评价体系，财政部开始开展绩效评价试点工作，寻找提高财政资金使用效益的新方式。从完善制度入手，财政部先后颁布了《中央级行政经费项目支出绩效考评管理办法（试行）》、《中央政府投资项目预算绩效评价管理办法》、《财政扶贫资金绩效考评试行办法》等，并选择了教育、科技、农业等作为试点领域。

2005 年，制定并实行了《中央部门预算支出绩效考评管理办法（试行）》，引领和规范中央部门绩效评价试点工作。从 2006 年起，财政部开始对中央部门开展绩效评价试点工作，到 2008 年，中央部门开展绩效评价试点的项目已经达到 108 个，资金量超过 20 亿元。

2009 年，在中央部门开展绩效评价试点工作的基础上，财政部印发了《财政支出绩效评价管理暂行办法》，对地方财政部门的绩效评价工作进行指导。全国省级财政部门都制定了专门的预算绩效管理相关制度和办法，并随着实践工作的开展不断补充和完善，其中，河北、青岛直接以政府的文件发文，天津、内蒙古、上海、浙江、宁波、广东、贵州等7个地区以政府办公厅的文件转发，其他均以财政厅（局）发文。在此基础上，各地还制定了相应的配套文件，如内部工作流程、相关协调制度、规范性文本等。

广东省通过出台《财政支出绩效评价试行方案》、《产业转移工业园发展资金绩效评价操作规程》、《财政支出绩效评价内部协调工作制度》等系列文件，从综合性规章制度、专项管理制度、业务操作规范三个层面，逐步形成了绩效管理制度体系，有力保障了绩效管理改革规范、有序地推进。

湖北省印发了《财政支出效益评价实施办法（试行）的通知》和《关于确定绩效评价试点项目绩效目标的通知》等。

浙江省制定出台了《财政支出绩效评价实施办法》、《中介机构参与绩效评价工作暂行办法》、《财政支出绩效评价专家管理暂行办法》、《财政支出绩效评价工作考核办法（试行）》、《关于加强财政支出绩效评价结果应用的意见》等一系列配套制度，对绩效评价工作程序、评价指标和标准、组织方式与评价方法等作了明确的规定。截至2009年底，全省各地共建立相关制度305项，其中，办法规程类211项，内部协调类65项，绩效目标类7项，结果应用类9项，部门考核类5项，制度建设渐成体系。

江苏省在初步建立绩效管理制度体系的基础上，组织专门班子修订《江苏省财政资金绩效管理办法》，拟提请省政府颁布。

这些制度和办法明确规定了绩效评价的对象、范围以及评价原则、评价方法和工作程序，为顺利开展绩效评价工作提供了制度保障。

4. 评价工作稳步开展

绩效评价从评价对象上可划分为项目绩效评价、部门绩效评价和综合绩效评价等。为便于开展绩效评价工作，广东、湖北两省开展了项目绩效评价，主要集中在教育、水利、社保、基建等方面的重大财政支出项目上。

各地进行绩效评价的范围逐步扩大，评价项目逐年增多，涉及的资金量逐年扩大。如广东省省级全面铺开了对500万元以上项目或跨年度支出项目的绩效自评及其审核，并已常态化、规范化，同时，形成了围绕省委、省政府中心工作及重大项目和民生保障等重点绩效评价项目的选取机制。四川省2010年针对产业发展、民生保障、基础设施、行政运行四大支出，选取2009年80个大类项目进行绩效评价，涉及省级财政资金62亿元，占当年省级财政专项资金总额的20%。云南省2010年共组织对41个关系民生、社会关注度高、资金数额较大的重点项目开展了绩效评价，其中，评价2009年度实施的项目30个、2010年度效能政府建设重点评价民生项目10个、水利抗旱资金项目1个，涉及农业、林业、水利、扶贫、少数民族发展、教育、卫生、旅游、社会保障、科技、行政等领域。评价资金总额逾 277.65 亿元，其中，中央预算资金 104.35 亿元，省财政资金 66.95 亿元，州市县（市区）财政资金 5.90 亿元，其他投入资金 100.45 亿元等等。不完全统计，2010 年全国省级部门纳入绩效评价的资金量约 1600 亿元。①

5. 管理范围不断拓宽

（1）强调绩效目标管理。如河北省要求省级所有项目全面编制绩效内容并编制《部门预算绩效计划》文本；江苏省开展专项资金预算绩效目标管理试点，专项资金项目预算绩效目标评审与 2011 年部门预算（在预算编制一上环节）一并布置，整个"两上两下"过程同步进行；浙江省财政厅出台的实施办法明确要求部门（单位）在编制项目预算时，应申报明确的项目绩效目标，并尽量予以细化，邀请省政府研究室、大专院校、省级有关部门的人员组成专家组，进行实地调研和论证，形成项目绩效目标细化论证报告等。

（2）进行综合评价试点。浙江省探索单位整体支出评价，对疾病预防控制中心和卫生监督所实施整体支出绩效评价试点；广东省针对基本公共服务均等化、"珠三角"基本公共服务一体化等重大综合支出政策，建立财政综合性评价机制，促进政府执政能力和管理服务水平的全面提升。

（3）完善资金分配机制。如广东省建立健全专项资金竞争性分配绩效管理机制，截至 2009 年底，省级共有 12 个部门单位 28 个项目试行了竞争性分配改革，涉及省级财政资金共 107 亿元；实际完成竞争性分配的有 22 个项目，涉及省级财政资金近 100 亿元；北京市选择了部分重点项目，由财政局采用委托第三方、聘请专家、社会调查等方式对项目实施的必要性、可行性、绩效目标、项目内容、资金规模等事项进行事前评估，作为项目资金安排的参考依据。

（4）改革全面推开，省级带动市县。在开展省级项目支出评价的基础上，部分省市开展了部门整体支出绩效试点。

四川省 2009 年选择了 2 个收支相对单一的单位进行部门整体支出绩效试点，2010 年又选择了 5 个单位，着手探索项目支出绩效评价向部门整体支出绩效评价过渡。

浙江省湖州、嘉兴等市年终对各部门的绩效评价工作开展情况进行考核，不断提高部门开展绩效管理工作的主动性和积极性。同时，地方预算绩效管理工作不断扩面增量，形成了省级带动市县的良好势头。

---

① 财政部预算司. 地方预算绩效管理工作开展情况［EB/OL］. http：//yss. mof. gov. cn/zhengwuxinxi/guojijiejian/201102/t20110214_450369. html. 2011 – 02 –14.

安徽省实行"两手抓",即"一手抓省级项目实施,一手抓市县试点",2009 年正式启动市县预算支出绩效评价工作,2010 年试点市县范围已扩大到所有市级和 50% 的县级。

6. 结果应用方式多样

(1)评价结果在一定范围内公开。如北京市将评价结果在市级行政事业单位范围内公开,并上传至财政办公平台的专题网站,便于单位之间相互比较、借鉴和监督,确保评价结果的公开、公正。广东省将项目绩效管理结果情况向省人大财经委、省审计厅、省监察厅、省人力资源社会保障厅等部门通报,并向相关省直部门和单位反馈,逐步建立绩效约束与激励机制。四川省政府对绩效评价结果予以通报,评价报告函送相关部门,同时选择部分具有典型意义的项目在公开媒体上予以公示。

(2)上报政府或人大,提供决策参考。浙江省将评价结果向政府或人大等部门汇报,引起领导重视,为领导决策提供参考。广东省将每年度省级财政支出项目绩效自评结果、绩效督查、重点绩效评价情况上报省政府,为省政府领导和相关综合部门以及相关经济社会发展重大决策提供绩效参考。

(3)评价结果作为预算安排主要依据。山西省在编制年初项目支出预算时,将绩效评价结果作为编制和安排预算的重要参考依据,凡绩效考评不合格或较差的项目,相应核减或取消项目预算。浙江省将评价结果提供给预算编制部门,作为预算编制和审核的重要依据,同时,将对评价项目总结的问题和建议抄送厅相关业务处和预算局,供预算审核参考。

广东省运用绩效手段对财政专项资金进行分配和管理,实行财政专项资金竞争性分配改革,取得了较好成效。即:按照"两权不变、绩效优先"的原则,在不改变现行专项资金的分配格局,不改变省级主管部门对财政专项资金的分配权和管理权的前提下,对可选择资金分配结果、不固定使用对象的专项资金,在明确使用范围及预期绩效目标的基础上,通过招投标或专家评审等方式,选择最能实现专项资金绩效目标、使用效益最高或实现成本最低的项目。将财政专项资金分配从"一对一"单向审批转向"一对多"选拔性审批,建立"多中选好,好中选优"的优选机制。

(4)评价结果应用于行政问责。如北京市制定了 12 项专项考评实施细则,将绩效评价结果纳入政府行政问责体系;河北省制定了《河北省预算绩效管理问责办法》,明确对政府及其授权部门在预算编制和执行过程中,由于故意或者过失导致预算绩效管理未达到相关要求,以致财政资金配置和执行绩效未能达到预期目标或规定标准的下级政府、本级公共部门(单位)及其责任人员实行绩效问责。

（5）完善和加强项目管理。浙江省将重点评价项目和自评抽查项目的评价结果及时反馈被评价单位，要求其针对评价发现的问题进行整改落实，不断完善项目管理。四川省针对绩效评价发现的问题，督促省级相关部门完善管理办法，创新项目资金管理模式。

7. 管理机制不断创新

河北省提出"十二五"期间各级政府都要实行比较规范的预算绩效管理，并从十个方面提出了进一步深化推进预算绩效管理的制度设计。

江苏省提出建立预算编制、预算执行、绩效管理、财政监督"四位一体"的财政管理新机制，建立健全"当年预算编制、绩效目标管理、绩效跟踪管理、绩效评价、下年预算编制"良性循环闭合系统。

江苏省建立绩效评价与预算编制、执行、监督"四位一体"的公共财政管理体制，将绩效理念渗透到预算编制、执行等各个环节以及专项资金管理全过程。2009 年预算绩效管理处选择了与"保增长、调结构、促改革、惠民生"相关的22 个重点项目开展绩效评价，评价金额共计 657.8 亿元。这次省级重大项目支出评价效果显著，省长在专题报告上批示：省财政所做的绩效评价，对进一步发挥财政资金作用有很强的针对性，同意财政厅所提四条建议，并在今年工作中予以落实，各有关部门要认真分析专项资金使用效率，按要求进行整改。

云南省提出把绩效管理融入财政资金管理的全过程，实行"三个结合"：绩效目标审核与部门预算编制相结合，绩效评价结果与预算资金安排相结合，绩效目标实现程度与行政问责相结合，实现"预算编制有绩效目标，项目执行有绩效监管，项目完成有绩效评价，预算安排有评价依据"的全过程管理。

8. 基础工作继续加强

（1）建立和完善指标体系。如广东省根据"先简后繁，先易后难，由点及面"的原则，采取"定量指标"和"定性指标"相结合方式，建立动态指标库，所选用的指标既可以从每类指标和备选指标库中选取，也可以根据评价对象的特性设置。

江苏省财政厅主要是从"投入指标"、"产出与效果指标"、"能力和条件指标"、"满意率指标"四个方面构建综合评价指标体系。

河北省分四个层次构建财政支出绩效评价指标体系，从绩效指标体系的建设原则、目标、结构、步骤、组织管理等方面对财政支出指标体系建设做出全面规划。

上海市闵行区借鉴美国绩效评价实践，实行了 PART 绩效评价指标体系。

湖北省建立的指标体系设计为基本指标、专用指标和定性指标三部分,包括政策性指标、机构性指标、运行类指标、资产管理指标、社会效益指标、经济效益指标六大部分。

(2) 构建预算绩效管理信息系统。浙江省逐步构建信息系统,建立全省参与绩效评价中介机构库、评价专家库、绩效评价指标库、信息共享平台,探索建立预算绩效管理信息系统;福建省以 2010 年开展"基础教育财政支出绩效评价"为契机,开发了福建省财政支出绩效评价管理系统;广东省研究开发"1 平台、4 子系统、4 库"信息管理系统,即"财政支出绩效信息管理平台,专家评审管理子系统、部门预算绩效目标管理子系统、财政专项资金全过程绩效管理子系统、财政综合支出绩效管理子系统,评价指标及标准库、项目库、专家库、资料档案库";海南省面向省直部门单位和各专业团体公开征集绩效评价专家,并与政府采购专家库实现资源共享,形成 600 多人规模的绩效评价专家库。

江苏省积极借用外力,建立了"三库一系统"信息与技术工程,通过借用专家和中介的"外脑",利用信息技术等手段,逐步建立了评价指标库、专家库、第三方评价中介库,研发出财政绩效管理信息系统。

北京市根据支出性质建立了信息、文博、高等院校、环保等行业的绩效评价管理办法及指标体系,实行个性化管理,提高绩效管理工作的针对性。

浙江省建立了包含 328 家中介机构、1200 余名专家在内的基础数据库,编印了《财政支出绩效评价参考指标》一书,将 9 大类 68 个项目的具体评价指标和标准纳入指标库,同时,在省财政厅网站开辟"绩效评价"专题,将相关政策、评价信息等及时发布,促进各市县工作交流。

四川省邀请省科技顾问团的专家学者和主管部门相关人员,初步构建了三级指标体系:以项目决策、管理、完成及效果为内容的一级评价指标;结合省级财政预算项目支出属性和政府收支分类支出功能科目设立的二级评价指标;统一规范各小类项目的三级评价指标。

(3) 明确职责分工。绩效评价工作由财政部门统一组织管理,审计、监察和人事等部门密切配合,充分调动预算单位和项目单位的积极性。财政部门负责制定绩效评价体系、评价标准和组织实施工作。预算单位和项目单位具体负责本单位的绩效评价工作。

(4) 规范评价程序。预算单位在年初申报项目预算时,向财政部门提交项目可行性研究方案,并明确项目实施的绩效目标;项目实施完毕后,预算单位每年都要向财政部门提交项目实施情况的自评报告;财政部门在预算单位自评的基础上,组织专家选择影响较大、问题较突出的部分项目进行重点评价,并将评价结果与部门预算编制结合起来，作为下一年度预算安排的重要参考依据。

9. 基层工作继续推进

部分省市在健全市县绩效管理机构的同时，积极推进基层绩效管理工作开展。如黑龙江省从 2005 年开始，连续三年开展了市县财政综合绩效评价工作；安徽省出台《关于做好 2010 年市县预算支出绩效考评工作的通知》，进一步加强对市县绩效管理工作的指导。2009 年选择 2 个市、10 个县开展试点，2010 年将试点范围扩大到所有的市（17 个市）和全省 1/2 的县（30 个县）。在评价项目数量上，要求 2009 年试点地区要在 2008 年基础上适当增加评价项目。2010 年新增试点地区至少选择 2 个不同类型的项目，以搭建评价框架为主，力求少而精。督促指导各试点市县制定具体实施方案、合理选报项目、完善制度等，报省厅备案。

二、地方预算绩效管理实践

2011 ～ 2014 年是地方财政绩效管理实践的第二阶段，该阶段提出并确定了"五有"全过程预算绩效管理理念，财政绩效管理工作进入了一个崭新阶段。

（一）预算绩效管理实践大事记

随着绩效评价试点工作的深入开展，试点中一些"瓶颈"问题也接踵而至，主要包括评价一般都在事后，与预算编制脱节，执行过程中缺少监督，评价结果没有得到有效的应用，变成了单纯"为评价而评价"，绩效评价只是一种走过场形式，预算管理的促进作用没有得到有效发挥。财政部在总结绩效评价试点经验的基础上，开始以绩效评价为主要内容，推动绩效管理理念逐步向事前目标管理、事中绩效监控、事后评价结果应用方面延伸，将绩效评价作为一个封闭循环看待，使单独的绩效评价环节转向全过程预算绩效管理各环节。

2011 年 4 月，为加强思想统一认识，明确绩效评价的发展方向，在广州召开了第一次全国预算绩效管理工作会议，会上首次提出了全过程预算绩效管理的理念，全国预算绩效管理会议的召开进一步明确了财政预算绩效管理的方向，推进预算绩效管理的时机已经成熟。为了统一规范财政绩效管理工作，财政部先后出台多份文件。主要如下。

2011 年 4 月，为积极推进预算绩效管理工作，规范财政支出绩效评价行为，建立科学、合理的绩效评价管理体系，提高财政资金使用效益，财政部对 2009 年的《财政支出绩效评价管理暂行办法》进行重新修订，财政部出台了新的

《财政支出绩效评价管理暂行办法》。

2011 年 7 月，财政部出台《财政部关于推进预算绩效管理的指导意见》，为了深入贯彻落实科学发展观，完善公共财政体系，推进财政科学化精细化管理，强化预算支出的责任和效率，提高财政资金使用效益，该指导意见明确提出要逐步建立健全"预算编制有目标，预算执行有监控，预算完成有评价，评价结果有反馈，反馈结果有应用"的全过程预算绩效管理。

2011 年 7 月，财政部发布《关于印发〈预算绩效管理工作考核办法（试行）〉的通知》。目的是全面推进预算绩效管理工作，充分调动中央部门、地方省级财政部门开展预算绩效管理的积极性。

为执行党中央、国务院关于加强预算绩效管理的指示精神，积极推进政府绩效管理的工作，2012 年财政部召开座谈会。座谈会以预算绩效管理为主题，对预算绩效管理的内涵、意义及其体系内容进行系统的阐述，总结了前一阶段预算绩效管理工作的经验教训，对下一阶段全面推进预算绩效管理进行规划。

2012 年 10 月，财政部制定了《预算绩效管理工作规划（2012～2015 年)》，明确了"十二五"预算绩效管理工作的总目标，从"建立一个机制"、"完善两个体系"、"健全三个智库"、"实施四项工程"四个方面，明确了 2012～2015 年预算绩效管理的主要任务和重点工作，提出了各项保障措施，使预算绩效管理的方向更为明确、任务路径更为清晰、内容体系更为完善。

2012 年，财政部提出试点就业专项资金绩效评价、现代服务业综合工作绩效评价和国资预算支出绩效评价等，并开展了全国县级财政支出管理绩效综合评价试点。

2013 年 4 月，财政部制定并印发了《预算绩效评价共性指标体系框架》，旨在贯彻落实《预算绩效管理工作规划（2012～2015 年)》的有关要求，逐步建立符合我国国情的预算绩效评价指标体系，不断规范和加强预算绩效评价工作，提高绩效评价的统一性和权威性，全面推进预算绩效管理。

（二）预算绩效管理实践主要成效

全国各地区各部门按照新修订的《预算法》和《国务院关于深化预算管理制度改革的决定》的有关精神，稳步推进财政绩效管理工作，取得积极进展。

1. 预算绩效管理范围进一步扩大

绝大部分省份预算绩效管理试点范围都已从省本级逐步扩大到市、县层面。在此基础上，预算绩效管理的资金规模逐年扩大，2013 年，纳入绩效目标管理的项目约 10.9 万个，涉及资金约 1.34 万亿元；开展绩效监控的项目约 5.3 万个，涉及资金约 0.8 万亿元；纳入绩效评价试点的项目约 4.7 万个，涉及资金约 1.35 万亿元。到 2014 年，纳入绩效目标管理的项目支出约 3.01 万亿元，比 2013 年增长近 125%；纳入绩效监控的项目资金约 1.98 万亿元，比 2013 年增长近 147%；开展绩效评价的资金约 2.18 万亿元，比 2013 年增长近 61%，都呈现出逐步扩大的趋势。① 具体见图 3-1。

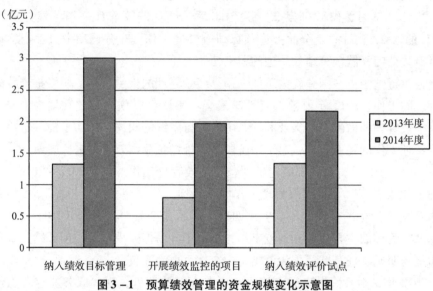

图 3-1 预算绩效管理的资金规模变化示意图

2. 预算绩效管理模式不断拓展

在传统项目支出绩效管理的基础上，一是推进部门整体支出绩效管理试点，共有 25 个省（市、区）开展了省级预算部门整体绩效目标申报试点，有 19 个省（区、市）开展了部门整体绩效评价试点。二是开展财政政策绩效评估探索，共有 13 个省（市、区）开展了财政政策绩效评价试点。例如，浙江省以"涉及水稻生产过程的各类财政补贴"为切入点，研究公共支出在涉农补贴方面的政策绩效，提出改进和完善政策的建议。三是实施财政管理绩效综合评价工作。财政部开展了县级财政支出管理绩效综合评价、省级财政管理绩效综合评价试点，共有 23 个省（区、市）对下开展了财政管理绩效综合评价。

3. 预算绩效管理质量得以提升

（1）加强绩效评价指标建设。有 31 个省级财政部门建立了共性绩效评价指

① 财政部预算司. 2014 年预算绩效管理工作取得积极进展 ［EB/OL］. http：//yss. mof. gov. cn/zheng-wuxinxi/gongzuodongtai/201503/t20150319_1204209. html. 2015-3-19.

标体系，29 个省级财政建立了个性绩效评价指标库。

（2）推进信息系统建设。财政部重新开发了"预算绩效管理信息交流平台"，有 22 个省（市、区）建立或在预算系统中嵌入了绩效管理信息系统，25 个省（市、区）建立了预算绩效管理信息交流平台。

（3）加强第三方机构建设。2013 年，有 21 个省建立省级专家学者库，在库专家学者近 10 万人；23 个省建立省级中介机构库，在库中介机构 1200 多家；7 个省建立省级监督指导库，在库人员近 300 人。2014 年，共有 29 个省（市、区）建立了省级专家学者库，有 27 个省（市、区）建立了省级中介机构库，有 15 个省建立了省级监督指导库。具体见图 3 - 2。

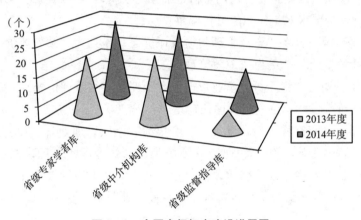

图 3 - 2　全国省级智库建设进展图

4. 预算绩效管理措施得到加强

（1）组织机构不断健全。预算绩效管理组织机构是推进预算绩效管理工作的重要保障。地方各级财政部门不断加强组织领导，健全工作机构，充实业务人员，调整管理职能，预算绩效管理组织机构不断完善。

2011 年以前，全国 36 个省（自治区、直辖市、计划单列市）级财政厅（局）中已设立独立预算绩效管理机构的有 14 个，分别是：河北省（预算绩效管理处）、黑龙江（绩效评价处）、上海市（绩效评价管理处）、江苏省（绩效管理处）、浙江省（绩效管理处）、福建省（统计评价处）、江西省（财政绩效评估中心）、青岛市（预算评审管理处）、湖北省 [行政事业单位资产管理处（绩效评价处）]、湖南省（资产管理与绩效评价处）、广东省（绩效评价处）、海南省（绩效管理处）、贵州省（绩效评估处）、云南省（绩效管理处）。其他未设立单独机构的省级财政部门的预算绩效管理工作主要由预算处负责如北京市还设立了绩效考评中心，承担预算处安排的具体工作也有部分省份由其财政厅（局）的监督处负责，如重庆等。

按照推进预算绩效管理工作的部署和要求，一些省份积极争取并陆续新设了预算绩效管理机构。例如，2011 年，青海省设立"预算绩效管理处"；2012 年，北京市设立"绩效评价处"（挂预算处），深圳市设立"预算绩效评价处"；2013 年，重庆市设立"预算绩效管理中心"，山东省设立"预算绩效管理处"（暂与预算处合署），宁夏设立"绩效管理处"（暂与预算处合署），安徽省设立"政府债务管理办公室（预算绩效管理处）"。新设立处室均已明确了预算绩效管理的工作职责，并落实了工作人员。

同时，一些已设立独立机构的省份也陆续对机构名称进行变更，并按全过程预算绩效管理的要求对工作职能进行调整：

2011 年，湖南省将"资产管理与绩效评价处"单列为"绩效评价处"，福建省将"统计评价处"变更为"绩效管理处"。

2012 年，湖北省将"行政事业单位资产管理处（绩效评价处）"变更为"绩效评价处（行政事业单位资产管理处）"。

2013 年，湖南省将"绩效评价处"变更为"绩效管理处"，湖北省将"绩效评价处（行政事业单位资产管理处）"变更为"绩效管理处（行政事业单位资产管理处）"，江西省将"财政绩效评估中心"变更为"财政绩效管理局"。还有部分省份，如吉林省等，虽未单设机构，但在预算处明确了专人负责预算绩效管理工作。

在此基础上，各地省级财政部门也不断推动市级、县级财政部门预算绩效管理机构的建设。从市级财政部门看，初步统计，截至 2013 年底，北京、河北、黑龙江、江苏、浙江、湖北、湖南、广东、重庆、四川、贵州、云南 12 个省份的市级财政部门全部设立了预算绩效管理机构，福建、江西、上海 3 个省份超过40％的市级财政部门设立了专门机构，青海、青岛、山西、陕西、海南、辽宁、河南、吉林、山东、安徽、宁波、深圳等省份的部分市级财政部门设立了专门机构。从县级财政部门看，初步统计，截至 2013 年底，浙江、湖北、广东、四川 4 省份80％以上的县级财政部门设立了预算绩效管理机构，云南、湖南、江苏、黑龙江、贵州 5 省份40％以上的县级财政部门设立了专门机构，江西、陕西、福建、河北、海南、河南、青海、吉林、辽宁、山西、山东等省份的部分县也设立了专门机构。

例如，山西省晋城市从 2012 年市财政局成立绩效评价科开始，各县（区、市）也相继成立了专门科（股）室负责此项工作。截至 2015 年底，共有 4 个县区设立了绩效评价科（股）室，占全部县区的66.67%，其余县区均由预算科负责此项工作，绩效评价机构从无到有，实现绩效评价机构全覆盖。①

另外，为加强预算绩效管理的组织领导，截至2013年底，已有天津、河北、辽宁、大连、吉林、浙江、安徽、江西、青岛、湖南、广东、深圳、广西、重庆、贵州、四川、云南、西藏、陕西、甘肃、青海、宁夏、新疆23个省级财政部门成立了预算绩效管理工作领导小组。领导小组一般由厅（局）主要领导担任组长，厅内各相关处室为成员单位，办公室一般设在预算绩效管理牵头处室，统一负责本地区预算绩效管理工作的组织领导，极大促进了本地区预算绩效管理工作的开展。

2013年，已有23个省级财政部门成立了预算绩效管理工作小组，19个省级财政部门、近1/2的市级财政部门和近3成的县级财政部门设立或批准设立独立的预算绩效管理处室，支撑作用不断增强。到了2014年，在全国36个省（区、市）财政厅（局）中，共有23个省（区、市）设立了单独的预算绩效管理机构。见图3-3。

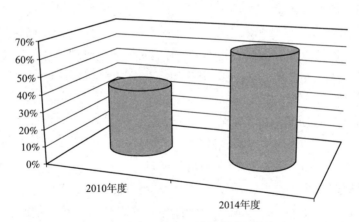

图3-3 省级设立独立绩效管理机构占比

（2）规章制度建设继续完善。财政部印发了《预算绩效评价共性指标体系框架》，进一步完善顶层制度设计；地方的规章制度也不断完善，不断加强指导和规范；有的地方，如青岛市还启动了预算绩效管理的地方立法工作，以提高工作权威性。到了2014年，各地区已出台的省级规章制度合计670件，其中具有

---

① 续永福. 晋城财政："十二五"期间预算绩效管理的实践之路［EB/OL］. http：//www. sxscz. gov. cn/www/2016－02－03/201602031442759123. html. 2016－02－03.

顶层指导意义的总体规划和实施意见 160 件；青岛市通过了全国第一部预算绩效管理地方性法规——《青岛市预算绩效管理条例》。

（3）宣传培训力度继续加大。财政部由《中国财政》出版了一期"全过程预算绩效管理"增刊，通过《中国财经报》开展了"预算绩效管理行与思"有奖征文；地方财政也通过电视、报刊、广播、互联网等多种方式和媒体开展预算绩效管理宣传。同时，不断加大培训力度，财政部在开展省级财政部门培训的基础上，又开展了针对市、县级财政部门的培训，并编印了《中国预算绩效管理探索与实践》等辅助教材等。省级财政部门开展的培训达 175 次，培训人数达到 23467 人次。2014 年，省级财政发表各类文章报道达 910 多篇（次），开展的省级预算绩效管理培训达到 230 多次，培训人数超过 3.7 万人次。①

5. 开展重点项目、重点领域绩效评价

（1）开展重点项目支出绩效评价试点。地方财政部门开展的重点民生绩效评价项目 7000 多个，涉及金额约 6000 亿元。

（2）开展重点领域绩效评价试点情况。除财政部对全国 1985 个县的财政支出管理绩效开展综合评价，并对中央部门支出管理综合绩效进行试评价外，河北等 17 个省开展本地区县级财政支出管理绩效综合评价试点，四川等 18 个省开展了部门整体支出绩效评价试点，还有的省开展了财政政策绩效评价试点，如广东省的"十件民生实事"、"基本公共服务均等化"综合绩效评价等，促进各项民生政策落实。

6. 探索绩效评价结果应用

财政部的评价结果应用不断突破，一是实施结果公开，首次将县级财政支出管理绩效综合评价结果通过财政部门户网站进行公开。二是开展绩效约谈，首次对部分县级财政综合评价平均得分相对靠后的省（区）财政厅相关负责人进行了集中工作约谈。三是实施绩效奖惩，例如，对县级综合评价排名靠前的县和省份，给予了相应的资金奖励；根据"重点生态功能区转移支付"绩效评价结果，相应扣减了评价结果较差地区下一年度的转移支付资金等。从地方看，也不断建立并完善了评价结果的反馈整改机制、与预算编制结合机制、向政府人大报告机制、向社会公开机制、目标责任考核机制、绩效问责机制等，取得了积极效果。

云南省提出要大胆公开预算绩效管理结果，将项目绩效情况上报人大、政府，并向全社会公开，该整改的整改，该行政问责的问责。

---

① 财政部预算司 . 2014 年预算绩效管理工作取得积极进展 ［EB/OL］. http：//yss. mof. gov. cn/zheng-wuxinxi/gongzuodongtai/201503/t20150319_1204209. html. 2015 - 3 - 19.

广东省将预算绩效管理结果在一定范围内公开作为创建透明高效政府的手段。北京市的做法是将绩效评价结果上传到政府决策支持网及财政综合办公平台网，经批准后，在全市行政事业范围内公开通报。

广东省将绩效评价结果作为预算安排的重要依据和政府决策的绩效参考，主张建立"四大机制"，即与预算安排结合的激励约束机制、被评价单位反馈整改机制、财政内部共享机制和评价结果公开机制。

辽宁省建议财政部下发文件明确绩效评价结果将约束部门预算编制的进行，如以"优"、"中"、"差"来确定部门预算编制的增加、减少、暂停。

天津市做法：一是建立绩效评价报告制度和信息公开制度，市财政局将重大项目的绩效评价结果定期向市政府报告，同时将绩效评价的相关信息在一定范围内公布，引起各预算单位对绩效评价工作的重视。二是市财政局、主管预算部门和专项预算管理部门根据各自职能对绩效评价中发现的问题及时予以整改落实，并将绩效评价结果作为以后年度安排预算的重要参考依据，对于绩效评价结果良好的项目单位，市财政优先安排下一年度的同类项目预算；对绩效评价结果不佳的项目单位，不再优先安排该单位同类型项目，市财政视情况考虑该单位以后年度同类项目的安排问题。三是将项目的绩效评价结果提供给有关部门，作为预算单位年度岗位职责考核的参考依据。

三、地方财政管理绩效实践

2015年至今，是地方财政绩效管理实践的第三阶段，该阶段提出并确定了财政管理绩效理念，地方财政绩效管理工作进入了一个新的发展时期。

（一）地方财政管理绩效实践大事记

1. 地方财政管理绩效综合评价

党的十八大提出"提高政府公信力和执行力，推进政府绩效管理"，明确财政管理绩效工作的方向，从此我国地方财政管理绩效工作进入一个新的发展时期。

2014年3月，财政部发布《关于印发〈地方财政管理绩效综合评价方案〉的通知》。为全面贯彻落实党的十八大和十八届二中、三中全会精神，督促和引导地方深化财税体制改革，建立现代财政制度，改进预算管理制度，加强和改进事中事后监管，提高财政管理效率，按照推进国家治理体系和治理能力现代化的要求，根据《中华人民共和国预算法》、《财政部关于推进预算绩效管理的指导意见》，财政部制定了《地方财政管理绩效综合评价方案》。

评价目的：通过对地方财政管理绩效的综合评价，进一步推动地方深化财税体制改革，改进预算管理制度，提高财政资金使用效益，探索构建符合我国国情的地方财政管理绩效评价体系，不断改进财政宏观管理，提升财政管理科学化水平。

评价范围：包括全国 36 个省（自治区、直辖市、计划单列市，以下简称省）。其中，计划单列市单独开展综合评价，其所在省评价数据不含计划单列市。

评价内容：主要是地方财政管理情况，具体包括实施透明预算、规范预算编制、优化收支结构、盘活存量资金、加强债务管理、完善省以下财政体制、落实"约法三章"、严肃财经纪律八个方面，评价得分采用百分制。

2015 年 2 月，为全面推进预算绩效管理，促进预算绩效管理工作的制度化、规范化、科学化，根据《预算法》和《国务院关于深化预算管理制度改革的决定》，对《预算绩效管理工作考核办法（试行）》进行修订，形成了《预算绩效管理工作考核办法》，考核内容是中央部门、省级财政部门的预算绩效管理工作。

2. 县级财政管理绩效综合评价

为全面贯彻落实党的十八大和十八届二中、三中、四中全会精神，按照推进国家治理体系和治理能力现代化的要求，根据《国务院办公厅转发〈财政部关于调整和完善县级基本财力保障机制意见〉的通知》和《财政部关于推进预算绩效管理的指导意见》，2015 年财政部发布《关于印发〈2015 年县级财政管理绩效综合评价方案〉的通知》。目的是进一步强化县级财政管理责任，保障国家各项民生政策的落实，提高财政资金使用效益，财政部于 2015 年继续开展县级财政管理绩效综合评价。该通知明确指出评价目的、评价范围和评价内容及标准。

评价目的：通过对县级财政管理绩效的综合评价，进一步推动县级政府深化财税体制改革，改进预算管理制度，提高财政资金使用效益，探索构建符合我国国情的县级财政管理绩效评价体系，不断改进和加强县级财政管理，提升县级财政管理科学化水平。

评价范围：民政部批准设立的县、县级市、县级区和旗（以下简称县）。其中，北京、天津、上海所辖县纳入全国统一评价，在计算分省平均得分时单独排名。

评价内容及标准：评价内容主要是 2014 年县级财政管理情况，具体包括规范预算编制、优化收支结构、盘活存量资金、加强债务管理、控制供养人员等五个方面，评价得分采用百分制。

财政部要求各地认真贯彻落实党的十八大和十八届二中、三中、四中全会精神，结合本地实际，完善评价方案内容，丰富财政管理手段，督促和引导县级政府深化财税体制改革，建立现代财政制度，改进预算管理制度，提高财政管理效率。

（二）地方财政管理绩效实践主要成效

1. 出台地方财政管理绩效综合评价方案

随着我国财政预算管理制度改革逐步推进，县级财政管理制度和管理水平受到社会广泛关注。按照党的十八大、十八届三中全会等精神要求，为进一步强化县级财政管理责任，保障国家各项民生政策的落实，提高财政资金使用效益，财政部进一步完善综合评价方案，继续开展县级财政管理绩效综合评价，逐步建立起对县级政府花钱问效、无效问责的常态化机制。

财政部先后出台《地方财政管理绩效综合评价方案》和《2015 年县级财政管理绩效综合评价方案》两个文件，关于地方财政管理绩效综合评价方案，通过对地方财政管理绩效的综合评价，进一步推动地方深化财税体制改革，改进预算管理制度，提高财政资金使用效益，体现了我国新一轮财税体制改革的思路和方向。

2. 持续开展地方财政管理绩效综合评价

（1）2013 年县级财政管理绩效综合评价。为提高公共服务质量、财政资金使用效益和效率，控制和防范债务风险，财政部对 2012 年度全国县级（县、县级市、旗，不包括区）财政支出管理绩效进行了综合评价试点。依据综合评价情况，财政部确定了排名前 200 名县和前 10 名的省份。按照加强预算绩效管理的有关规定，财政部将对优秀的县、省（区）进行通报表扬和激励，并将约谈部分绩效管理相对薄弱的省（区）财政厅（局）预算绩效管理负责人，强化支出责任，促进县级财政支出管理绩效的提高。

2012 年度县级财政支出管理绩效综合评价前 10 名省份为海南省、黑龙江省、安徽省、广东省、山东省、湖北省、浙江省、江苏省、宁夏回族自治区、吉林省。

2012 年度县级财政支出管理绩效综合评价前 200 名县为荣成市、文登市、龙口市、安义县、抚顺县、逊克县、莱州市、苍溪县、肃北蒙古族自治县、皋兰县、井研县、象山县、梅县、奉化市、湟中县、肥城市、文成县、康保县、图们市、陈巴尔虎旗、富裕县、勐腊县、抚宁县、东源县、连南瑶族自治县、连江县、和布克赛尔蒙古自治县、乳山市、桦川县、石屏县、陵川县、垦利县、尚义县、天峻县、招远市、寿县、吴江市、沾化县、慈溪市、泰顺县、屯昌县、湘乡市、定安县、沂源县、玉田县、桐庐县、儋州市、神木县、孙吴县、津市市、余姚市、乐东黎族自治县、高淳县、建平县、蓬莱市、元江哈尼族彝族傣族自治县、讷河市、宽甸满族自治县、甘南县、龙门县、保靖县、湟源县、高平市、华蓥市、德庆县、大姚县、清新县、四子王旗、栖霞市、汪清县、广水市、临安市、井陉县、吉木乃县、扶风县、凉城县、屏边苗族自治县、桑植县、茌平县、鹤峰县、永顺县、襄垣县、阳高县、太仓市、集贤县、太仆寺旗、滦县、泸溪县、宁海县、科尔沁右翼前旗、浑源县、沽源县、虎林市、诸城市、陇县、邻水县、马关县、饶阳县、利津县、东山县、呼图壁县、盐池县、岳西县、乳源瑶族自治县、土默特右旗、宜兴市、麻城市、沭阳县、张家港市、岱山县、绥滨县、随县、祁连县、金寨县、科尔沁右翼中旗、广饶县、昆山市、汤原县、牙克石市、榆中县、永康市、依安县、桦南县、拜泉县、寿光市、勃利县、泽州县、东方市、舒城县、乐都县、武宁县、敦化市、德保县、桓台县、代县、临江市、沙洋县、营山县、长沙县、无棣县、丰顺县、沁县、承德县、枞阳县、隆林各族自治县、宜阳县、唐海县、安丘市、融安县、无为县、息烽县、曲阜市、平江县、涡阳县、兰溪市、句容市、若羌县、迁西县、建宁县、萨迦县、通化县、西畴县、武川县、蒙城县、凌海市、泗水县、进贤县、周至县、溧阳市、白朗县、永定县、龙川县、梁河县、镇雄县、红安县、洱源县、庐江县、偃师市、泰来县、团风县、灵璧县、宾川县、平罗县、临洮县、邳州市、新源县、铜梁县、新宾满族自治县、太康县、敦煌市、屏山县、靖州苗族侗族自治县、闽清县、乌拉特前旗、永城市、长顺县、余庆县、泗县、江川县、涞水县。①

（2）2014 年县级财政管理绩效综合评价。为推动建立现代财政制度，改进预算管理制度，提高财政管理效率，财政部在 2013 年首次开展县级财政支出管理综合评价的基础上，2014 年进一步健全了综合评价体系。围绕着推动全口径预算管理，提高县级预算编制的科学性、规范性，提高财政收入质量，引导县级政府加快经济结构升级，督促县级政府盘活存量资金，将有限的资金用在刀刃上，引导和督促县级政府加强政府债务管理，防范和化解财政风险等重点领域和关键环节方面，财政部继续开展县级财政管理综合评价工作，推动县级政府改进财政管理绩效，提高资金使用效率。

依据综合评价情况，财政部确定了排名前 200 名县和前 10 名的省份。按照有关规定，财政部将对绩效管理优秀的县、省（区）进行通报表扬和激励，对绩

---

① 花钱问效　无效问责——财政部开展 2012 年县级财政支出管理绩效综合评价 ［EB/OL］. http：//www. gov. cn/gzdt/2013 - 08/02/content_2460056. htm. 2013 - 08 - 02.

效管理相对薄弱省份适时约谈省财政厅的预算绩效管理负责人，并将评价结果纳入 2014 年县级基本财力保障机制给予相应激励，进一步强化管理责任，促进提高县级财政管理绩效。①

2013 年度县级财政管理绩效综合评价前 10 名省份为海南省、黑龙江省、青海省、安徽省、山东省、浙江省、吉林省、江苏省、广东省、陕西省。

2013 年度县级财政管理绩效综合评价前 200 名县为龙口市、寿光市、沭阳县、汶上县、五指山市、琼海市、泗洪县、无为县、洞头县、石台县、北安市、仁寿县、孙吴县、桦川县、明水县、临泉县、泸县、丘北县、洱源县、陆良县、逊克县、玛多县、定远县、淮阳县、金寨县、舒城县、澜沧拉祜族自治县、利辛县、澄迈县、石泉县、铜鼓县、桦南县、辉南县、巴彦县、望江县、绥德县、吉木乃县、琼中县、富锦市、商都县、镇沅彝族哈尼族拉祜族自治县、岳池县、紫金县、铁力市、富蕴县、乐都县、景宁畲族自治县、宁洱哈尼族彝族自治县、通河县、穆棱市、文成县、新蔡县、汤原县、佳县、庆元县、尼玛县、临江市、永顺县、密云县、岚皋县、陵川县、乡城县、景东彝族自治县、肇源县、平南县、民和回族土族自治县、五大连池市、莒南县、太湖县、盐源县、澄江县、蓬莱市、揭西县、泰来县、肃北县、夏邑县、湟中县、拜泉县、峡江县、乐至县、沂水县、徐闻县、武隆县、叙永县、依安县、陆河县、嘉祥县、大荔县、平度市、克山县、宁远县、安化县、天峻县、安岳县、龙江县、墨江哈尼族自治县、子洲县、方正县、伊吾县、长兴县、井研县、廉江市、凤冈县、延庆县、贵溪市、通化县、赣榆县、镇巴县、柳河县、明溪县、普宁市、新绛县、井冈山市、涟源市、阜南县、久治县、海伦市、盐池县、栖霞市、青冈县、景泰县、清原满族自治县、怀远县、宜宾县、互助土族自治县、诸暨市、邹平县、吴川市、庆安县、望谟县、高碑店市、镇坪县、和平县、广饶县、若羌县、南安市、商城县、萝北县、无极县、浦江县、哈巴河县、鹤山市、伊宁县、于都县、察隅县、兰陵县、玛纳斯县、共和县、环江毛南族自治县、赤壁市、得荣县、突泉县、沛县、四子王旗、永胜县、腾冲县、嵊泗县、安丘市、日土县、莱西市、海晏县、华坪县、龙陵县、乌拉特前旗、郧县、额敏县、科尔沁左翼中旗、三台县、新宾满族自治县、临安市、秦安县、藁城市、雷州市、芮城县、原阳县、北票市、安西县、抚松县、崇明县、墨玉县、界首市、静海县、灵台县、疏附县、绩溪县、武冈市、乌兰县、旌德县、东山县、大丰市、敦化市、木里藏族自治县、溆浦县、诸城

---

① 建立健全花钱问效、无效问责常态机制——财政部扎实开展 2013 年度县级财政管理绩效综合评价 [EB/OL]. http：//www. gov. cn/xinwen/2014 -09/23/content_2755151. htm. 2014 -09 -23.

市、平乡县、老河口市、荣成市、莒县、无棣县、宁国市。①

通过对县级财政管理绩效的综合评价，进一步强化县级财政管理责任，提高财政收入质量，优化财政支出结构，保障民生政策落实，提高财政资金使用效益。

3. 绩效管理不断增点扩面

随着财政绩效管理工作的不断推进，绩效管理已从刚开始的部分中央部门和省份的试点，在全国范围内"横向到边、纵向到底"全面铺开，中央和地方协同推进，省、市、县逐级扩大，中央地方齐抓共管、部门单位整体推进的工作格局已经初步形成。当前，地方财政绩效管理工作已初步形成了"上下互动、全国联动"的新格局，我国地方财政绩效管理开始进入全新的发展阶段。

目前，所有省份预算绩效管理试点范围都已从省本级逐步扩大到市、县层面，其中，试点范围已覆盖本地区所有省本级预算部门的省份有 18 个，已覆盖本地区所有市级财政部门的省份有 23 个，已覆盖本地区所有县级财政部门的省份有 9 个。②

各地财政部门陆续开展探索县市财政管理绩效评价改革。如海南省近几年持续开展对所属市县财政管理绩效评价工作。海南省财政厅《关于开展 2015 年预算绩效管理工作的通知》要求，各市县财政部门要严格按照《转发财政部关于印发〈2014 年县级财政管理绩效综合评价方案〉的通知》（以下简称《通知》）的要求和培训的指标体系，认真组织做好 2014 年本市县财政管理综合绩效自评工作。

评价范围：各市县财政局（含海口 4 个区，不含三亚 4 个区，三沙、洋浦和先行试验区财政局均纳入此次评价范围，下同）。

评价组织：各市县财政局要依据《通知》的有关要求，认真收集材料，组织做好本市县 2014 年度财政管理绩效综合评价自评工作。

评价要求：各市县财政局要根据培训的指标体系撰写评价报告，详细说明各指标得分计算过程，并对指标评价情况实施绩效分析。

报送时间：评价报告请于 3 月 20 日前报送省财政厅绩效管理处。

再评价：将于 3 月下旬组织对各市县财政局自评情况进行再评价，依据评价结果进行排名、参与转移支付资金分配和实施绩效问责，其中三沙、洋浦、先行

---

① 建立健全花钱问效、无效问责常态机制——财政部扎实开展 2013 年度县级财政管理绩效综合评价. [EB/OL]. http：//www.gov.cn/xinwen/2014 –09/23/content_2755151.htm. 2014 – 09 – 23.

② 财政部预算司副司长夏先德在全国预算绩效管理工作座谈会上的讲话（摘要）. [EB/OL]. http：// www.yueyang.gov.cn/czj/9112/10003/content_510031.html. 2015 – 12 –04.

试验区和海口 4 个区财政局的评价结果不纳入此次全省市县评比排名和问责，但参与转移支付资金分配。

4. 探索评价结果应用方式

地方财政管理绩效评价结果应用上有了新突破。

（1）实施结果公开，将县级财政支出管理绩效综合评价结果通过财政部门户网站进行公开，新华网、人民网等多家网站和媒体对此进行了转载和报道，社会反响很好。

（2）开展绩效约谈，对部分县级财政综合评价平均得分相对靠后的省（区）财政厅相关负责人，进行了集中工作约谈，并提出明确要求，效果比较显著。

（3）实施绩效奖惩，如对县级综合评价排名前 200 的县和前 10 的省份，给予了相应的资金奖励；对省级财政部门的考核结果，将作为安排中央对地方转移支付的参考因素。又如，根据"重点生态功能区转移支付"绩效评价结果，相应扣减了评价结果较差地区下一年度的转移支付资金，产生了积极影响。如海南省获得 2012 年度和 2013 年度全国县级财政管理绩效综合评价第一名，成为全国唯一连续两年获得第一名的省份，财政部因此奖励海南省财政补助资金 7000 万元。

财政部通报了 2014 年度中央部门和省级财政部门预算绩效管理工作考核结果，考核结果为优秀和良好的省级财政部门各有 12 个。对考核优秀和良好的中央部门，将在安排 2016 年部门机动经费时适度增加；对省级财政部门的考核结果，将作为安排中央对地方转移支付的参考因素。

第三节　我国部分省（市）财政绩效管理实践基本情况

一、广东省财政绩效管理实践

（一）广东省财政绩效管理概况

广东省作为预算绩效评价工作开展得较早的省份之一，已探索形成了具有一定示范意义的绩效管理改革多个模式，即：以项目支出为基点，对预算编制、执行实施绩效目标审核和实际效果评价，对分配实施绩效为导向的竞争性分配改革的"省级模式"；注重开展部门支出综合绩效评价、加大绩效问责力度、细化项目绩效评价的"广州市级模式"；以项目支出绩效管理为重点、引入专家审核项目预算的"南海区（县）模式"。

广东省财政厅改革之初就出台了《广东省财政支出绩效评价试行方案》，随后又陆续发布了《关于印发〈省级财政专项资金竞争性分配绩效管理暂行办法〉的通知》、《关于印发〈广东省省级部门预算项目支出绩效目标管理规程〉的通知》等文件。

从 2014 年起，广东省人大常委会启动委托第三方对财政专项资金支出绩效进行评估的工作，在全国范围内属首次。2016 年省人大常委会印发《广东省人大常委会开展预算资金支出绩效第三方评价办法》，使该项工作形成稳定机制。

从 2016 年开始，广东省财政提交省人大审议的预算报告中，增加了财政支出项目绩效目标的信息，覆盖范围主要是省级部门预算中 500 万元以上的项目支出。2017 年向省人大报送的部门预算 500 万元以上项目支出绩效目标达到 1500 多项、省级财政专项资金总体绩效目标 48 项（共 51 项，其中涉密 3 项）、省级一般公共预算转移支付资金总体绩效目标 140 项。

（二）广东省财政绩效管理主要做法与成效

广东省预算绩效管理改革历经十多年的探索创新，初步构建了"横向到边、纵向到底"的预算绩效管理体系，2012 年、2013 年连续两年在财政部预算绩效管理考核中获全国第一。

广东省预算绩效管理工作坚持创新发展，从项目支出事后绩效评价向绩效管理全过程、多方位覆盖，不断拓展综合性支出、竞争性分配绩效管理以及引入第三方独立评价等新领域新模式，构建了"资金分配有绩效目标管理，资金使用有绩效跟踪与督查，支出结果有绩效评价和绩效问责"的预算绩效管理体系，有效推进财政资金使用效益的提高。

1. 制度先行，确保预算绩效管理工作规范有序

（1）制定《广东省省级部门预算项目支出绩效目标管理规程》等综合性管理制度，明确预算绩效管理的原则、范围、方法、机制等。

（2）针对各类财政资金的不同特点和绩效管理要求，制定《省级财政到期资金使用绩效评价暂行办法》《广东省财政一般性转移支付资金使用绩效评价暂行办法》等专项办法。

（3）针对绩效管理不同层面的业务程序、工作规程、协调机制等，制定《省级部门预算项目支出绩效目标管理内部工作规范》等一系列业务规范。近年来，全省各级财政共制定有关预算绩效管理制度办法 150 多项，形成层级配套、功能协调、覆盖到位的绩效管理制度体系。

2. 夯实基础，保证预算绩效管理工作质量

（1）加强指标体系及标准化建设。研究设计通用指标体系及农林、科技、经贸等方面的个性化评价指标体系，并在实践过程中不断优化和调整完善评价指标体系，改进评价方式，提升评价效率。

省财政部门、资金主管部门会同第三方评价机构不断研究及完善，形成了现阶段涵盖"2 个一级指标、7 个二级指标和 13 个三级指标"的项目支出共性指标体系，实现对所有不同类型专项资金项目的横向、纵向比较，为科学评价提供依据。

（2）加强信息系统建设。建立涵盖专家评审、部门预算、财政专项资金、财政综合支出绩效管理，以及评价指标和标准库、项目库、专家库、资料档案库的财政绩效管理信息系统，加强对信息数据的整理维护及分析利用，提高预算绩效工作信息化管理水平。

（3）加强绩效评价队伍建设。省级全面推进预算绩效管理工作，建立层级责任制度，增强各项目主管部门的绩效责任意识和绩效工作水平；在保证各市级财政部门预算绩效管理工作队伍实力的前提下，督促其加大县（市、区）及下属街镇财政部门预算绩效管理工作推进力度，加强财政系统预算绩效管理工作队伍的工作能力。

（4）完善第三方制度管理体系。研究制定了《财政资金使用绩效引入第三方评价实施方案》，对评价范围、工作程序、工作要求、职责分工和进度安排进行明确，同时配套出台第三方评价的监督和考核制度、被评价对象意见反馈制度等一系列的规定及业务规范。

3. 健全机制，提升预算绩效管理工作水平

（1）建立绩效目标管理机制，推动部门预算与绩效管理紧密结合。规定所有财政支出项目必须申报绩效目标，经财政部门审核、批复，以此作为预算安排重要条件和绩效评价的依据。

（2）建立多元化评审机制，提高绩效评价结果公信力。构建主管部门和资金使用单位绩效自评、财政部门实施重点评价以及引入第三方中介机构评价相结合的多元化评价体系，提高绩效评价的科学性和公信力。"十二五"期间，广东省累计实施第三方评价金额超过 1700 多亿元，并对厉行节约执行情况、税收分成返还优惠政策等财政政策实施了绩效评价。例如，2015 年，广东省整体委托第三方实施"十件民生实事"类财政资金绩效评价，并将评价结果专题呈报省政府，朱小丹省长和徐少华常务副省长均作了重要批示，肯定评价结果并要求对评价反映的问题立行立改，绩效评价结果应用刚性不断增强。①

第三方评价独立性不断增强，从前期的财政部门牵头组织评价到部分委托再到整体委托，广东省第三方评价机构的业务能力和专业水平不断提升；同时，通过政府采购公开招标 80 多家优质第三方机构，极大地丰富了绩效评价委托资源，增强了评价独立性。

（3）建立重点项目专项评价机制。如对每年到期的专项资金实施重点评价、实施基本公共服务均等化绩效考评、开展一般性转移支付资金绩效评价、省直部门厉行节约执行情况绩效评价、税收返还优惠政策执行情况绩效评价及十件民生实事类财政资金绩效评价等。

（4）建立绩效评价结果应用机制，增强预算管理绩效导向作用。实施绩效评价结果反馈机制，按照优良中低差进行分类，并将评价结果与下一年项目预算安排挂钩，原则上对未达到优良等级的专项资金不再安排。同时，将绩效管理结果通报给人大、监察、审计和人事等部门，强化外部监督；将重大项目的评价报告呈报本级政府，为其实施经济社会发展重大决策提供绩效参考。

一直以来，广东省财政厅十分重视绩效评价结果的运用，按照积极稳妥的思路，不断拓展应用的范围，以结果应用推动和提高绩效管理水平。按照 2004 年由广东省财政厅、省监察厅、省人社厅和省审计厅四家单位联合印发的《广东省财政支出绩效评价试行方案》等文件的规定，一直以来，广东省财政厅所开展的财政重点绩效评价的报告，正式印发时均同步抄送省监察厅、省人社厅、省审计厅以及省人大财经委和预算工委，作为开展外部监督的参考。每年初召开省人大会议时，这些评价报告也会连同预算报告一起，提供省人大代表查阅。

二、福建省财政绩效管理实践

（一）福建省财政绩效管理概况

福建省在政府绩效评价工作上是属于先行先试省份，从 2005 年开始，从人员培训到绩效评价工作方面取得很大成效。

福建省在推动地方财政绩效评价工作从无到有、从浅到深的过程中，十分注重以制度建设为基础、以精选项目为抓手、以指标建设为支撑、以组建专业团队

---

① 财政部预算司. 广东财政坚持改革创新推进预算绩效管理工作. ［EB/OL］. http：//www. mof. gov. cn/xinwenlianbo/guangdongcaizhengxinxilianbo/201604/t20160411_1944656. html. 2016 - 05 - 03.

为依托、以发掘问题为导向、以加强结果应用为目标，不断推进绩效评价工作，并取得积极进展。

福建省政府高度重视支持省财政厅开展财政绩效管理工作，发布了《福建省人民政府办公厅转发省财政厅关于全面推进预算绩效管理意见的通知》。

福建省财政厅先后出台了一系列文件和制度规定，比如，《福建省财政支出绩效评价管理暂行办法》，《福建省财政厅关于印发〈福建省财政支出绩效评价专家管理暂行办法〉的通知》，《福建省财政支出绩效评价管理暂行办法》，《关于开展预算绩效管理专题调研工作的通知》，《关于印发〈福建省财政支出绩效评价操作指南〉的通知》，《福建省财政厅关于印发〈福建省预算绩效目标管理暂行办法〉的通知》，《福建省财政厅关于积极开展预算绩效管理专家申报工作的通知》，《关于印发〈福建省预算绩效管理专家管理办法〉的通知》，《福建省财政厅关于印发〈福建省地方财政管理绩效综合评价方案〉的通知》，《福建省财政厅关于印发〈福建省财政支出绩效评价管理办法〉的通知》和《关于印发城镇保障性安居工程财政资金绩效评价实施办法的通知》等。

"十二五"期间，福建省绩效自评覆盖范围从 2011 年的 82 个省直部门、105 个项目、28.38 亿元快速增加到 2015 年的 93 个省直部门、436 个项目、154.13 亿元，绩效自评项目个数和资金量分别增长了 3.15 倍和 4.43 倍，年均增长率分别达到了 42.75% 和 52.66%。重点绩效评价项目则涵盖工业、农业、教育、科技、医疗卫生、环保、就业等多个重点领域和行业，共涉及 79 个项目，金额达 145.25 亿元。2013 年县（市、区）财政绩效评价逐步推开。截至 2016 年以来，福建省财政厅对 7 个地市和 78 个县连续开展了财政管理绩效评价。

（二）福建省财政绩效管理实践主要做法与成效

福建省财政厅充分发挥作为全国政府绩效试点省份先试先行的探索精神，在财政绩效管理工作上取得众多突破。

从 2009 年以来，每年培训绩效管理相关人员 1000 人次以上，省直部门绩效管理覆盖率超过 90%，2010 年以来，绩效目标编报涉及财政资金超过 169 亿元，绩效评价财政资金超过 165 亿元。连续两年在财政部绩效管理工作考核中获得优秀等级。财政部专门登载了《福建以"五个双向"推动绩效评价工作》和《示范引领，创新推进——福建省启动预算绩效管理示范县创建活动》，高度肯定福建省预算绩效管理工作。与此同时，福建省财政预算绩效管理工作在制度建设、全过程预算绩效管理工作机制以及夯实工作基础等方面也都取得了较大的进步。

1. 突出绩效理念，预算绩效管理工作取得标志性进展

通过实施预算绩效管理尤其是大力开展绩效评价，各级各部门支出的责任意识和"重绩效、讲绩效"的预算管理新理念逐步树立，且有明显的提升。"花钱必问效、无效必问责"已经成为财政管理工作中的关键理念。全省各地主动把预算绩效融入到政府绩效管理体系中，将预算绩效打造成福建作为全国政府绩效管理试点省份的"新名片"。省委省政府专门出台制度办法，通过将预算绩效管理指标纳入政府效能考核、将绩效评价结果向政府和人大报告等方式为政府决策提供依据，促进行政效率和财政资金使用绩效的提升。

2. 从宏观、微观两个维度探索建立绩效评价制度体系

制度建设可以说是预算绩效管理工作推动的基础，也是财政部门引领绩效管理工作开展的重要途径。

（1）重视搭建绩效评价宏观制度体系。在政府层面，省政府先后出台了《关于进一步深化政府绩效管理工作的意见》、《福建省省级财政专项资金管理办法》和《转发省财政厅关于全面推进预算绩效管理的意见》3 个制度办法，为绩效评价工作提供指导和依据；在财政层面，省财政厅根据财政部预算绩效管理工作规划要求，立足福建省情，出台了《福建省预算绩效管理工作方案（2013～2015）》等文件，从省级层面规划了预算绩效管理的发展方向，明确了全省预算绩效管理的工作重心。

"十二五"期间，省财政厅共出台 12 项制度、13 个管理办法、5 个操作细则，为全省预算绩效管理确立了基本的制度依据。通过以制度框架的形式将绩效管理与预算管理的事前、事中、事后有机结合，搭建起了预算编制有目标、预算执行有监控、预算完成有评价、评价结果有反馈、反馈结果有应用的全过程预算绩效管理框架。

（2）重视探索建立健全绩效评价微观制度体系。搭建了以《福建省财政支出绩效评价管理暂行办法》为中心的制度框架。先后制定了专家、中介和绩效考核工作管理办法以及《福建省财政支出绩效评价参考指标体系》《福建省财政支出绩效目标编制指南》《预算绩效管理内部协调规程》《规范中介机构参与福建省财政支出绩效评价工作管理暂行办法》《福建省财政支出绩效评价操作指南》等多项办法，修订完善了《福建省预算绩效管理专家管理办法》《福建省绩效评价管理办法》等一系列相关的管理办法、操作指南、实施细则，与业务部门联合出台了《福建省再就业资金使用管理评估暂行办法》《福建省基本公共卫生服务项目考核办法》等措施，并以资料汇编的形式加以总结，不断完善微观制度体系，为绩效评价工作的框架搭建构建坚实的微观制度基础。

福建省突出以科学合理的评价指标体系为依托，有序开展绩效评价工作。通过建立共性指标体系和行业部门参考指标体系为省直部门绩效自评提供参照。

"十二五"期间，福建省通过逐年整理和搜集，省财政先后印发分行业分部门的《财政支出绩效评价参考指标体系》，转发了财政部《预算绩效管理共性指标体系》，初步建立起涉及一般公共服务、公共安全、教育、科技等 21 个领域的 926 个绩效评价参考指标。

各级各部门也逐步探索针对不同类型专项支出的个性化评价指标体系。省财政厅从实施透明预算、规范预算编制、优化收支结构、盘活存量资金、加强债务管理、完善基层财力、落实"约法三章"、严肃财经纪律等 8 个方面对市、县财政管理建立了评价指标体系，进行全方位评价，逐步将绩效评价由专项支出评价拓展到财政管理评价。同时，先后出台《规范中介机构参与福建省财政支出绩效评价工作管理暂行办法》《福建省预算绩效管理专家管理办法》等一系列制度办法，搭建起预算绩效管理专家库，采用邀请招标、比选、竞争性磋商、网络公开招标等方式与高校院所、事业单位、会计师事务所等不同类型的第三方力量合作开展绩效评价工作。预算绩效管理的权威性和客观性大大提升。

3. 以"五有"环节建立全过程预算绩效管理工作机制

"全过程预算绩效管理"就是指预算绩效管理要贯彻预算编制、执行、监督的全过程中，对预算的全过程开展绩效管理。将其归纳成"五有"，即预算编制有目标、预算执行有监控、预算完成有评价、预算评价有反馈、评价结果有应用的全过程预算绩效管理工作机制。

在贯彻财政部"五有"的全过程绩效管理机制建设要求基础上，福建省财政厅立足实情，大胆创新，梳理了"绩效目标有层次、绩效监控有突破、绩效评价有互动、评价反馈有重点、结果应用有亮点"的工作方向，逐步呈现出具有福建特色的财政预算绩效管理工作思路。

（1）绩效目标有层次是福建省绩效管理的工作导向，具体而言就是注重完善"编制—审核—批复"三同步的工作层次。福建省财政厅要求省直各部门对新增发展性项目以及金额在 1000 万元以上的项目必须编制绩效目标，并且随同部门预算"一上"同步报送。财政部门通过对其科学性、合理性的审核，与部门预算一同批复下达。清晰的目标管理层次完善了部门绩效目标管理流程，促进了目标编报工作开展。2013 年，省级部门绩效目标编报共涉及 97 个部门、290 个项目的 105.28 亿财政资金；审核批复了 90 个部门 213 个项目的 98.80 亿元财政资金，比 2012 年增加了 2 个部门 25 个项目 23.09 亿财政资金，成效显著。[①]

（2）绩效监控有突破是福建省绩效管理的重要抓手。2013 年，福建对省林

---

① 赵静. 福建：全面深化预算绩效管理改革 [J]. 中国财政，2016（20）.

业厅、省卫生厅、省国土厅、省交通厅等四个部门开展绩效监控试点工作，监控财政资金 30.69 亿元。通过定期填写绩效监控情况表，并根据预算安排、绩效目标、国库管理等对项目预算执行进度、绩效目标实现程度进行动态跟踪管理，掌握项目绩效目标的实现情况、实施进程和资金支出进度，起到及时纠偏和动态防护的效果，确保绩效目标顺利实现。

同时，依托福建省财政信息一体化平台，将绩效目标模块与预算编审模块有机结合，首创网络化的预算绩效管理软件模块，实现了预算绩效管理的电子化申报审核。

（3）绩效评价有互动是福建省绩效管理的重要手段。省级形成了注重与主管部门互信互动的双向互通绩效评价工作方式，强调财政部门与主管部门携手把关，共同提升财政资金的绩效水平。在注重参与和互动的方式下，评价工作推动迅速。2010～2013 年四年间，省直部门绩效评价累计涉及项目超过 470 个，累计涉及财政资金超过 270 亿元。

（4）评价反馈有重点是福建省绩效管理的重要依托。在目前绩效评价反馈应用尚未成熟的阶段，福建省立足实情，把评价反馈的重点放在了再评审结果通报方面。2013 年，对省直部门报送的绩效自评情况进行再评审。经过评审，评出 8 个部门为"优"，占 8.8%；42 个部门为"良"，占 46.2%；35 个部门为"合格"，占 38.4%；6 个部门评为"差"，占 6.6%。部门优良率达 55%，部门资金管理水平进一步得到提升。评审结束后，及时将评价意见反馈给被评价单位，将各单位评价的最终结果在省直部门内部进行公开。

（5）结果应用有亮点是福建省绩效管理工作的重要保障。福建省十分注重评价结果应用的创新探索。2011 年，通过"就业专项资金"评价，摸清了就业培训等 5 类资金的绩效情况，并相应调整了项目资金的结构。2012 年，通过"省统计局专项资金"整体绩效评价，在预算编制过程中对专项项目进行大幅度归并。2013 年，通过"中小学校舍安全工程"重点项目评价，首次将评价报告报送福建省政府，为省政府后续决策提供了有益的参考。

"十二五"期间，福建省财政将"绩效目标有层次、绩效监控有突破、绩效评价有互动、评价反馈有重点、结果应用有亮点"作为预算绩效管理工作方向，目标管理注重完善细化量化、合理可行的多层次要求，监控管理注重信息化动态跟踪，评价管理注重强调财政部门与主管部门携手把关，反馈应用注重创新多元方式，逐步呈现出具有福建特色的预算绩效管理工作思路。

4. 以创新思路开展绩效管理工作

福建省预算绩效管理工作坚持了"两手抓，两手都要硬"的方针，以省直部门和市县财政为突破口，一手抓省直部门开展绩效管理工作，另一手抓市、县推动绩效管理工作。双管齐下，创新性地开展富有福建省特色的预算绩效管理工作。

（1）福建省积极将预算绩效管理指标纳入福建省政府绩效管理指标中，通过"财政资金绩效管理覆盖率"等量化指标分别对省直部门和地市进行考核，依靠政府绩效的影响力，提高预算绩效管理推动层面。

（2）通过省直部门编报绩效目标、开展监控试点和绩效自评等工作，推动省直部门主动融入预算绩效管理工作。2010~2013年，省直部门编报绩效目标资金额度从5.58亿元快速增长到105.28亿元，成效显著。

（3）福建省创造性地开展了预算绩效管理示范县创建活动，要求各设区市选取2个县（市、区）作为市级预算绩效管理示范县，全省再从中选取2~3个县（市、区）作为省级预算绩效管理示范县，建立了省、市、县三级联动的示范县创建机制。通过发挥示范县引领带动示范作用，全面推进县级预算绩效管理工作的开展。

"十二五"期间，依靠制度基础，已开展预算绩效管理工作的省本级预算部门扩大到103个，覆盖所有省本级一级预算部门（不含中央直属机构、驻外办、武警、部队等部门）；开展预算绩效管理试点的县级财政部门扩大到78个，覆盖全省所有县级财政部门，形成部门工作开展范围"全覆盖"。全省全过程预算绩效管理涉及财政资金从2011年的不足100亿元快速增加到2015年的1853亿元，年增长率高达184%。在绩效目标、监控、自评等多个指标的覆盖率硬性要求上，超额完成了财政部工作规划的量化要求，连续4年获得财政部预算绩效管理工作优秀表彰。

5. 以专业性为方向组建绩效评价工作团队

福建省注重遵循"客观公正、能力吻合"的标准来组建评价团队，通过引入第三方力量参与绩效评价，不断提高绩效评价的公正性和权威性。先后采用了邀请招标、比选、单一来源采购、竞争性磋商等方式与高校院所、事业单位、会计师事务所等不同类型的第三方力量合作绩效评价工作。经过不断实践，逐步形成了一套"财政主导、借助中介"的绩效评价模式，充分借助第三方力量参与绩效重点评价。在此基础上，福建省也逐步引导第三方参与到省直预算部门的自评工作中去。经过几年的努力，2015年，已有38家省直预算部门在开展自评工作中采取专家评审或委托中介机构参与的方式，进一步提高了绩效评价的整体水平。同时，为了加强对财政绩效评价团队管理，福建省财政厅在2014年制定了《福建省预算绩效管理专家管理办法》，建立了省级预算绩效管理专家系统。为了加强对财政绩效评价工作的管理和指导，2016 年筹建了省财政厅直属单位——福建省财政绩效评价中心，承担全过程预算绩效管理的基础性、技术性、服务性工作，协助开展预算绩效宣传等工作。

6. 以实用性为重点探索绩效评价结果应用

（1）逐步建立了评价结果在一定范围内通报的机制。从 2012 年起，福建省每年均对省直部门报送的财政专项资金绩效自评情况进行评审，并将评审结果在省直部门范围内进行通报。

（2）逐步形成评价结果报告机制。从 2012 年起，福建省尝试将部分重点评价报告以正式文件向省政府报告，得到省政府办公厅的批转，部分项目如"福建省台湾农民创业园项目"还得到了省领导的批示。

（3）逐步建立了要求被评价单位报告整改情况的机制。从 2014 年起，全部重点评价项目的评价报告均及时征求被评价单位的意见，并以省财政正式文件印发反馈给被评价单位，要求其落实整改，被评价单位将落实整改情况，并以正式文件向省财政报告整改情况。如省农业厅、交通厅等多个部门均积极落实评价中发现的问题，及时整改，并在规定时限内报告整改情况。

（4）逐步探索了绩效评价报告公开机制。从 2014 年起，将当年度所有的绩效评价报告在省财政内网上公开，2015 年，还尝试将"全省旅游公共服务体系建设交通道路指引标志项目资金"绩效评价报告放在福建省厅外网面向社会公开。

（5）突出考核奖补基础工作水平全面跃升。"十二五"期间，省财政逐步形成了"以考核促工作"的思路和"考核与奖补挂钩"的激励机制。工作考核方面，先后出台了对省直预算部门、设区市财政部门的工作考核办法，并根据考核结果，分年度发放奖补工作经费；财政管理方面，专门出台了对市、县分类考核的评价方案，依据考评结果，对排名靠前的市、县进行财力性资金奖补。同时，开展对落后市、县分管局领导的集中约谈和指导，进一步提升福建各地在财政部财政管理绩效综合评价中的整体排名。

三、湖北省财政预算绩效管理实践

（一）湖北省财政绩效管理概况

根据《湖北省人民政府关于推进预算绩效管理的意见》的精神，湖北省财政厅先后出台了《湖北省预算绩效管理工作方案（2013～2015 年）》《湖北省第三方机构参与预算绩效管理工作暂行办法》《湖北省省级预算绩效目标管理暂行办法》等文件。

2016 年，省财政厅印发了《湖北省省级财政支出绩效评价结果应用暂行办法》和《省财政厅开展绩效评价遴选第三方机构工作规程（试行）的通知》，修订了《湖北省省直预算单位预算绩效管理考核办法》和《湖北省财政部门预算绩效管理工作考核办法》等文件。

2013 年，湖北省财政厅按照"横向到边，纵向到底"的工作要求，将培训和宣传工作作为重点，进一步强化素质培训，加大宣传力度，夯实预算绩效管理根基，全省预算绩效目标管理稳步实施，财政支出绩效评价扎实开展，绩效评价结果应用机制逐步构建，全过程预算绩效管理各项工作不断开拓创新、稳步推进。

2013 年，省级共组织中介机构，省级预算部门、财政部门业务骨干，财政分管副局长、局长等多层次、高密度的预算绩效管理培训班 7 期，培训 2500 多人次。全省 90 个县、市、区和部分预算部门也都积极开展预算绩效管理培训。

为贯彻落实预算绩效管理新要求，强化预算绩效管理理念，提升预算绩效管理水平，推动全省预算绩效管理工作的开展，2016 年 9 月 27 ~ 28 日，湖北省财政厅在武汉举办了预算绩效管理市县财政局长培训班。全省各市、州、县（市、区）、直管市、林区财政局负责预算绩效管理工作的分管局长 120 余人参加了本次培训。省财政厅党组成员、副厅长何大春出席培训班，并作了《在新的起点上继续推进预算绩效管理》的重要讲话。

为促进县级财政部门强化支出管理责任，优化财政支出结构，盘活财政资金存量，压缩和控制行政成本，控制和防范债务风险，提高公共服务质量和财政资金使用效益，保障国家各项民生政策落实，湖北省财政厅 2013 年下发了《湖北省 2013 年县级财政支出管理绩效综合评价方案》和《湖北省 2013 年县级财政支出管理绩效综合评价指标体系》，对全省 77 个县（市、区）2012 年度县级财政支出管理绩效进行了综合评价。

（二）湖北省财政绩效管理实践主要做法与成效

湖北省按照"横向到边，纵向到底"的工作要求，以构建预算绩效管理新机制为目标，夯实预算绩效管理基础，强化绩效目标审核，扎实开展绩效评价，构建结果应用机制，多维度推进预算绩效管理改革，改革迈入提效增质的转型阶段。

1. 加强顶层设计，完善预算绩效管理制度体系
湖北省高度重视预算绩效管理顶层设计，两年内共出台各类预算绩效管理制

度办法 18 项。从省政府层面出台了《湖北省人民政府关于推进预算绩效管理的意见》，省财政厅制定了《湖北省预算绩效管理工作方案（2013～2015 年）》，作为统领性的意见指导全省推进预算绩效管理改革；制定了《湖北省省级财政项目资金绩效评价实施暂行办法》、《湖北省省级预算绩效目标管理暂行办法》等制度办法，对全过程预算绩效管理关键环节进行业务指导和质量监控；制定了省级预算绩效管理专家库、第三方机构参与绩效管理、预算绩效管理监督员等管理办法，规范约束第三方行为；制定了省财政厅预算绩效管理内部工作规程，理清内部管理职责，明确工作流程；分别制定了省级财政部门和省直预算部门绩效管理工作考核办法，督促全省预算绩效管理改革的整体推进。

2. 分层分类，细化优化预算绩效目标管理

（1）拓宽绩效目标管理层次。将绩效目标纳入部门预算申报文本范围，所有的项目支出都要编制绩效目标，与部门预算同步审批。2014 年，项目支出绩效目标编报率达到100%，部门整体支出绩效目标编报试点范围由上年的 14 个省直部门扩大到 21 个省直部门，占全部省直一级预算部门的14%。

（2）优化绩效目标审批流程。将绩效目标审核分为预算前置审核和预算编制阶段审核。预算前置审核主要是对省直部门申报的新增项目、省直专项和对下转移支付项目绩效目标进行审核。根据审核情况，对省直专项和对下转移支付项目提出预算安排建议；对新增项目进行打分排序，作为部门编报预算和省财政厅统筹安排预算的重要依据，凡未纳入"前置审核阶段"排序范围的新增项目，均不能纳入部门预算申报范围。2014 年，省财政厅对部门上报的 279 个新增项目进行了前置审核。预算编制阶段审核是在部门预算"二上"阶段，对预算前置阶段审核的绩效目标进行复核，并对整体支出绩效目标和涉及经济社会发展重点、重大民生或社会关注度高的延续性部门预算项目支出的绩效目标进行审核。2014 年，省财政厅对 21 个试点部门提交的整体支出和所有项目支出绩效目标进行了审核。2017 年省级预算申报新增项目 223 个，绩效目标初审通过 148 个，凡未通过初审的项目均不纳入新增范围，为部门预算编审提供依据。

（3）提高绩效目标审核质量。在评审方式上主要采取网上审核、集中会审和实地审核三种方式。2014 年，对新增项目绩效目标采用网评的方式进行，绩效目标通过预算绩效管理信息平台申报，由相关专家通过网络评审，对部分需要进行实地核查的项目，聘请由人大代表、政协委员、行业专家、财政代表等组成的专家团进行实地核查。

3. 关注结果，绩效评价重"量"更重"质"

（1）绩效评价范围逐步扩大。2014 年，湖北省开展财政支出绩效评价的资金总量达 709 亿元，占本级财政支出比例达到 31.28%。组织省直部门对 251 个项目、99.51 亿元资金开展绩效自评，对 54 个重点项目、70.34 亿元资金开展重点评价，自评项目个数、评价资金总额、重点评价资金总额分别同比增长 195%、8% 和 12%。连续 2 年组织开展市州县财政管理绩效综合评价。

2016 年，省级部门共对 622 个项目开展了绩效评价，资金总额 317 亿元，同比增长 52%；省财政厅对 17 个部门 24 个专项开展了重点绩效评价，资金总额 116 亿元，同比增长 1 倍。

2017 年，湖北省财政厅提出，一是要继续开展项目支出绩效评价、部门整体支出绩效评价、财政政策制度、市县财政支出管理绩效综合评价等多层次的绩效评价。各级财政开展绩效评价的项目支出金额占本级项目支出金额比例不应低于 50%。二是对财政资金进行分类评价管理。以重点民生项目资金、重大专项资金等为重点，建立起绩效评价报告与绩效报告互为补充、部门自评与他评相辅相成的分类评价框架，对以前年度财政重点评价绩效问题突出的项目和预算部门自评价项目实施财政再评价，不断完善绩效评价方式方法。

（2）不断完善绩效评价管理体系。湖北省绩效评价工作采取评价计划与预算编制同步申报、部门自评和财政重点评价同步进行。通过评价实践，构建了"以财政部门为主导，以主管部门为依托，以单位自评为基础，以专家和中介等第三方评价为主体"的绩效评价管理体系。

（3）强化绩效评价报告审核。为提高评价报告质量，省财政厅组织"财政代表、绩效专家、评估人员"三位一体的专家评审组，按照相关要求对报告质量进行审查、评分，评审结果和专家意见以通报的形式反馈部门，促进其整改完善；同时，将评分结果作为省直部门预算绩效管理工作年终考核的重要依据。

4. 完善机制，结果应用方式务实多元

（1）建立正向激励机制。设立预算绩效管理激励性资金，配套制定了《预算绩效管理激励性资金管理办法》《财政专项资金统筹使用绩效考核办法》，对预算绩效管理工作推动积极、卓有成效的县市区和省直部门进行激励。

（2）建立工作考核常态机制。2014 年，湖北省委、省政府将全过程预算绩效管理工作正式纳入年度政府目标责任制考核范围，考核结果与省直各部门的年终目标奖励工资直接挂钩。湖北省财政厅每年将市、县财政部门预算绩效管理工作纳入全省财政工作目标责任制考核范畴，考核结果在对下转移支付资金安排时进行结果应用。

（3）建立绩效信息公开机制。湖北省财政厅将 2014 年县级财政支出管理综合绩效评价结果、部分质量优秀的财政支出绩效评价报告、县级财政和省级部门预算绩效管理考核结果等信息在省财政厅门户网进行了公开，接受社会公众监督。

5. 搭建平台，丰富完善绩效管理支撑体系

（1）健全三个智库。2014 年，组建了湖北省预算绩效管理监督指导库，现有监督员 105 人；充实完善预算绩效管理专家库，现有专家过千人；探索建立第三方中介机构库，广泛吸纳资产评估事务所、会计事务所参与绩效管理工作。

（2）搭建信息交流平台。2014 年，湖北省财政厅搭建了"省级财政预算绩效管理信息平台"，开展预算绩效目标网上申报、评审试点工作。湖北省财政厅将已完成评价的 138 个项目、88 套绩效评价指标体系，通过信息平台发布，实现评价资源共享共用。

（3）强化宣传培训。2014 年，先后举办了省直预算部门竞争性分配等 4 期培训班，落实财政部预算绩效管理远程培训任务，共培训 3900 多人次。①

四、浙江省财政绩效管理实践

（一）浙江省财政绩效管理概况

2005 年，浙江省以政府名义下发了《省政府办公厅关于认真做好财政支出绩效评价工作的通知》。浙江省财政厅随后印发了一系列文件，如《浙江省财政支出绩效评价实施意见》《浙江省财政支出绩效评价工作考核办法（试行）》《浙江省财政支出绩效评价专家管理暂行办法》等。

随着改革不断深入，浙江省财政厅又制定了《关于加强财政支出绩效评价结果应用的意见》《关于印发浙江省财政支出绩效评价实施办法的通知》《浙江省人民政府关于全面推进预算绩效管理的意见》《浙江省省级部门财政管理绩效综合评价办法（试行）》等文件。

2005 年，浙江省财政厅组建绩效评价处。2010 年，绩效评价处更名为绩效管理处。

2010 年，省级选择了 2 个项目实施预算绩效目标细化论证；3 个市本级和 16 个县（市）实施预算绩效目标试点。2011 年，省级选择了 16 个项目实施预算绩效目标论证工作，并选择 1 个项目重点实施；大部分市、县均在实施预算绩效目标试点。

---

① 财政部预算司. 湖北省多维度推进预算绩效管理改革 ［EB/OL］. http：//yss. mof. gov. cn/zhuanti-lanmu/ysjxgl/201512/t20151211_1609646. html. 2015 – 12 – 11.

浙江省县级财政管理绩效综合评价连续三年居全国前列。在财政部通报2013年度县级财政管理绩效综合评价结果，对全国31个省（区、市）1974个县实施了综合绩效评价，浙江省所有县（市）平均得80.3分，列全国第六位。财政部从2012年开展该项评价，浙江省的评价结果一直位居全国前列，2011年度和2012年度评价结果分别列全国第五和第七。

财政部通报了2014年度中央部门和省级财政部门预算绩效管理工作考核结果，考核结果为优秀和良好的省级财政部门各有12个，浙江省列优秀档次第一位。

（二）浙江省财政绩效管理实践主要做法与成效

浙江省从2003年探索财政支出绩效考评工作，2004年，省财政厅选择科技、卫生、教育和农业四部门进行试点。2006年，省级共完成20个专项资金和1个单位（省疾病预防控制中心）整体支出的绩效评价工作，涉及科技、卫生、教育、农业、水利和劳动保障等部门；各市县共对392个专项资金实施了绩效评价，涉及评价资金105.9亿元，财政资金89.4万元。其中，财政部门组织评价有183个项目，主管部门组织评价有98个项目，项目单位自评有111个项目。截至2008年底，制度框架基本确立，机构队伍初步落成，评价范围逐步扩大，评价工作规范有序，并取得了一定的成效。

近年来，浙江省财政厅切实加强财政资金的绩效管理，突出绩效管理的系统性、全程性、实效性和外部性，重点分析和解决财政资金使用中的绩效问题，从而推进预算管理改革，优化支出结构，完善财政政策，提高使用绩效，向社会公众提供更为优质的公共产品和服务。

1. 以绩效考评制度建设为基础

2005年，浙江省以省政府名义下发了《省政府办公厅关于认真做好财政支出绩效评价工作的通知》，浙江省财政厅相继出台了《浙江省财政支出绩效评价实施意见》《浙江省中介机构参与绩效评价工作暂行办法》《浙江省财政支出绩效评价专家管理暂行办法》等一系列配套制度，对绩效评价工作程序、评价指标和标准、组织方式与评价方法等做了明确规定，为全省开展绩效评价工作提供了制度保障。

财政厅内部建立绩效评价联席会议制度，并明确厅内部职责分工，制定厅内部的绩效考评工作考核办法，厅长任联席会议组长，各业务处室负责人作为联席会成员，各处室指定专人负责对口部门的绩效考评工作，并将工作考核结果纳入各处室的年度目标考核。各地按照省厅有关要求，结合本地实际，也相继建立了有关制度，全省绩效考评制度框架比较完备。

2005年4月，浙江省财政厅组建了绩效评价处，5个行政编制，专门从事全省财政支出绩效评价工作。全省除 8 个区外，各市、县、区全部建立了绩效考评管理机构，其中 3 个市单独设立了绩效评价处，在机构建立后，落实了绩效考评职能和人员，为推动绩效评价工作奠定重要基础。

浙江省财政厅在 2012 年成立预算绩效评价评审小组的基础上，2013 年进一步优化人员结构，由系统内专业人才、相关业务部门管理人才、财政部门和中介机构专家共同组成评审小组，对报送省财政厅之前的绩效自评报告项目进行审核论证，并指导项目单位及时整改落实。

2. 以项目支出评价为突破口

浙江省各地按照"先易后难、由点及面、稳步实施"的原则，采取"项目单位自评、主管部门和财政部门评价"相结合的方式，建立三层次评价体系。依托有关专家和中介机构的力量，组织开展绩效评价工作。

在评价对象选择上，选择财政管理的重点领域、项目支出的重点部门以及社会关注度高、影响力大，特别是事关民生方面的支出项目，而且选择对部门资金使用有怀疑的、可能存在问题的项目开展评价，通过评价发现问题，及时向省政府、人大、政协汇报绩效考评结果，提高绩效考评报告的实用性和重要性。经过几年的运转，一些部门很重视，不但参加财政要求项目的评价，而且自己委托中介开展一些项目的评价。

2014 年，以信息化类项目为重点，浙江省财政厅组织开展了 99 个省级部门189 个项目的绩效评价工作。在部门评价基础上重点选择 18 个信息化购建和运行类项目实施绩效抽查，对纳入省级绩效评价及抽查的 82 个信息化项目绩效情况进行全面汇总分析，较为系统地反映存在的绩效问题并提出建议，绩效分析报告作为完善省级信息化项目管理的参考，并据此修订信息化类项目预算绩效目标申报框架，促进项目预算的科学合理编制。

围绕服务预算管理，在部门预算编制、国库集中支付、政府工程采购等环节对项目所需资金进行绩效管理，将其贯穿于财政管理全过程，及时发现财政投资项目概、预算和资金使用中存在的问题，确保财政资金安排、执行的科学性、准确性和合理性。2014 年，浙江省财政厅实施了 423 个各类省级财政项目的重点绩效监审，审核金额 80.48 亿元，净核减资金 9.51 亿元，平均核减率 11.82%，有效促进财政资金的节约使用，提高了财政资金使用效益。

2014 年，浙江省财政厅组织开展了 9 类重点民生项目的绩效评价工作，涉及财政资金 323.11 亿元，并对"城镇污水处理基础设施建设""省级产业集聚区"等项目和政策实施重点绩效评价，客观反映项目实际绩效，重点反映项目实施中存在的绩效问题，提出改进的意见与建议，评价结果直接作为预算安排、改进项目管理和完善政策制度的重要参考依据。

3. 以信息平台建设为支撑

建立绩效评价中介机构库，将符合条件的 200 多家中介机构纳入库中，供各地、各部门委托评价时选择。建立绩效评价专家库，省级和大部分市县共有 1200 余名各类专家纳入专家库管理。建立绩效评价指标库，供各地、各部门绩效评价时借鉴。建立信息共享平台，在财政厅内外网站开辟"财政支出绩效评价"专栏，及时公告绩效评价有关政策制度、中介机构和专家库变更情况及各地绩效评价工作经验交流。

4. 率先推行跟踪绩效评价

浙江省财政厅于 2013 年在省级厅局中率先实施跟踪绩效评价试点工作，对大额专项资金开展事前、事中、事后全过程评价，即在省财政厅确定的具有绩效评价资格的中介机构中选取对交通业务熟悉、绩效评价力量较强的会计师事务所，将有部省补助资金的内河航道建设、国省道大中修、交通信息化等项目作为全省首批跟踪绩效评价试点，涉及项目总投资近 15 亿元。

5. 以绩效目标为准绳

加强预算编制环节绩效目标审核。在 2014 年预算编制过程中，进一步强化"注重绩效"原则，要求所有项目必须申报绩效目标，对无绩效目标或绩效目标不清晰不规范的项目，一律不予安排资金；对信息化、科研类等项目的绩效目标，由相关业务处室和部门邀请专家进行审核。在编制预算时要求及时清理历年项目结转结余资金，近两年共成功盘活 9 亿元存量资金，及时调整到资金紧缺的国省道建设、大中修等重点项目中。

6. 以评价结果为依据

将评价结果与预算编制有机结合。对上年预算绩效不理想的专项资金，2014 年预算安排时即相应大幅减少对其资金的安排；对管理性专项支出，上年预算执行不力的，在下年预算中也予以相应调减，充分体现"绩效为先"的理念。

7. 以第三方评价创新机制

积极创新第三方绩效评价的方式、方法，增强绩效评价的客观性和公正性，更好地为财政预算管理服务。2014 年，委托浙江大学公共政策研究院，以涉及水稻生产过程的 17 项财政补贴为切入点，以实地调研和问卷访谈以及调研结果的投入产出分析为主要评价方法，更加注重对政策受益及相关群体的调研，从效率、效果、公平、可持续性等四个角度对水稻生产补贴政策绩效实施评价，研究公共支出在涉农补贴方面的政策绩效，分析政策及执行中存在的问题及原因，提出改进和完善政策的建议，为政府决策和预算管理服务。

五、海南省财政预算绩效管理实践

（一）海南省财政绩效管理概况

2005 年 9 月，海南省财政厅制定印发了《海南省省本级财政支出项目绩效考评管理试行办法》。

2009 年 6 月，海南省政府办公厅印发了《关于认真做好财政支出绩效评价工作的通知》，通知要求省直各部门要拟定自我评价实施办法，负责组织实施本部门的自我评价工作。

2009 年 4～10 月，海南省财政厅组织了对全省乡镇卫生院建设项目的重点评价，涉及 308 家乡镇卫生院，建设资金 26765.29 万元，并将评价情况上报省政府。

2009 年 10 月，海南省财政厅组建绩效评价处，主要任务是建立绩效评价制度体系、指标体系、组织体系，组织、指导和检查各地、各部门的绩效评价工作，并对重点项目直接组织评价。

2009 年 11 月，海南省财政厅印发了《海南省财政支出绩效评价实施意见》，实施原则：先易后难、由点及面；评价类型：实施过程评价和完成结果评价；组织方式：项目单位自评、主管部门组织评价、财政部门组织评价；评价机构及委托：项目单位评价组、专家组、中介机构；评价指标设置：6 类 13 个具体指标；评价结果应用：完善评价指标体系、改进项目管理、为编报预算提供依据。

根据《海南省财政支出绩效评价实施意见》规定，各部门单位都要选择 1 个 2009 年本单位已完工的、具有代表性的一次性项目进行绩效自评试点。

2010 年 3 月，海南省财政厅印发《关于开展预算项目绩效自评试点工作有关问题的通知》，进一步明确了绩效自评的工作步骤和内容，确定了 28 个重点跟踪的自评项目，同时筛选了 10 个重点部门单位组织开展评价指标体系的研究制定。从 2010 年开始各部门单位对年度预算安排财政专项资金在 500 万元以上的省级财政支出进行绩效自评。

2011 年，海南省政府办公厅印发《关于推进预算绩效管理的实施意见》。

2013 年，海南省财政厅印发《海南省财政厅关于印发部门整体支出绩效评价方案的通知》。

2014 年，海南省财政厅印发《海南省财政厅关于开展 2014 年预算绩效管理工作的通知》。

2015 年，海南省财政厅印发《海南省财政厅关于开展 2015 年预算绩效管理工作的通知》。

（二）海南省财政绩效管理实践主要做法与成效

海南省财政按照财政部和省政府的要求，围绕"夯实基础、创新机制、探索模式、建立体系"的工作目标，积极推进预算绩效管理工作，以省级带动市县，力促预算绩效管理体系的完善和工作机制的健全。

1. 树立了结果导向的绩效理念

通过开展绩效评价，强化各部门（单位）的自我约束意识和责任意识，各部门（单位）开始重视财政支出绩效、资金支出的责任和成本。如：省海洋与渔业厅在重点工作绩效评估中成功导入和推行 ISO9000 质量管理体系，探索政府管理的标准化、程序化、规范化；省科技厅将项目预期绩效作为评审的一个重要因素，并在专项资金二次分配环节建立专家评审制度。

2. 建立了预算绩效管理制度框架

海南省财政厅先后印发了《海南省财政支出绩效评价实施意见》《财政支出项目绩效目标管理操作指南》《财政支出项目绩效评价操作指南》《预算绩效管理财政内部协调暂行办法》和《海南省预算绩效管理暂行办法》等政策文件，逐步扩大绩效评价资金和项目范围，完善财政支出绩效评价体系，建立了预算绩效管理制度框架。

3. 增强了财政资金管理科学性

一是通过开展财政资金竞争性分配改革试点，强化支出责任，提高财政资金分配和使用绩效；二是通过对财政支出科学性、效益性和管理水平的评价及绩效评价结果的反馈和应用，促进了部门（单位）强化内部管理，提高了预算项目的规划性和可执行性，加强了项目跟踪监控，有力地推进了预算执行进度。

4. 基本实现全过程预算绩效管理

一是研究制定出了包括《项目逻辑模型表》《项目绩效目标表》和《立项评级表》等一套预算绩效目标管理文档体系，建立了事前绩效目标申报审核批复机制；二是根据绩效运行监督的关键点，通过各预算部门（单位）自查、财政部门重点检查，建立了事中绩效运行跟踪监督机制；三是通过项目单位年度自评和财政部门重点评价，建立了常态化的事后绩效评价机制；四是通过及时反馈、通报和上报评价结果，建立了绩效评价结果应用机制。①

5. 加强市县财政管理及部门整体支出绩效评价工作

海南省财政厅要求各市县财政部门要严格按照省厅《转发财政部关于印发〈2014 年县级财政管理绩效综合评价方案〉的通知》要求和培训的指标体系，认真组织做好 2014 年本市县财政管理综合绩效自评工作。

根据海南省财政厅《关于印发部门整体支出绩效评价方案的通知》有关规定，2015 年各市县财政部门应继续做好预算部门整体支出绩效评价试点工作。各市县财政部门应严格按照《评价方案》规定的评价内容和指标、评价程序和评定方法开展部门整体支出绩效评价试点工作。2015 年，各市县财政部门应选取不少于 30% 的预算部门对部门本级 2014 年度整体支出绩效开展评价试点，评价工作应于 11 月底前完成，并及时将绩效评价报告电子版报省财政厅绩效管理处备案。

《海南省财政厅关于开展 2015 年预算绩效管理工作的通知》明确提出，从 2015 年起，各市县财政部门要将绩效目标管理纳入预算编制项目申报过程，选择一定资金规模的项目实施绩效目标管理，范围应覆盖本地区全部预算部门。各市县财政部门要在 2015 年预算安排的项目中，选择 10 个涉及民生、社会公众普遍关心、具有较大经济社会影响的项目，将项目绩效目标于 4 月 30 日前与工作计划一同报省财政厅绩效管理处备案。

六、河北省财政预算绩效管理实践

（一）河北省财政预算绩效管理概况

2006 年，河北省财政厅出台了《河北省省级预算项目管理办法》。2009 年，河北省财政厅专门成立了绩效处，提出了预算绩效管理的思路。为充分发挥专家在财政支出绩效评价工作中的作用，提高评价工作质量和专业化程度，确保绩效评价工作客观、公正和公平，2012 年河北省财政厅印发了《河北省省级财政支出绩效评价专家管理办法（试行）》。

从 2012 年开始，河北省从省本级到市州一直到县（县级市）开始实施预算绩效管理；2013 年起，所有省级部门预算项目和省级专项资金都纳入了绩效目标管理范围，实现了省级财政支出项目绩效目标管理全覆盖；2015 年，河北全

---

① 财政部预算司. 海南省财政积极推进预算绩效管理工作. ［EB/OL］. http：//www. mof. gov. cn/xin-wenlianbo/hainancaizhengxinxilianbo/201305/t20130520_876867. html. 2013 – 05 – 24.

省范围内都实施预算绩效管理。

2014 年 1 月，河北省财政厅党组将目光投向了绩效预算管理改革的命题。"绩效预算既是政府绩效的源头，又是其核心内容，绩效预算改革不仅是财政理财理念、模式的转变，更深层的意义是促进政府效能的提升，体现的是政府对社会的责任、对公众的责任、对纳税人的责任。"厅党组书记、厅长高志立说。

河北省财政厅内部展开了多次讨论，邀请财政部专家讲座论证，派人到海南、广东等省考察学习，并组织研究国外绩效预算管理的制度，在此基础上结合河北实际，制定了一整套的绩效预算改革方案，并得到省委省政府的大力支持。2014 年 7 月，省政府印发《河北省人民政府关于深化绩效预算管理改革的意见》，明确了全省改革的总体目标、基本原则、主要内容、时间步骤等。随后，河北省财政厅研究制定了具体实施方案，确定了绩效预算管理改革路线图，决定从编制 2015 年预算开始，率先在省级全面推进绩效预算管理改革，在部分市县同步试点。[①]

2014 年，河北财政厅借鉴国内外先进经验，特别是海南省的做法，结合财税体制改革整体部署和本地实际，以绩效预算为统领，扎实推进预算管理制度改革，初步建立了绩效导向的预算管理新机制。2015 年，在省级和市县试点的基础上，将这项改革推行到河北省全部市县。

（二）河北省财政绩效管理实践主要做法与成效

2014 年，河北省在全国率先探索绩效预算管理改革，在构建绩效预算管理制度框架和三级绩效预算管理结构、完善绩效指标体系、健全绩效评价体系等方面攻坚突破，取得显著成效，目前已在全省初步建立起了"预算编制有目标、预算执行有监控、预算完成有评价、评价结果有应用"的全过程绩效预算管理新机制。

从 2014 年开始，河北省率先在省级全面推行绩效预算管理改革，印发了《关于深化绩效预算管理改革的意见》，当年 111 个省级预算部门（除涉密单位）全部按照改革的要求编制了绩效预算。同年，河北省财政厅选择衡水市、承德市、宁晋县等部分市县，试点绩效预算管理改革。2015 年，又进一步将改革推广至全省各市县，各级预算部门（单位）全部按照要求编制绩效预算。河北省要求，从编制 2016 年预算开始，全省要把所有预算单位（除实行企业化管理的事业单位）全部纳入绩效预算编制范围。并且，各地将统一使用省财政厅开发的预算管理信息系统，通过省、市、县三级预算信息系统的有效对接，达到预算项目

---

① 张敏，智荣卿等 . 河北：绩效预算管理改革全面推开 [J]. 中国财政，2015（22）.

管理"横向到边、纵向到底"的目标。

河北省绩效预算管理改革主要是按照建立全面规范、公开透明的政府预算管理制度的要求，以规范的绩效预算管理结构为基础、预算项目为载体、绩效管理为主线，形成"预算编制有目标、预算执行有监控、预算完成有评价、评价结果有应用"的全过程绩效管理新机制，切实优化财政资金配置，提高财政资金使用绩效。改革主要包括五方面内容。

1. 构建科学规范的三级预算管理结构，提升预算编制的质量和水平

河北省改革原来以预算项目为主的单一层级的预算管理结构，拓展完善部门预算管理层级，建立"部门职责—工作活动—预算项目"三个层级规范的部门绩效预算管理结构。"部门职责"是按照政府"三定"方案和战略部署分类梳理确定的政府赋予部门的职能和应履行的主要责任；"工作活动"是部门履行某项职责所采取的工作举措，是部门职责的反映和相应的预算项目的归集；"预算项目"是支撑某项工作活动开展的具体支出事项，反映财政政策的具体内容。

按照河北省出台的绩效预算管理模式，预算编制首先要确定部门职责和工作活动，建立"部门职责—工作活动"目录，以此将部门全面使用财政资金开展的工作内容进行分层梳理和科学对照，将所有财政资金纳入预算管理，实现三级框架下逐级安排和对照考评，并要求所有预算项目均在部门职责和工作活动框架下编列，与部门职责无关的活动、与工作活动无关的项目，不得列入部门预算，以此确保预算编制与管理全面系统、归类科学、脉络清晰、层次分明，可实行逐级预算信息检索。

2014 年，河北省完成了省级 111 个预算部门（涉密部门除外）"部门职责—工作活动"的梳理工作，共梳理省级预算部门职责 437 项、工作活动 1093 项。2015 年，省市县三级同步编制了年度绩效预算。通过按照三级结构编制绩效预算，不仅为落实预算统筹兼顾、勤俭节约、量力而行、讲求绩效等原则提供了有效抓手，而且通过分领域、分层级审核绩效目标指标并进行科学调整，也有效解决了支出基数固化、资金难以统筹、项目安排零碎、项目绩效不高等预算安排中存在的老大难问题，全面提升了预算编制质量和水平。

2. 探索构建绩效目标指标体系，为绩效预算管理改革提供绩效标准

绩效目标和绩效指标是实施绩效管理的前提，也是绩效预算管理改革的重点和难点所在。河北省将三个层级绩效目标指标体系建设放在绩效预算管理改革的重要位置，着手建立衡量部门职责、工作活动和预算项目的绩效目标、绩效指标及评价标准体系。具体来讲，在部门职责层面，确定部门各项职责的年度绩效目标；在工作活动层面，分别制定年度绩效目标和绩效指标；在预算项目层面，分项确定年度绩效目标、绩效指标和评价标准，并将其作为预算项目审核入库、预算编制和监督评价的重要依据。项目绩效指标、评价标准的设定要求可量化，达到信息可采集、执行可监控、事后可评价。

2015 年制定印发《省级部门预算绩效目标管理办法（试行）》和《省级预算指标库建设与管理办法》，规范了绩效目标和指标建设。河北省在总结近两年改革工作进展情况，同时借鉴其他省市先进经验的基础上，整理收集 20000 多条绩效指标，并逐条进行甄别、筛选、提炼，对筛选出的绩效指标名称的规范性、指标解释的准确性、指标计算公式的科学性等指标要素逐条进行审定和完善。按照预算功能、"部门职责—工作活动"和项目支出三方面内容构成"三个维度"，以此对指标体系进行分类。先后组织部分省级部门和高校的专家教授召开论证会，梳理规范了 3780 项绩效指标，其中，按政府收支分类梳理的绩效指标 1280 个，按职责活动分类梳理的绩效指标 2230 个，按项目支出构成分类确定的通用指标 270 个。

3. 改进预算审核方式，提高财政资金配置效率

绩效预算要求在预算编制环节按照规范的流程和科学的绩效目标指标进行全方位的审核论证。河北省对预算管理流程进行了全面优化：一是将绩效目标指标审核作为安排预算的前提——各部门申报预算项目时必须填报三级绩效信息；二是财政预算审核的重点由过去直接审项目，转为先审部门职责绩效目标与政府工作部署的匹配性（特别是各级党委、政府重大决策部署的落实情况），再审各项工作活动绩效目标指标的科学性、预算项目与职责活动的关联性、立项的必要性，最终确定合理的项目预算额度；三是偏离政府战略目标、部门绩效目标或绩效目标不明确的项目不予安排资金，绩效偏低的少安排或不安排资金，保证预算安排统筹兼顾、重点突出、科学高效；四是在预算编制系统和部门预算文本中明确各部门三级绩效信息内容，便于人大代表对照审核。

2015 年，在部门预算主管处审核的基础上，河北省组织业务骨干和专家对列入 2016 年预算的 3000 多个项目的绩效目标指标进行了复审，涉及资金 400 多亿元，共审减项目 100 余个，资金近 4 亿元，有效提高了财政资金配置效率。

4. 实行全周期预算项目管理，实现预算项目绩效信息和资金指标有机融合

河北省构建了以项目库为源头的一体化预算管理信息系统，将"部门职责—工作活动—预算项目"三个层级绩效预算管理结构及指标体系嵌入项目库。打通预算管理各个环节信息流，建立全周期预算项目库信息管理系统，项目申报按目录分类分层归集，做到"项目入库，绩效随行"；构建贯穿项目申报、预算编审、预算执行、决策编制、绩效监督等预算管理全过程的项目全周期管理机制。在一体化预算管理信息系统中登陆资金指标时，将执行的资金指标与对应的绩效目标、绩效指标科学挂接，同步审核下达。在预算项目资金指标分解的同时，分解和审核相关绩效目标、绩效指标，实现项目流和资金指标流融合贯穿项目申报审核、预算编制、调整细化、资金拨付、监督评价等预算项目管理的全过程，真正实现"横向到边、纵向到底"。

5. 建立预算绩效评价机制，强化绩效评价结果应用

2015 年，按照《预算法》要求及绩效预算管理改革部署，河北省制定了《河北省省级预算支出绩效评价管理办法（试行）》，对预算绩效评价体系进行全面规范完善，各部门负责"预算项目"层面的绩效评价，对年度预算项目绩效完成情况进行全面自评；财政部门负责"工作活动"层面的绩效评价，并对重点支出领域、重大项目进行再评价。2015 年确定省级重大支出政策或重大项目49 项，并对其开展财政重点绩效评价，共涉及 24 个预算部门，评价资金 395. 22 亿元。根据评价结果，2016 年削减绩效低的项目资金预算 8 亿元①。

2016 年进一步扩大评价范围，对 55 项工作活动、3 项财政支出政策、55 项财政重点支出项目进行绩效评价，评价资金量达 413 亿元。

同时，对部分社会关注高的项目，河北省引进和试行绩效预算第三方评价机制，增强绩效评价社会监督力度和公信度。制定了《向第三方购买省级财政支出绩效评价服务管理暂行办法》，对第三方机构的选聘条件、购买第三方评价服务的程序和服务费用、财政绩效评价的工作程序等内容进行了规范。

第四节　我国地方财政绩效管理中存在的
问题及其完善对策

一、我国地方财政绩效管理中存在的问题

（一）绩效管理法制建设不完备

目前，我国尚未出台与地方财政绩效管理具体操作相关的法律、法规，财政

---

① 财政部预算司预算绩效管理工作要报（2016 年第 2 期）. 河北省构建全过程绩效预算管理新机制.
［EB/OL］. http：//www. mof. gov. cn/pub/yusuansi/zhuantilanmu/ysjxgl/201611/t20161115 _2458666. html. 2016 -
04 - 13.

部印发的《财政支出绩效评价管理暂行办法》《关于推进预算绩效管理的指导意见》《预算绩效管理工作规划（2012～2015 年)》《预算绩效管理工作考核办法》《地方财政管理绩效综合评价方案》和《2015 年县级财政管理绩效综合评价方案》等政策文件只可作为部门规章依据。各地区只有河北省、青岛市等部分地方以政府文件形式要求推进预算绩效管理工作，天津、内蒙古等 7 个地区由政府办公厅转发财政部门关于开展绩效评价工作的文件，其他地区则由财政部门发文。在这种情况下，绩效管理工作缺乏法制保障，面对各方利益博弈和多种阻力，难以有效发挥职能作用。

（二）绩效管理理念不强

目前对深入推进预算绩效管理这一改革的必要性和艰巨性的认识还没有形成社会普遍共识。虽然，经过多年推进，财政、预算部门对绩效的理念有了一定的了解，但长期以来形成的"重安排，轻监督；重争取，轻管理；重使用，轻绩效"的思想短期难以改变，重产出、重结果的绩效管理理念尚未完全深入人心，部分单位把大量精力花在跑资金、争项目上，认为只要资金使用合法合规就行，忽视财政资金的使用绩效。有的部门对绩效管理工作重视不够，缺乏主动性，应付的成分多于对管理问题的反思，没有将绩效管理工作作为一项日常性重要工作来抓。变"要我评价"为"我要评价"，是推进绩效管理工作的"瓶颈"，既是工作的重点，也是难点。

（三）机构设置和队伍建设不到位

目前全国只有部分地区省级财政部门设置了专门的预算绩效管理机构，名称不尽统一，职责也不尽明确；其他地区大多数将相关职能由预算处负责，少数地区由监督处牵头负责，人员数量较少。基层财政部门（县市级）专门从事预算绩效管理工作的人员不多，单独设立预算绩效管理科（股）室的更少。在机构不健全、人少事多的情况下，县级预算绩效管理改革工作难以推进。另外，由于预算绩效管理的专业性、复杂性等特性，现有工作人员的业务水平还不能满足绩效管理工作要求，绩效科股人员日常工作只是负责将绩效评价工作文件、任务上传下达，精通业务、善于管理的人为数不多，业务素质亟须提高。

（四）绩效管理模式不规范

预算编制过程中的绩效目标确定、预算执行过程中的绩效监控、绩效评价结果的应用和问责等规范的财政预算绩效管理模式还在探索之中。受条件限制，各地采取的模式不尽相同，重点推进方向也不一致，相关探索也只处于起步阶段。

（五）绩效管理基础工作不扎实

一是绩效评价指标体系还不完善，评价指标设定的科学性有待加强；二是绩效评价方法相对单一，主要应用横向比较法、预定目标与实施效果比较法等，其他一些方法如因素分析法、专家评议与问卷调查法等方法要熟练掌握和应用还有一个过程；三是绩效管理信息系统还没有完全建立，绩效管理的基础数据、基础信息的搜集、整理、分析工作需要进一步加强。

（六）结果反馈应用不充分

绩效评价结果形成以后，大多停留在反映情况和问题的层面，其权威性、公信力、实用性不足，加上绩效管理未与预算编制充分结合等原因，评价结果约束力不强，绩效评价往往流于形式，难以做到与规范预算管理、完善预算编制、加强部门管理以及提高财政资金使用效益真正有效衔接起来。

相应的激励约束机制尚未完全建立，依据绩效的责任追究手段尚未有效实施，对后续政策的完善和相关问题的整改落实追踪不够，优化促进预算管理、增强部门支出责任意识、提高政府公信力等作用尚未充分体现等。

此外，财政绩效管理需要依托相关的配套改革，如政府会计制度、政府财务报告和绩效报告制度和中期财政规划等。目前相关的配套改革尚未建立健全，进一步改革受到了制约。

二、进一步深化我国地方财政绩效管理改革思路

地方财政绩效既是地方政府绩效的源头，又是其核心内容，体现的是政府对社会的受托责任、对公众的受托责任、对纳税人的受托责任。从中长期看，财政绩效管理的广度和深度将不断拓展，逐步形成以政府战略规划为起点，涵盖财政管理全过程的完整管理循环。在这一循环中，不断深化政府部门对职责任务的认识，不断促进绩效目标指标落实，不断提高财政资金使用绩效，进而促进政府效能提升，推动政府治理现代化进程。

财政绩效管理改革本身是一个持续改进的过程，需要根据地方自身特点、实际工作情况不断调整完善。全面深入推进财政预算绩效管理工作是"十三五"时期各级财政改革发展的重中之重，地方各级政府财政部门应适应财政预算管理制度改革和中期财政规划管理要求，继续完善制度体系，配备机构人员，拓展管理

模式，加强第三方力量培育和建设。我们认为，加强我国地方财政绩效管理思路和对策应该重点从法律法规、管理制度和框架、绩效评价体系、绩效结果应用制度、信息化平台等"六大保障"方面不断加以完善，尽快建成科学、完善、高效的财政绩效管理体系。

（一）加强法律体系建设

提请国家出台相关法律、法规，强化预算绩效管理法制手段，一是在《中华人民共和国预算法实施条例》修订中增加有关强调地方财政绩效管理的内容；二是制定全国统一的地方财政绩效管理相关制度办法，指导和推动各地工作，形成全国上下一盘棋，也有利于各省市间相互比较和借鉴。建议由国务院下发关于加强地方财政绩效管理工作的意见，为各地推进预算绩效管理工作营造有利的政策环境。同时，建议财政部依法对制定的涉及财政绩效管理的制度进行统一，以便于地方开展工作。

（二）树立正确绩效理念

提高认识，增强绩效管理理念。从依法治国、依法行政、依法理财高度来看待地方财政绩效管理工作，各级政府、各预算单位要牢固树立"花钱必问效，无效必问责，问责必从严"的理财理念。通过组织业务培训、专题会议等形式，树立正确绩效理念，提高各地绩效管理水平和操作能力。

1. 明确绩效管理工作定位

制约地方绩效管理工作开展的首要问题是各地各部门没有树立正确的绩效理念，对绩效管理的概念比较模糊、认识不一，对如何界定绩效管理职能、确立工作开展方向感到困惑。全面推进财政预算绩效管理，促进建立现代财政制度，推动实现国家治理体系和治理能力现代化是财政预算绩效管理的发展主线。要充分认识到开展财政预算绩效管理是贯彻落实《预算法》、履行财政资源配置职能和履职尽责的要求。财政预算绩效评价是财政部门履行财政资金监管的基本职责，要担负起主体责任。

2. 加大宣传力度，强化绩效理念

通过各种媒介、各种形式和渠道，加大绩效管理理念宣传力度，倡导绩效管理理念，进一步提高各预算部门（单位）对绩效管理的思想认识，有效引导各方面了解支持绩效管理、监督绩效结果应用，共同营造"讲绩效、重绩效、用绩效"的良好社会氛围。

（三）完善机构设置和队伍建设

地方财政预算绩效管理作为政府绩效管理的重要组成部分，要以政府为主来推动，具体由财政部门负责执行落实，人大负责监督。

财政预算绩效管理工作，既要求熟悉预算安排和财政业务，又要了解项目业务、财务、效益等方面的知识，还要熟悉国家相关政策。财政部门虽了解财政业务，预算单位虽了解项目业务，中介机构虽了解财务、审计方面知识，但对其他方面仍有所不足。大多数市县没有专业的第三方评价机构。因此面对财政预算绩效管理这项综合性的工作，亟须建立一支专业性强、业务能力过硬的专业队伍。要尽快建立健全机构设置，加强队伍建设，对财政预算绩效管理政策、制度、办法和操作流程等方面进行培训，提高干部素质和专业水平。

一是加强人员配备，绩效管理的综合性和复杂性，决定了财政部门和预算单位必须挑选专业知识和技能强的业务骨干，充实到财政预算绩效管理队伍中来。二是加强人员培训，不断加强干部绩效管理的思想认识和业务能力，进一步改进工作方式，提升工作水平和工作效率。三是规范运行操作，进一步梳理财政预算绩效管理规程，建立健全相关管理制度，明晰预算绩效审核、抽查和评价等业务流程，促进财政预算绩效管理规范化、科学化和精细化。四是组建财政绩效评价中心，统一组织管理绩效评价的事务性、技术性、服务性工作。例如，承担绩效评价组织实施的事务性工作；开展财政管理绩效综合评价等具体工作；参与起草财政预算绩效管理政策、制度和实施办法，研究建立科学合理的财政预算绩效管理机制和预算绩效评价体系；负责建立、管理和更新本级预算绩效评价指标库、中介机构库和专家库；负责建立和维护预算绩效信息系统等工作。

（四）规范绩效管理模式

各级财政部门负责绩效管理工作的统一领导。财政部负责财政预算绩效管理工作的总体规划和顶层制度的设计，组织并指导下级财政部门和本级预算单位财政预算绩效管理工作；地方各级财政部门负责本行政区域财政预算绩效管理工作。各预算单位是本单位预算绩效管理的主体，负责组织、指导单位本级和所属单位的预算绩效管理工作。

1. 建立科学财政绩效管理机制

以人大考核评价政府财政管理绩效，以政府（财政部门代表）考核评价部门预算绩效，以部门考核下属单位和项目支出绩效，形成完整的财政绩效管理机制，推进财政绩效管理的纵深发展。在完善省对市县财政管理综合绩效考评机制的基础上，逐步推行县对乡一级的财政管理综合绩效考评。

2. 建立预算绩效管理模式

各级地方政府应建立全过程"五有"绩效管理，即"预算编制有目标、预算执行有监控、预算完成有评价、评价结果有反馈、反馈结果有应用"的预算绩效管理模式。预算绩效管理实施全覆盖，做到"横向到边，纵向到底"的绩效预算管理新机制。其中，"横向到边"指的是覆盖所有预算部门（单位），"纵向到底"指的是贯通省市县三级。省、市、县所有预算部门都应开展全过程预算绩效管理。在全过程预算绩效管理框架的基础上，突出具有地方特色和独特经验的探索和实践。积极探索绩效目标前审工作、分类编制绩效目标工作、预算绩效管理信息化建设、指标体系规范化建设、整体评价和财政政策、财政制度评价等新的方式方法。

3. 建立绩效管理考核机制

建立绩效考核机制，制定符合当地实际的预算绩效管理工作考核办法，从基础工作、绩效目标、绩效监控、绩效评价、结果应用等方面对预算部门的预算绩效管理工作的质量进行考核。考核结果不仅要作为改进预算管理和编制以后年度预算的重要依据，还要作为政府绩效管理和有关部门实施绩效问责的重要参考依据，以此提高单位对财政资金使用绩效的重视和开展绩效管理工作的自觉性。

采取重点督查、随机检查等方式，加强绩效管理推进工作的督促检查，发现问题及时解决。建立绩效管理推进工作考核制度，对工作做得好的地区和单位予以表扬，对工作做得不好的地区和单位予以通报。所有申请财政资金的预算支出原则上都要设定绩效目标和开展绩效监控，执行完毕的财政资金都要由资金使用单位对照事先设定的绩效目标开展绩效自评，形成相应的自评结果。

4. 健全制度体系

进一步完善绩效目标编审办法、评价结果应用和跟踪管理办法，着眼目标编制、成果应用等重点环节操作的具体化。制定绩效管理聘任专家和委托第三方评价的相关意见，引入了第三方机构评价和专家联合评审机制。加强对第三方中介机构的业务指导、培训、监督和考核，确保规范操作、公平公正。从评价方式、评价指标、评分依据和数据核验等方面提高评价结果公信力，力求评价结果有理有据、准确无误。

（五）夯实绩效管理基础

建立科学地方财政绩效管理基础工作，包括绩效目标、绩效内容、绩效评价指标体系和标准等，为绩效管理提供制度保障和技术支撑。

把提升质量作为全面推进预算绩效管理工作的着力点。预算绩效目标及绩效指标应当内容完整、指向明确、细化量化、合理可行，能够与相应的预算资金额度相匹配；绩效监控应当适时、适当，重点突出，针对性强，能够切实反映绩效目标的当前和预期实现程度；绩效评价应当及时、规范、系统、科学，能够针对绩效分析所发现的问题提出合理可行的政策建议。

1. 建立绩效目标管理模式

实行全过程预算绩效目标管理是财政绩效管理的核心，做到"事前评审、事中监督、事后评价"。事前评价应以决策科学性、计划目标完整性、资金预算关联匹配性、风险可控性为重点，目标是完善预算方案、改进计划目标；事中评价以计划执行力、制度执行力、配套保障力、管理有效性的跟踪评价为重点，目标是纠偏纠错，改善执行流程和规章，实现财政绩效精细化管理；事后评价以效率、效果、可持续性等维度评价财政预算的目标实现情况，据以形成下年度财政预算分配依据、预算部门整改依据。

2. 健全绩效评价指标体系

财政部于 2013 年印发了《预算绩效评价共性指标体系框架》，2014 年印发《地方财政管理绩效综合评价方案》，2015 年发布《2015 年县级财政管理绩效综合评价方案》等多项文件，这些文件对建立绩效评价指标体系有一定的指导意义，对设置共性指标提供了指导和参考。但是由于各地各部门的职能、目标不同，项目支出性质有别，个性指标的设立尚无参考指标。地方财政预算覆盖范围广、分类复杂、影响因素多、支出效益内涵丰富，要考虑东西部地区经济发展和财政预算管理差异等多方面因素。需要构建多元化的预算绩效评价指标体系。

地方财政预算绩效评价指标可分为特殊性指标和共性指标。特殊性指标是针对不同地区的不同特点、不同项目的不同性质制定的约束性指标。各地省级财政部门要会同主管部门和项目实施单位，组织专家学者，共同制定绩效指标体系。指标体系要体现财政政策水平、政策要求和管理项目功能。

在开展绩效评价实践中，县市级财政因人力、财力和水平有限，无法自行制定。省级财政和业务主管部门可利用专家优势，分部门研究绩效指标体系，对研究设计的指标体系进行试点，通过绩效评价进行验证，根据评价结果适时地调整指标，将完善后的指标在全省进行推广和应用；也可以采取各地申报、市县牵头组织、共建共享的方式建立全省财政支出绩效评价体系库。

3. 建设绩效管理信息系统

可以由财政部统一开发通用的财政绩效管理信息系统，整合可供全国共享的中介机构库、专家库、评价指标体系和标准体系等各方面资源。逐步建立完善汇集各类项目绩效评价指标体系库和按行业、专业技术类别细分的预算绩效管理专家库，以信息系统为平台实施全过程绩效管理。

（六）强化评价结果反馈应用

绩效评价结果的反馈应用是财政预算绩效管理的重要目的，是推进绩效管理的落脚点和归宿点，也是绩效管理取得实效的具体体现，直接关系到绩效管理工作的成败。强化绩效评价结果管理，就要健全绩效评价结果反馈和应用制度，以评价结果"提质"和评价结果应用"增效"，健全工作考核机制，完善以考核结果为依据的奖惩机制。

1. 建立激励和约束相衔接的机制

以结果为导向、绩效为导向提高财政绩效管理自觉性和积极性。建立绩效激励和问责制度，把部门单位财政资金使用绩效纳入机关建设和效能建设的考核范围，进一步落实责任，提高部门单位对财政资金使用绩效的重视和开展绩效管理工作的自觉性。建立绩效信息同预算编制相结合机制，在编制财政预算时，应当充分参考有关支出绩效评价结果。

（1）对绩效评价结果较好的，一是在预算安排时继续予以支持，属于延续项目的优先安排资金，属于一次性项目的对同类项目予以倾斜等；二是给予相应的激励，既可以安排相应的奖励经费，也可考虑将评价结果与部门公用经费、激励经费等挂钩，还可以考虑赋予部门在预算调整、资金使用等方面的更大自主权等；三是对相关部门进行通报表扬，将评价或考核结果纳入到地区和部门工作目标考核范畴，作为评价地区和部门工作的重要依据，作为领导班子和领导干部综合考评的重要内容。

（2）对于绩效评价发现问题、达不到绩效目标或评价结果较差的，一是要建立并完善约谈机制，就必要问题约谈相关部门的负责人，明确提出整改要求，并将约谈情况进行通报；二是对于不落实整改意见或整改不到位的，根据情况调整项目或相应调减项目预算，直至取消该项财政支出；三是将评价或考核结果纳入地区和部门工作目标考核范畴，必要时可以考虑作为"一票否决"的因素之一；四是要建立绩效问责机制，对部门和单位在预算资金的申请、监管、使用过程中，由于工作失职等主观原因造成的资金无效或低效等情况，相应追究部门和单位绩效责任，逐步建立"谁干事谁花钱、谁花钱谁担责"的绩效问责机制。在绩效评价工作中发现的财政违法行为，依照国家法律法规等有关规定追究责任。

2. 健全评价结果的报告和公开机制

（1）建立报告机制。完善绩效信息报告机制，将有关财政预算的绩效目标、绩效情况等按要求向地方本级政府和人大报告，为政府决策和人大监督提供重要依据。财政部门对每年的绩效评价结果及时进行汇总、总结，将绩效评价结果的总体情况向同级人民政府报告；同时，对党委政府关心、社会公众关注、对经济社会发展有重要影响的重大项目的绩效评价结果，财政部门或预算部门向同级政府进行专题报告，为政府决策提供参考。另外，根据需要将相关评价结果呈报同级人大或其常委会，报送上级主管部门，抄送审计、监察、纪委等有关部门。

（2）建立结果公开机制。健全绩效信息公开机制，对社会公众比较关注的重大民生支出绩效信息，按照有关法律、行政法规要求，逐步向社会公开。一方面，要将部门预算安排情况和绩效评价结果通过部门内网、张贴公告等形式在本部门内部予以公示，保证本部门职工对预算信息享有充分的知情权和监督权；另一方面，要坚持公众导向，除依法需要保密外，对社会关注度高、影响力大的民生项目和重点项目支出绩效情况，依法向社会公开，接受社会监督。

最后，各级政府应继续深化财政管理改革，建立现代财政制度，不断建立健全与地方财政绩效管理相关的国库管理制度、政府采购、政府会计制度和政府综合财务报告制度等，积极探索适合我国的中长期财政规划，建立绩效预算和滚动预算是财政预算绩效管理改革的基础。

第四章

我国地方财政绩效评价指标体系分析

第一节　我国地方财政职能

地方政府，全称"地方人民政府"，在我国指相对于中央人民政府而言的各级人民政府。地方政府的主要职能包括执行本行政区域内的经济和社会发展计划、预算，管理本行政区域内的经济、教育、科学、文化、卫生、体育事业和财政、民政、公安、司法行政、计划生育等工作。为了履行地方政府的职能，需要地方财政提供支持。在分税制条件下，建立以中央财政为主、分级财政调控为辅的体制，是实现政府财政职能的基本保证。这种体制客观上存在着层次性和差异性。政府的财政职能很大部分要分解和落实到地方财政这个层次来实现。地方政府主要是在中央政府调控的大前提下，根据各地区的具体情况，保证本地区的经济和社会发展。根据这一思路，地方财政承担的主要职能，表现在以下几个方面。

一、满足地方公共需要

地方公共需要包括社会保障和公共保障两个方面。公共保障是地方政府最基本的职能，也是地方政府赖以生存的前提，它主要是指那些并不因某些特定的个人消费而减少其他任何人消费的地方公共产品，如行政、司法、治安、消防等；为满足公共需要的长期性、基础性的产品和劳务，如基础科研、义务教育、社会公共事业（供水、供电、排水、污水处理、垃圾处理等）、公共福利设施、文化设施及公共交通、通信等。社会保障是市场经济正常运行的内在要求，主要指为退休、失业、伤残人员等提供的生活、养老、医疗等方面的保障。

二、参与和优化资源配置

在市场经济条件下，市场机制在资源配置中起基础性作用。但是，当前我国正处于由传统的计划经济体制向市场经济体制转轨的过程中，市场发育不完善和市场经济固有的市场失灵同时存在，因此，单纯靠市场机制来实现资源配置，很难达到社会福利最大化的效果，这就要求地方财政在本地区的资源配置过程中，发挥积极的作用。我国地广人众，地区之间差异较大，地方财政可以因地制宜，通过合理地组织财政收支，调节和引导资源的分配方向和变动力度，形成合理的资源配置信号系统，促进资源配置优化和经济发展，实现人力、物力、财力的高效利用。

三、分级管理国有资产

国有资产的所有权属于国家，中央政府代表国家统一行使国有资产所有权。但是，对众多的国有资产的管理，不可能由中央政府一手包揽，按照分级管理的原则，应由地方财政代表地方政府具体管理本地区的国有资产，实现国有资产的保值增值。党的十五届四中全会明确指出："国务院代表国家统一行使国有资产所有权，中央和地方政府分级管理国有资产"，"要确保有人或有机构对国有资产负责，政府中各级各类国有资产管理部门，经国务院授权后，是企业中国有资产所有权的代表，对由其直接分工管理的国有资产行使终极所有权。"地方财政作为政府的综合经济部门，责无旁贷地应从价值形态上管理好本地区的国有资产。

四、监督经济运行

市场经济的发展，客观上要求对经济主体的活动必须有严格的规范监督，保障经济的健康发展。地方财政必须在执行中央的财务会计、预算、税收、国有资产管理等经济法规的基础上，建立和完善能有效地执行上述经济法规的具体办法；执行地方人大设立的有关财政经济的地方法规，监督和规范经济主体的行为，保障地方经济的正常运行。

那么，地方财政职能的实现情况如何，这就涉及到地方财政绩效。绩效是效益、效率和效果的统称，包括行为过程和行为结果两个方面。从经济学和行为学角度看，只有效益、效率和效果有机结合的人类社会和经济活动才是推动人类社会进步和经济发展的决定性因素，因此，绩效应当是衡量人类一切实践活动的客观标准。所谓地方财政绩效，就是指地方财政活动所取得的实际效果。它是对财政预算管理水平、财政资金投入与产出结果的比较、支出效益与结构及财政资金与经济发展水平适度性、财政资金规模与实力、财政运行平稳可持续性等多方面状况的综合反映，是政府财政现实能力、调控能力和可持续能力的具体体现。通俗的财政绩效可以理解为财政收支活动的完成情况与既定目标的差距分析。财政绩效重点研究政府配置资源的合理性与资源使用的有效性，即：一是看政府配置的资源总量是否符合整个社会客观比例要求；二是资源的使用是否达到效用最大化目标。可见，地方财政绩效评价是衡量地方财政职能的工具。

第二节　我国地方财政绩效评价理论与方法

地方财政绩效评价，是根据地方政府职能要求，对政府财政收支行为在履行政府职能方面所产生的效果进行评价，以评价财政收支管理的一种方法。刘保红（2014）将地方政府绩效评价分为三个层次，依次是：项目绩效评价层次、部门绩效评价层次、综合绩效评价层次。冯鸿雁（2004）采用系统分析研究提出了以财政支出综合绩效评价、部门财政支出绩效评价、单位财政支出绩效评价和财政支出项目绩效评价为支撑的财政支出绩效评价体系框架。由于地方财政的特殊性和复杂性，评价指标的制定采取先易后难、逐步完善的办法，构建综合绩效评价指标体系，并从项目入手，制定出分项目的评价指标。下面，从财政综合绩效评价和财政项目绩效评价两个方面介绍地方财政绩效的相关理论与方法。

一、综合绩效评价

财政综合绩效评价将一个中央、省、地市、县、乡各级政府的财政状况视为一个整体进行评价，评价过程中除了对财政支出的总量绩效评价外，还要通过对某类财政资金和某个部门使用的财政资金的效益和结构进行评价，但最终结果是要形成财政整体的绩效评价结果，因此，综合绩效评价对象具有整体不可分割性，任何对财政的具体内容的分类都不能适用于财政的综合绩效评价。当财政作为整体进行评价，按照我国目前财政管理体制，中央、省、地市、县、乡各级政府都具有独立的财政职能，因此，可以按照财政管理级次对财政综合绩效评价工作进行分类，即划分为全国财政综合绩效评价、中央财政综合绩效评价和地方财政综合绩效评价。本节研究的是地方财政综合绩效评价。

（一） 综合绩效评价的理论依据

1. 可持续发展理论

可持续发展理论的基本内涵是：最大限度地减少因人类文明进步而对环境施加的压力，在实现经济发展目标的同时确保人类赖以生存的自然界，保护支撑经济增长的资源与环境，以达到人类与自然界的协调发展；注意满足当代人需求的同时绝不损害后代人的需求与发展，以达到人与人的和谐，保证世代繁荣。

从财政的角度来看，可持续发展就是要在财政收入与财政支出方面统筹规划。财政收入是无偿取得的，是人们创造的社会财富的一部分，如果取得的太多就会影响经济社会的发展，取得的太少又会影响政府职能的行使，无法有效地推动经济社会向前发展；财政支出的分配关系到社会各阶层的直接利益，财政支出的效应遍及每个社会公众，支出的结果应对整个社会的发展起到良好的作用，至少不应影响到后人的生存。无论是财政收入的取得还是财政支出的分配都应当考虑到社会经济、政治、环境以及人类的协调和可持续发展。

政府战略规划的实施需要财政的支持，一个高效的财政运行机制是政府战略规划顺利实施和目标实现的保障。公共财政的一个根本要求是财政运行体系必须平稳、高效、具有可持续性，只有这样的财政运行机制，才能保障政府战略规划的有效实施，保证规划目标在规定时期内实现，因此，财政的可持续发展需要财政绩效评价。

2. 成本效益论[①]

成本效益论是以长期的观点和深入的观点，将财政收支计划的一切可能发生的成本与收益，利用数量分析的方法，计算收益成本比，以了解其可行性。

就社会成员和财政的关系看，存在着成本效益的比较。税收是人们为了购买公共产品而付出的成本。为了享受公共产品所带来的效用，纳税人必须通过纳税的方式来购买公共产品，同时，人们也愿意用纳税的方式购买公共产品，因为从公共产品中获得的效用大于至少不少于从私人产品获得的效用。

公共产品提供的效用大于或等于私人产品，就说明财政经济活动是有效益的，而如何来体现这种效益，无论是从财政的社会效益状况出发还是从财政自身效益出发，都需要通过绩效评价才能反映出来。

3. 公共经济理论

在市场经济条件下，政府的职责是弥补市场缺陷，解决市场失灵问题和满足

---

① 冯鸿雁. 财政支出绩效评价体系构建及其应用研究 [D]. 天津大学，2004.

社会公共需要，财政是实现政府职能的物质基础。财政作为公共部门，必须能够提供私人部门不能提供和不能有效提供的产品和服务，才能实现政府满足社会公共需要的目标，这正是市场经济条件下财政作为公共部门存在和发展的主要依据。财政为社会提供公共产品时，是通过税费来解决其经费的。税费是公共产品供应的"价格"，是社会成员为享受公共服务所必须付出的代价。国家在提供公共产品时，必须回答和解决一系列问题，如所生产的公共产品的规模、数量应有多大？什么才是公共产品与私人产品的理想的混合？如何在一系列可供选择的方案中择优？税费作为公共产品的费用应如何由不同的社会成员负担？这些问题归结为一句话就是财政资源配置问题。要实现财政资源配置的优化，在具体的管理操作中必然要归结到绩效评价上来。财政评价，就是通过对财政活动的绩效进行分析和考核来为财政资源优化配置提供依据和方法。

4. 经济控制论①

控制是指为按照给定的条件和预定的目标，对一个过程或一系列事件施加影响的一种行为。控制论的研究表明，无论自动机器，还是神经系统、生命系统，以至经济系统、社会系统，撇开各自的质态特点，都可以看作一个自动控制系统。控制论是具有方法论意义的科学理论，其理论、观点可以成为研究问题的科学方法。控制论的理论观点在其发展过程中与其他学科结合后出现了许多新的分支，经济控制论就是其中的一个分支。经济控制论的产生对绩效评价的研究产生了直接的影响。控制论对绩效评价系统研究的影响主要体现在：通过运用控制论的基本原理，可以充分地认识到绩效评价系统程序各个环节的功能，涉及控制的节点，实现绩效评价的目标。

5. 系统论

系统是指由若干要素以一定结构形式联结构成的具有某种功能的有机整体。系统论是研究系统的一般模式、结构和规律的学问。系统论的核心思想是系统的整体概念，其对绩效评价的影响主要体现在，系统论可以为绩效评价系统的建立提供观念上的指导，有助于从完整、系统、全面的角度去分析和研究绩效评价体系及相关问题，注重它们之间的关系及其相互的影响，树立从战略角度对绩效评价体系进行全面研究的观念，以促进政府战略目标的实现。

（二）综合绩效评价的方法

财政综合绩效评价的方法可分为传统评价方法和现代评价方法两种②。

---

① 王海青. 地方财政支出绩效评价指标体系的设计［D］. 山东大学，2010.
② 谢艳珠. 我国的财政绩效评价体系研究［D］. 山西财经大学，2006.

1. 传统评价方法

具体见表 4 − 1。

表 4 − 1 传统评价方法

方法	解释与说明
比较分析法（包括横向比较分析法和历史动态比较分析法）	横向比较分析法，是对不同评价客体进行横向比较，如对财政收入结构绩效进行评价时，可以对不同地区结构绩效进行比较，也可以用我国的数据和国际上其他国家进行比较。对具体项目支出绩效进行评价时，可以对同类项目进行比较，对不同方案进行比较。
	历史动态比较法，是将历史数据进行对比分析，了解其历史上的变化及效益波动情况，既可以看出其发展趋势，也可以了解各种因素在不同时期的影响及作用机理，进而分析其效益差异的成因及改进方向。
目标评价法	目标评价法就是将财政运行实际实现的效果与预期效果之间进行比较，此方法可用于对预算目标实现情况评价，也可用于周期性较长的财政支出项目的评价，还可用于规模及结构效益方面的评价。
成本—效益比较分析法	这是将一定时期内项目的总成本与总效益进行对比分析的一种方法，通过多个预选方案进行成本效益分析，选择最优的支出方案。该方法适用于成本和收益都能准确计量的项目评价，如公共工程项目等，但对于成本和收益都无法用货币计量的项目则无能为力，一般情况下，以社会效益为主的支出项目不宜采用此方法。
成本效果分析法（CEA）	成本效果分析是对项目成本和项目成果之间关系的研究，这种关系以每单位成果所消耗成本来表示。当成本效益分析允许分析人员对项目不同方案的经济效率进行比较时，成本效果分析所关注的内容是发现实现既定目标的最为经济的手段，或者通过确定的开支实现最大的价值。
最低成本法	最低成本法也称最低费用选择法，适用于那些成本易于计算而效益不易计量的支出项目，如社会保障支出项目，该方法只计算项目的有形成本，在效益既定的条件下分析其成本费用的高低，以成本最低为原则来确定最终的支出项目。
因素分析法	因素分析法是统计分析方法之一，是指当某个指标同时受两个或两个以上因素变动影响时，分析各因素对该指标变动的影响方向和程度，以便找出主要因素，抓住主要矛盾的方法。因素分析法在经济分析中的应用主要有两个方面，一是通过对影响经济目标的因素进行分析，确定经济目标的偏差受各因素变化的影响程度；二是计算影响经济目标诸因素的变化会对目标各自产生多大的影响结果。前者习惯上称为因素分析，后者通常叫做敏感性检验。在实际应用中，因素分析一般以变量循环替代的方式进行，即一次增加一个新变量值依次替换初始变量值分步计算出各因素对经济目标的影响。
公众评判法	对于无法直接用指标计量其效益的支出项目，可以选择有关专家进行评估并对社会公众进行问卷调查，以评判其效益，适合于对公共管理部门和财政投资兴建的公共设施进行评价，具有民主性、公开性的特点，但应用范围有限且有一定模糊性。

2. 现代评价方法

具体见表 4 - 2。

表 4 - 2　　　　　　　　　　　　现代评价方法

方法	解释与说明
因子分析法	因子分析的基本思想是根据相关性大小把变量分组，使得同组内的变量之间相关性较高，但不同组的变量相关性较低。每一组变量形成一个因子，因子往往反映了事物或研究对象的本质。不同的因子代表不同的本质含义，对目标总体的贡献度也不同，以因子的贡献度作为因子权数，因为权重是客观决定的，其可信度高于人为主观评价。通过因子分析可以有助于研究各满意度指标之间存在的相关模式，同时，也可以利用因子分析比较竞争者们在不同满意度指标上的优劣差异。
生产函数法	通过生产函数的确定，明确产出与投入之间的函数关系，借以说明投入产出水平即经济效益水平的一种方法。用公式表示就是：$Y = f(A, K, L\cdots)$，其中 Y 为产出量，A、K、L 等表示技术、资本、劳动等投入要素。生产函数法不仅可以准确评价综合经济效益，而且对评价资源配置经济效益、规模经济效益、技术进步经济效益等都有重要作用，但函数关系的确定较为复杂。
综合评价法	即在多种经济效益指标计算的基础上，根据一定的权数计算出综合经济效益指数，该方法目前被我国多个部门采用，评价的准确度较高、较全面，但在指标选择、标准值确定及权数计算等方面较复杂，操作难度相对较大。
层次分析法	层次分析法是一种定性分析和定量分析相结合的评价决策方法，它特别适用于那些难以完全定量分析的问题。其基本思路是评价者通过将复杂问题分解为若干层次和若干要素，并在同一层次的各要素之间简单地进行比较、判断和计算，得出不同要素的相对重要度，从而为选择最优方案提供决策依据。层次分析法的特点是：能将人们的思维过程数学化、系统化，便于人们接受；所需定量数据信息较少。但要求评价者对评价问题的本质、包含要素及其相互之间的逻辑关系能掌握得十分透彻。
模糊数学法	模糊数学法，是采用模糊数学建立模型，对经济效益进行综合评价的方法，将模糊的、难以进行比较、判断的经济效益指标之间的模糊关系进行多层次综合评价计算，从而明确各单位综合经济效益的优劣。
线性规划分析法	线性规划是解决多变量最优决策的方法。它在各种相互关联的多变量的约束条件下，去解决或规划一个对象的线性目标函数最优值的问题。其中，目标函数是指决策者要求达到目标的数学表达式，用一个极大值或极小值表示；约束条件是指实现目标的能力资源和内部条件的限制因素，用一组等式或不等式来表示。

　　财政综合绩效评价方法众多，以上只是列举了一部分方法，同时，财政综合绩效评价方法并不是一成不变的，应根据社会经济发展不断研究并采用更先进科学的评价方法，以提高财政综合绩效评价的科学性和准确性。

二、项目绩效评价

财政项目绩效评价的概念可以归纳为：使用系统、科学的评价办法，比照统一制定的评价标准，基于预期目标，对财政投资行为过程及其结果的经济性、效率性、有效性和公平性，进行科学、客观、公正、全面的衡量比较和综合评判。

财政项目绩效评价的主体通常是财政部门、主管部门和项目实施单位，评价对象是财政项目的效益，包括社会效益、经济效益和生态效益。由于财政项目是部门、单位财政支出的重要方面之一，而且项目内容十分广泛、项目间差异大、项目效益不确定性大，因此，对财政项目开展绩效评价，对合理安排财政经费、提高财政资金效益具有十分重要的作用。

(一) 项目绩效评价的理论依据

1. 公共产品理论

公共产品是相对私人产品而言的，是指所有社会成员可以同时消费且每个成员的消费都不会减少其他社会成员消费的集体产品。公共产品具有非竞争性和非排他性两个基本特征。例如，国防、公共卫生服务、无线电视、无线广播均是典型的公共产品。

公共产品理论为明确界定公共投资项目绩效评价研究对象提供了理论依据。这是由于公共投资项目所提供的产品属于纯公共产品和准公共产品的范畴，为满足社会公共需要而向社会及时提供质量优良、数量充足的纯公共产品和准公共产品是公共投资项目绩效管理的目标。

公共产品理论为公共投资项目的治理提供了新的理论分析工具和研究视野。例如，我们可以根据公共产品理论较好分析政府在公共产品有效供给上存在的"越位"和"缺位"问题。

根据公共产品理论来合理安排公共投资项目的规模、投资方向和范围等。要求我们要处理好公共产品的需求与供给关系，充分了解社会大众对公共产品的需求偏好，使公共投资项目活动做到有的放矢，科学运作和管理，使财政资金的使用效益得到进一步的提高。

2. 委托代理理论

按照委托代理理论，当剩余索取权与合同控制权相分离后，委托人可能要面临道德风险和逆向选择问题。因此，委托人需要通过完善激励和约束机制，降低代理成本，规避道德风险，尽可能使自己的预期收益或效用达到最大化。

委托代理理论是公共投资项目绩效评价产生的理论基础。它有利于克服、矫正公共投资项目委托代理行为中委托人与代理人之间的信息不对称状态，为实现政府在公共投资项目管理职能的合理定位提供理论分析依据。

3. 公共选择理论

公共选择理论就是应用经济学去研究政府决策行为的科学。其主要理论观点是：公共选择理论是对非市场决策的经济学研究；公共选择理论是一种官僚经济理论；政府失灵是公共选择理论的不可回避的核心命题；需要公共选择的理由包括对公共产品的偏好显示问题、信息问题和交易费用问题。

公共选择理论分析了市场经济条件下政府与市场之间的关系，指出市场失灵是政府干预的前提条件，但政府干预不是万能的，政府干预有其自身的局限性，因此提出了一些防止或纠正政府干预失灵的治理措施。它有利于对公共投资决策过程的深入研究，完善公共产品偏好显示机制。

4. 福利经济学理论

福利经济学作为从福利观点或最大化原则出发，对经济体系的运行给予社会评价的经济学分支学科。新旧福利经济学都认为社会评价就是确定某一社会现象对社会的效用。

福利经济学为公共投资项目绩效评价提供了规范分析的范式，并且有助于对公共投资项目绩效进行社会层面上的考量。

（二）项目绩效评价的原则

财政项目绩效评价遵循"5E"原则①：

1. 经济性

经济性表示资源消耗要达到最小化的程度，它客观上要求在公共支出管理过程中，通过一定约束机制来有效避免公共支出活动中严重浪费的现象，以达到节约财政资金的目的。

2. 效率性

效率性主要反映公共投资项目的投入与产出之间的对比关系程度。投入少，产出大，说明公共投资项目的效率高。

3. 有效性

有效性是指公共支出所取得的最终结果的具体反映，表示产出最终对实现政策目标的影响程度，在衡量最终结果时需要考虑当前效益与长远效益。

---

① 郑保红. 地方政府财政支出绩效评价指标体系构建研究［D］. 广西大学，2014.

4. 公平性

公平性表示社会的公平程度，不仅要包括收入分配的公平，而且包括个人全面发展的条件也要公平。公平性指标从社会层面考察公共投资项目的实施与使用对社会公平的影响程度，是公共投资项目绩效评价中不可忽视的重要因素。

5. 生态性

生态性表示公共投资项目的实施和使用对自然生态环境的影响大小。生态性指标主要考察公共投资项目对自然生态环境的影响程度，是政府在公共投资项目决策中所必须考虑的重要因素之一。将生态性指标纳入公共投资项目绩效评价指标体系，也是我国可持续发展的必然要求。

（三）方法选择

绩效评价方法是财政绩效评价的重要手段。评价方法的一个重要的作用就是将那些看似孤立的、毫无联系的信息资料、评价指标和标准结合在一起进行处理，以得出反映绩效所需要的评价结果。可以这么说，没有科学的评价方法，评价指标和标准就变成了孤立而无任何意义的评价要素。一般地，定性分析和定量分析组成了财政绩效评价方法的有机整体。以成本—效益分析法为基础，并综合运用比较法、因素分析法、主成分分析法、模糊聚类分析法、层次分析法、专家评价法等评价方法。如何针对不同特性的财政绩效，合理、理性地选择出与之相应的绩效评价方法，就成为绩效评价成败的一个关键问题，这也是本书研究的一个重点。

《福建省财政支出绩效评价管理暂行办法》指出，绩效评价方法主要采用成本效益分析法、比较法、因素分析法、最低成本法、公众评判法等，根据评价对象的具体情况，可采用一种或多种方法进行绩效评价。

（四）结论指向

财政绩效评价工作结果的运用是考察财政绩效评价工作能否取得成效的主要依据，也是保证该项工作持续、深入发展的基本前提。评价结果是对财政效益的总结，也是政府和财政部门对社会资源配置能力和效率的集中体现，其结果应直接纳入人民代表大会对预算执行情况的审核程序，并作为财政信息库的重要组成部分，为今后财政预算的编制、优化财政结构和提高财政效率提供强有力的信息支持，这也是财政绩效评价工作的目的和生命力所在。但从目前情况看，将评价结果纳入财政支出决策体系、财政资金管理与监督体系、经济发展预测体系等，还需要进行不断的努力。因此，一是要研究和制定地方财政绩效评价工作结果的应用管理办法，对评价工作结果运用目的、范围、程序、权限等做出具体规定，指导和规范全国财政绩效评价工作结果的运用；二是各地方政府管理部门要结合各自的特点，研究制定本部门成果运用的具体实施办法，为提高新上项目运营质量，加强项目管理、监督和考核提供参考依据，也为今后同类项目建设提供经验参考；三是要建立健全有关法律法规，对项目具体执行行为和各有关责任人实施有效的制约和监督，同时对财政绩效评价中反映出的有关财政收支、财务收支、项目质量等方面的问题，要依法进行处理，以增强财政绩效评价工作的权威性。

第三节　我国地方财政绩效评价指标体系

一、指标设计概述

（一）设计原则与依据

地方财政绩效评价指标体系的构建应遵循如下原则：

（1）相关性。所选指标必须与公共财政运行密切相关，不涉及与公共财政运行无关的指标。

（2）完整性。所选指标应尽可能反映公共财政运行的主要方面，避免重大遗漏。

（3）重要性。在相关性和完整性基础上，对能够突出体现公共财政运行的指标需要进行详细测度和反映，对于那些有必要但不太重要的指标进行相对简略的测度。

（4）独立性。选出的指标应尽可能独立，不同的指标要评价公共财政绩效的不同方面，避免重复评价。

（5）精确性。所选指标在评价内容的度量上要具有精确性，客观指标的定义要准确，资料来源可靠。主观性指标的取得要符合综合评价技术的要求。

（6）可比性。作为一个绩效评价指标体系，在设计时应该能注意到各地区、各部门的一致性和不同时期的相对稳定，指标在横向和纵向上具有一定的可比性。

（7）可操作性。评价指标要科学适用，准确反映评价的目的，实现定量评价与定性评价相结合，总量评价与比率评价相结合。

（8）可变性原则。评价指标应随着经济发展变化和财政运行特点的不断变化不断调整，公共财政绩效评价指标反映这种变化。

（9）可控制性原则。公共财政绩效评价指标必须为财政运行的内生变量，政府有目的、有影响的调整行为，可以影响到相应指标发生变化，从而为政府设计或评价财政绩效提供可资借鉴的信息。

（10）经济性原则。指标的选取要考虑现实条件及可操作性，数据的获得应符合成本效益原则。在满足评价目标的前提下要减少指标之间的信息重复，选定的指标应尽可能包含大的信息量。

《福建省财政支出绩效评价管理暂行办法》指出，绩效评价指标的确定应当遵循相关性原则、重要性原则、系统性原则、经济性原则和可比性原则。《广东省财政支出绩效评价试行方案》指出，绩效评价工作应遵循经济性、效率性、有效性原则，定量分析和定性分析相结合原则，真实性、科学性、规范性原则。《上海市财政支出绩效评价管理暂行办法》指出，指标设置应当遵循相关性、重要性、系统性和经济性原则。

此外，构建地方财政绩效评价指标体系应依据"创新、协调、绿色、开放、共享"五大理念，从而构建合理的指标体系。

（二）目标与内容

从财政绩效评价的目的性看，在社会主义市场经济条件和公共财政基本框架下，财政具有配置资源、调节收入分配、稳定和发展经济的功能，建立财政绩效评价体系的目的，就是向各级政府、纳税人提供客观、公正、公平、透明的财政支出效果判断和管理者业绩评估信息，为今后编制财政预算提供参考依据，并能够规范资金使用者的支出行为，提高财政资金管理水平，从而达到提高财政效益的目标。

根据我国财政改革发展目标，以财政运行体系的内容为基础，按照财政运行评价主客体差异，可以将财政运行评价体系内容分为五部分：财政收入评价、财政支出评价、财政管理体制运行评价、财政运行风险评价以及财政平衡评价，具体关系如图 4-1 所示。

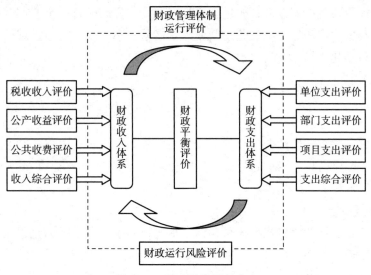

图 4 – 1　财政绩效评价内容

（三）指标体系构建

财政支出绩效评价指标是反映财政支出绩效的特定概念和具体数值。它是衡量、监测和评价财政支出的经济性、效率性和有效性，揭示财政支出存在问题的重要量化手段；它是财政支出绩效评价工作成果的体现，反映财政支出绩效评价的工作内容。因此，针对不同评价对象，遵循科学合理的原则，确定不同评价内容，在满足实际工作需要的基础上分层次建立一套科学合理、多层次、实用可行的评价指标体系，对于做好财政支出绩效评价工作具有十分重要的意义。

根据地方政府职能和财政支出的特点，结合大部制改革的大趋势，将地方政府绩效评价分为两个层次，依次是：综合绩效评价层次和项目绩效评价层次。在构建具体指标体系时，分别从收入、支出和收支平衡三个方面进行整理，最终形成了一个多层次交叉的指标体系。

《福建省财政支出绩效评价管理暂行办法》和《上海财政支出绩效评价管理暂行办法》均指出，绩效评价指标分为共性指标和个性指标。《广东省财政支出绩效评价试行方案》也将绩效评价指标分为基本（通用）指标和个性（选定）指标两大类。

二、综合绩效评价指标体系

（一）体系构建目的

对地方财政绩效进行综合评价，构建综合绩效评价指标体系，是为了进一步推动地方深化财税体制改革，改进预算管理制度，提高财政资金使用效益，探索构建符合我国国情的地方财政管理绩效评价体系，不断改进财政宏观管理，提升财政管理科学化水平。

（二）指标体系构建

1. 基本思路

针对我国地方财政综合绩效评价，本书以党的十八届五中全会提出的"五大发展理念"为指导，分别从收入、支出和收支平衡三个方面进行指标体系的构建。

2. 体系设计

构建的综合绩效评价指标体系含四级指标，其中，一级指标包含收入、支出和收支平衡三个方面，如表 4-3 所示。

表 4-3 综合绩效评价指标体系

一级指标	二级指标	三级指标	四级指标
财政收入综合绩效评价指标（X1）	财政收入规模绩效指标（X11）	财政预算收入规模指标（X111）	
		财政收入规模指标（X112）	
	预算编制规范性指标（X12）	财政预算编制规范性指标（X121）	
		公共财政年初预算到位率指标（X122）	
		部门预算管理指标（X123）	
	预算执行效率指标（X13）	一般预算完成预算进度指标（X131）	
		中央税完成预算进度指标（X132）	
		地方税完成预算进度指标（X133）	
	财政收入质量绩效指标（X14）	地方（地区）税收收入比重（X141）	
		地方（地区）非税收收入比重（X142）	
		税收增量占 GDP 增量的比重（X143）	
		非税增量占 GDP 增量的比重（X144）	
		税收增量占财政收入增量的比重（X145）	
		非税收增量占财政收入增量的比重（X146）	
		一般预算收入占比（X147）	
		人均财政收入（X148）	
		人均税收收入（X149）	
		财政收入规模增长率（X1410）	
		财政收入边际增长率（X1411）	
		人均财政收入增长率指标（X1412）	
		财政收入与 GDP 之间的弹性指标（X1413）	

续表

一级指标	二级指标	三级指标	四级指标
财政支出综合绩效评估指标（X2）	财政支出规模绩效指标（X21）	财政预算支出规模指标（X211）	一般预算支出
		财政支出规模指标（X212）	预算内支出（X2121）
			预算外支出（X2122）
	财政支出完成效率指标（X22）	一般预算支出完成资金进度指标（X221）	
		一般预算支出完成时间进度指标（X222）	
		各级政府一般预算支出完成进度（X223）	
		一般预算收支比例（X224）	
		一般预算支出完成进度与收入完成进度比（X225）	
		一般预算支出完成进度与全国预算进度比（X226）	
	财政支出质量绩效指标（X23）	财政支出增长率指标（X231）	
		一般预算支出增长率指标（X232）	
		人均财政支出增长率指标（X233）	
		预算外支出增长率指标（X234）	
		财政支出占 GDP 的比重（X235）	
		财政支出与 GDP 的弹性（X236）	
		财政支出与财政收入的比率（X237）	
		负债风险比率指标（X238）	
		社会保障发展水平指标（X239）	
	优化支出结构效益指标（X24）	事业发展水平支出比重（X241）	
		经济建设与保护环境发展水平支出比重（X242）	
		公共安全支出比重（X243）	
		教育、科技支出比重（X244）	教育支出比重（X2441）
			人均教育支出（X2442）
			科术支出比重（X2443）
		文化体育与传媒支出比重（X245）	
		社会保障和就业支出比重（X246）	
		医疗卫生支出（X247）	人均医疗卫生支出
		节能环保支出比重（X248）	单位地区生产总值能耗（X2481）
			单位地区生产总值电耗（X2482）
			城镇污水处理率（X2483）
			城镇生活垃圾无害化处理率（X2484）
			单位产出大气污染程度（X2485）
			环保支出/财政支出（X2486）

一级指标	二级指标	三级指标	四级指标
财政支出综合绩效评估指标（X2）	优化支出结构效益指标（X24）	农林水事务支出比重（X249）	农业科研费用占财政支农支出的比率（X2491）
			农业技术推广服务覆盖率（X2492）
		住房保障支出比重（X2410）	
财政收支平衡绩效指标（X3）	财政收支平衡指标（X31）	事业发展水平指标（X311）	
		行政管理支出比重（X312）	
		经济建设与物化环境发展水平指标（X313）	
		财政赤字指标（X314）	
		债务管理指标（X315）	政府性债务率（X3151）
			政府性债务新增债务率（X3152）
			政府性债务逾期率（X3153）
			政府性债务偿债率（X3154）
		中央财政自给率指标（X316）	
		地方财政自给率指标（X317）	
	政府间财政平衡指标（X32）	中央财政收入与地方财政收入的比值（X321）	
	预算内外平衡指标（X33）	预算外收入与一般预算收入的比例（X331）	
		预算外支出与一般预算支出的比例（X332）	
		预算外收入与一般预算收入增长间的弹性指标（X333）	
		预算外支出与一般支出增长间的弹性指标（X334）	
		预算外支出与预算外收入间的弹性指标（X335）	
	财政进度平衡指标（X34）	中央财政一般预算支出完成预算进度与一般预算收入完成预算进度的比例（X341）	
		GDP完成计划进度与全部财政收入完成预算进度的比较值指标（X342）	
		一般预算支出与可用财力的增长弹性系数指标（X343）	
		省级财政一般预算支出完成预算进度与一般预算收入完成预算进度的比例指标（X344）	
		全部财政收入完成预算进度与时间进度差指标（X345）	

（三）指标说明

根据党的十八届五中全会提出的"五大发展理念"为指导建立的地方财政综合绩效评价指标体系（见表4-3），现分析如下。

1. 体现创新的指标说明

创新是经济社会发展的根本动力，必须把发展基点放在创新上，形成促进创新的体制架构，塑造更多依靠创新驱动、更多发挥先发优势的引领型发展。坚持创新发展，必须把创新摆在发展全局的核心位置，不断推进理论创新、制度创新、科技创新、文化创新等各方面创新。为此，应深入实施创新驱动发展战略，发挥科技创新在全面创新中的引领作用，实施重大科技项目，在重大创新领域组建一批实验室，积极提出并牵头组织大科学计划和大科学工程。此外，应大力推进农业现代化，加快转变农业发展方式，走产出高效、产品安全、资源节约、环境友好的农业现代化道路。

在创新方面涉及的指标有两个分项指标，即教育、科技支出指标（X244）和农林水事务支出指标（X249）。教育、科技支出指标又分为教育支出占财政支出的比重（X2441）、人均教育支出（X2442）、科学技术支出占财政支出比重（X2443）。农林水事务支出指标又分为农业科研费用占财政支农出的比率（X2491）和农业技术推广服务覆盖率（X2492）。

2. 体现协调的指标说明

坚持协调发展，必须牢牢把握中国特色社会主义事业总体布局，正确处理发展中的重大关系，重点促进城乡区域协调发展，促进经济社会协调发展，促进新型工业化、信息化、城镇化、农业现代化同步发展，在增强硬实力的同时注重提升软实力，不断增强发展整体性。增强发展协调性，必须在协调发展中拓宽发展空间，在加强薄弱领域中增强发展后劲。推动区域协调发展，塑造要素有序自由流动、主体功能约束有效、基本公共服务均等、资源环境可承载的区域协调发展新格局。

在创新方面涉及的指标有两个分项指标，即财政收入质量绩效指标（X14）和优化支出结构效益指标（X24）。财政收入质量绩效指标（X141）中的地方（地区）税收收入比重指全部财政收入中税收收入除以财政收入，该项指标反映财政收入结构的合理性。优化支出结构指标（X24）以公共安全、教育、科学技术、文化体育与传媒、社会保障和就业、医疗卫生、节能环保、农林水事务、住房保障支出等9项支出总体水平及其人均水平为对象，评价地方重点支出保障力度和支出结构优化程度，引导和督促地方切实保障和改善民生，提高财政资金使用效益。

3. 体现绿色的指标说明

坚持绿色发展，必须坚持节约资源和保护环境的基本国策，坚持可持续发展，坚定走生产发展、生活富裕、生态良好的文明发展道路，加快建设资源节约型、环境友好型社会，形成人与自然和谐发展的现代化建设新格局，推进美丽中国建设，为全球生态安全作出新贡献。促进人与自然和谐共生，构建科学合理的城市化格局、农业发展格局、生态安全格局、自然岸线格局，推动建立绿色低碳循环发展产业体系。加快建设主体功能区，发挥主体功能区作为国土空间开发保护基础制度的作用。推动低碳循环发展，建设清洁低碳、安全高效的现代能源体系，实施近零碳排放区示范工程。全面节约和高效利用资源，树立节约集约循环利用的资源观，建立健全用能权、用水权、排污权、碳排放权初始分配制度，推动形成勤俭节约的社会风尚。加大环境治理力度，以提高环境质量为核心，实行最严格的环境保护制度，深入实施大气、水、土壤污染防治行动计划，实行省以下环保机构监测监察执法垂直管理制度。筑牢生态安全屏障，坚持保护优先、自然恢复为主，实施山水林田湖生态保护和修复工程，开展大规模国土绿化行动，完善天然林保护制度，开展蓝色海湾整治行动。

本书在绿色方面涉及的指标主要是节能环保支出比重指标（X248）。节能环保支出比重指标又具体包括单位地区生产总值能耗指标（X2481）、单位地区生产总值电耗指标（X2482）、城镇污水处理率指标（X2483）、城镇生活垃圾无害化处理率指标（X2484）、单位产出大气污染程度指标（X2485）及环保支出占财政支出的比重指标（X2486）。

4. 体现开放的指标说明

坚持开放发展，必须顺应我国经济深度融入世界经济的趋势，奉行互利共赢的开放战略，发展更高层次的开放型经济。开创对外开放新局面，必须丰富对外开放内涵，提高对外开放水平，协同推进战略互信、经贸合作、人文交流，努力形成深度融合的互利合作格局。对于地方财政绩效评价，主要是研究地区间的开放情况。

本书在开放方面涉及的指标主要是政府间财政平衡指标（X32）。政府间财政平衡指标具体为中央财政收入与地方财政收入的比值，它反映中央与地方在全部财力之间分配的关系，体现中央与地方财政收入的平衡程度，体现各地区之间的开放关系。

5. 体现共享的指标说明

坚持共享发展，必须坚持发展为了人民、发展依靠人民、发展成果由人民共享，作出更有效的制度安排，使全体人民在共建共享发展中有更多获得感，增强发展动力，增进人民团结，朝着共同富裕方向稳步前进。按照人人参与、人人尽力、人人享有的要求，坚守底线、突出重点、完善制度、引导预期，注重机会公平，保障基本民生，实现全体人民共同迈入全面小康社会。增加公共服务供给，从解决人民最关心最直接最现实的利益问题入手，提高公共服务共建能力和共享水平，加大对革命老区、民族地区、边疆地区、贫困地区的转移支付。建立更加公平更可持续的社会保障制度，实施全民参保计划，实现职工基础养老金全国统筹，划转部分国有资本充实社保基金，全面实施城乡居民大病保险制度。推进健康中国建设，深化医药卫生体制改革，理顺药品价格，实行医疗、医保、医药联动，建立覆盖城乡的基本医疗卫生制度和现代医院管理制度，实施食品安全战略。

在共享方面涉及的指标涉及四个分项指标，即社会保障发展水平指标（X239）、医疗卫生支出指标（X247）、住房保障支出比重指标（X2410）及事业发展水平指标（X311）。社会保障发展水平指标用社会保障支出占全省财政支出总额比重来衡量。医疗卫生支出指标用人均医疗卫生支出来衡量。事业发展水平指标为事业发展支出占全省财政支出总额的比重，该指标值达到适度的水平，显示本地区科教文卫等社会公益事业发展水平和社会综合质量与社会发展是相适应的。

三、项目绩效评价指标体系

（一）体系构建目的

财政项目是地方财政的重要组成部分，财政项目绩效评价是财政预算绩效管理的基础和核心，作为公共财政管理的重要组成部分，开展财政项目绩效评价是规范财政行为，提高财政资金使用效益和效率的重要手段，对推进财政预算科学化、精细化管理具有重大意义。

（二）指标体系构建

根据相关性、可比性、重要性、经济性、科学性和稳定性等原则，本书借鉴了财政部财政支出绩效评价指标体系以及其他省份财政支出绩效评价指标体系，将项目绩效评价指标体系分为共性指标和个性指标两个方面。

1. 共性指标的选取

本书选取项目绩效评价的共性指标如表4-4所示。

表 4-4　　　　　　　　　　　　项目绩效评价指标体系

一级指标	二级指标	三级指标	指标解释
项目决策指标（Z1）	项目目标指标（Z11）	目标内容指标（Z111）	目标是否明确、细化、量化。
		绩效目标合理性指标（Z112）	项目所设定的绩效目标是否依据充分，是否符合客观实际，用以反映和考核项目绩效目标与项目实施的相符情况。
		绩效指标明确性指标（Z113）	依据绩效目标设定的绩效指标是否清晰、细化、可衡量等，用以反映和考核项目绩效目标的明细化情况。
	决策过程指标（Z12）	决策程序指标（Z121）	项目是否符合申报条件；申报、批复程序是否符合相关管理办法；项目调整是否履行相应手续。
	资金分配指标（Z13）	分配办法指标（Z131）	是否根据需要制定相关资金管理办法，并在管理办法中明确资金分配办法；资金分配因素是否全面、合理。
		分配结果指标（Z132）	资金分配是否符合相关管理办法；分配结果是否合理。
项目管理指标（Z2）	资金到位指标（Z21）	资金到位率指标（Z211）	实际到位资金与计划投入资金的比率，用以反映和考核资金落实情况对项目实施的总体保障程度。资金到位率 = 实际到位资金/计划投入资金 × 100%。
		到位及时率指标（Z212）	及时到位资金与应到位资金的比率，用以反映和考核项目资金落实的及时性程度。到位及时率 = 及时到位资金/应到位资金 × 100%。
	资金管理指标（Z22）	资金使用合规性指标（Z221）	是否存在支出依据不合规、虚列项目支出的情况；是否存在截留、挤占、挪用项目资金情况；是否存在超标准开支情况；用以反映和考核项目资金的规范运行情况。
		财务管理制度健全性指标（Z222）	资金管理、费用支出等制度是否健全，是否严格执行；会计核算是否规范；项目实施单位的财务制度是否健全，用以反映和考核财务管理制度对资金规范、安全运行的保障情况。
		财务监控有效性指标（Z223）	项目实施单位是否为保障资金的安全、规范运行而采取了必要的监控措施，用以反映和考核项目实施单位对资金运行的控制情况。
	组织实施指标（Z23）	组织机构指标（Z231）	机构是否健全、分工是否明确。
		管理制度指标（Z232）	是否建立健全项目管理制度；是否严格执行相关项目管理制度。

一级指标	二级指标	三级指标	指标解释
项目绩效指标 （Z3）	项目产出指标 （Z31）	产出数量：实际完成率指标（Z311）	项目实施的实际产出数与计划产出数的比率，用以反映和考核项目产出数量目标的实现程度，项目产出数量是否达到绩效目标。实际完成率＝实际产出数/计划产出数×100％。
		产出质量：质量达标率指标（Z312）	项目完成的质量达标产出数与实际产出数的比率，用以反映和考核项目产出质量目标的实现程度，项目产出质量是否达到绩效目标。质量达标率＝质量达标产出数/实际产出数×100％。
		产出时效：完成及时率指标（Z313）	项目实际提前完成时间与计划完成时间的比率，用以反映和考核项目产出时效目标的实现程度，项目产出时效是否达到绩效目标。完成及时率＝［（计划完成时间－实际完成时间）/计划完成时间］×100％。
		产出成本：成本节约率指标（Z314）	完成项目计划工作目标的实际节约成本与计划成本的比率，用以反映和考核项目的成本节约程度，项目产出成本是否按绩效目标控制。成本节约率＝［（计划成本－实际成本）/计划成本］×100％。
	项目效果指标 （Z32）	经济效益指标（Z321）	项目实施是否产生直接或间接经济效益。
		社会效益指标（Z322）	项目实施是否产生社会综合效益。
		环境效益指标（Z323）	项目实施是否对环境产生积极或消极影响。
		可持续影响指标（Z324）	项目实施对人、自然、资源是否带来可持续影响。
		服务对象满意度指标（Z325）	项目预期服务对象对项目实施的满意程度。

资料来源：《财政支出绩效评价管理暂行办法》。

2. 个性指标的选取

针对具体的项目，本书选取如下个性指标。

（1）经济建设支出项目指标。经济建设支出指标包括经济效益指标、资金利税率、固定资产交付使用率、项目建成投产率、基建投资回报率、投资效益系数六类，如表4－5所示。

表4-5　　　　　　　　　　　经济建设支出项目指标

一级指标	二级指标	三级指标	指标解释
经济建设支出项目指标	项目产出指标	经济效益指标	直接效益指标=新增固定资产/财政经济建设投资
		资金利税率指标	资金利税率指标=新增利税/财政对经济建设投资总额×100%
		固定资产交付使用率指标	固产交付使用率指标=同期交付使用的固定资产价值/基本建设投资总额×100%
		项目建成投产率指标	项目建成投产率指标=全部建成投产项目个数/全部施工项目个数×100%
		基建投资回报率指标	基建投资回报率指标=项目完成后年平均新增利税/基建投资总额×100%
		投资效益系数指标	投资效益系数指标=由该项目投资引起的国民收入增加额/基建投资总额

（2）"三农"支出项目指标。"三农"支出指标包括支持农村建设、支持和促进农业发展、促进农民增收等三类指标，如表4-6所示。

表4-6　　　　　　　　　　"三农"支出项目指标

一级指标	二级指标	三级指标	指标解释
"三农"支出项目指标	支持农村建设指标	新型农村合作医疗覆盖率指标	新型农村合作医疗覆盖率=参加医疗保险人口/农村总人口×100%
		农村社会养老保险覆盖率指标	农村社会养老保险覆盖率=参加农村社会养老保险人口/农村总人口×100%
		农村城镇人口增长率指标	农村城镇人口增长率=项目实施后新增的城镇人口/项目实施前的城镇人口×100%
		非农劳动力占总劳力比重指标	非农劳动力占总劳动力比重=非农劳动力数量/总劳动力数量
	支持和促进农业发展指标	农田水利建设指标	
		农业科研费用占财政支农支出的比率指标	农业科研费用占财政支农支出的比率=财政对农业科研费用的投入/本地区财政支农支出总额×100%
		农业技术推广服务覆盖率指标	农业技术推广服务覆盖率=推广应用先进适用技术的覆盖面积（规模）/总面积（规模）的比值×100%
		农田治理改造面积提高率指标	农田治理改造面积提高率=新增良田亩数/原有良田亩数×100%

续表

一级指标	二级指标	三级指标	指标解释
"三农"支出项目指标	促进农民增收指标	粮食直补、农资综合补贴、良种补贴和农机购置补贴增长率指标	粮食直补、农资综合补贴、良种补贴和农机购置补贴增长率=新增补贴数额/上一基年补贴总数额×100%
		农民培训和农村劳动力转移就业增长率指标	农民培训和农村劳动力转移就业增长率=新增农民工就业人数/原有农民工就业人×100%
		农户人均纯收入增长率指标	农户人均纯收入增长率=项目实施后农户人均纯收入净差额/项目实施前农户人均纯收入×100%
		贫困人口减少率指标	贫困人口减少率=贫困人口减少净额/原有贫困人口数×100%

（3）财政教育支出项目指标。财政教育支出指标由直接产出指标和间接支出指标构成，如表4-7所示。

表4-7　　　　　　　　　　财政教育支出项目指标

一级指标	二级指标	三级指标	指标解释
财政教育支出项目指标	产出指标指标	万元财政支出培养学生总数指标	万元财政支出培养学生数=培养学生人数×10000/财政投入用于培养学生的金额
		义务教育普及率指标	义务教育普及率=义务教育阶段在校学生数量/义务教育阶段适龄入学人口×100%
		教师人均发表论文、专著数指标	教师人均发表论文、专著数=在财政资金支持下发表论文总数量/财政资金支持教师总人数×100%
		教师千人均科研成果获奖数	教师千人均科研成果获奖数=科研成果获奖数×1000/教师人数
		科研成果应用转化率指标	科研成果应用转化率=已经成功运用的科研成果数/科研成果总数×100%
		师生比指标	师生比=学生总数/教师总数
		毕业生合格率指标	毕业生合格率=（合格人数/毕业生数）×100%

（4）财政科技支出项目指标。如表4-8所示。

表 4 - 8　　　　　　　　　　　财政科技支出项目指标

一级指标	二级指标	三级指标	指标解释
财政科技支出项目指标	产出指标	万元财政投入发表论文数量指标	万元财政投入发表论文数量 = 论文数量/发表论文总支出（万元）×100%
		万元财政投入获得专利授权数指标	万元财政投入获得专利授权数 = 获得专利授权数/专利授权总支出（万元）×100%
		万元财政投入科研成果获奖数指标	万元财政投入科研成果获奖数 = 科研成果获奖数/财政在科技方面总投入支出（万元）×100%
		科研成果应用转化率指标	科研成果应用转化率 = 已经成功运用的科研成果数/科研成果总数×100%

（5）财政文化体育支出项目指标。如表 4 - 9 所示。

表 4 - 9　　　　　　　　　　财政文化体育支出项目指标

一级指标	二级指标	三级指标	指标解释
财政文化体育支出项目指标	产出效益指标	每千人拥有公共图书馆藏书册数指标	每千人拥有公共图书馆藏书册数 = 公共图书馆藏书册数×1000/本地区人数
		年举办文化项目数指标	财政文化支出年举办文化项目数
		公共文化服务覆盖率指标	公共文化服务覆盖率 = 公共文化服务覆盖人数/地区人口总数×100%
		公共体育项目覆盖率指标	公共体育项目覆盖率 = 公共体育项目覆盖人数/地区人口总数×100%
		每万元供养专职教练员数指标	每万元供养专职教练员数 = 财政供养的专职教练员数×10000/财政投入的体育经费
		每万元培养"优秀运动队"运动员数指标	每万元培养"优秀运动队"运动员数 = "优秀运动队"运动员数×10000/财政投入的体育经费
		获奖成果比率指标	获奖成果比率 = 获奖的成果数/财政投入的成果数×100%

（6）财政卫生支出项目指标。如表 4 - 10 所示。

表 4 – 10 财政卫生支出项目指标

一级指标	二级指标	三级指标	指标解释
财政卫生支出项目指标	产出指标	人均卫生经费增长速度指标	人均卫生经费增长速度 = 人均卫生经费增加数额/原有人均卫生经费数额 × 100%
		城乡居民医疗保险覆盖率指标	城乡居民医疗保险覆盖率 = 参加城乡居民医疗保险人数量/地区总人口数量 × 100%
		每千人医院床位数指标	每千人医院床位数 = 医院床位总数/地区人口总数（千人）
		每千人专业卫生技术人员数指标	每千人专业卫生技术人员数 = 卫生技术人员总数/地区人口总数（千人）
		医疗设施先进性指标	医疗设施先进性 = 先进医疗设施总量/医疗设施总量 × 100%
		医疗科研成果指标	获得医疗科研成果数量

（7）财政社会保障支出项目指标。如表 4 – 11 所示。

表 4 – 11 财政社会保障支出项目指标

一级指标	二级指标	三级指标	指标解释
财政社会保障支出项目指标	产出指标	失业职工基本生活保障资金发放率指标	失业职工基本生活保障资金发放率当期实际发放（含代缴社会保险费）金额/当期应发放金额 × 100%
		养老保险社会化发放率指标	养老保险社会化发放率 = 养老保险社会化发放金额/养老保险发放总金额 × 100%
		医疗保险覆盖率指标	医疗保险覆盖率 = 参加医疗保险人数/城镇人常住人口 × 100%
		失业保险参保率指标	失业保险参保率 = 参加失业保险职工人数/在职职工总人数 × 100%
		最低生活保障覆盖率指标（实际发放与应该发放的比值）	实际发放与应该发放的比值

（8）财政环境保护支出项目指标。如表 4 – 12 所示。

表4-12   财政环境保护支出项目指标

一级指标	二级指标	三级指标	指标解释
财政环境保护支出项目指标	产出指标	森林覆盖面积增长率指标	森林覆盖面积增长率 = 新增森林覆盖面积/原有森林覆盖面积×100%
		二级和好于二级天气占全年的比例指标	二级和好于二级天气占全年的比例 = 二级和好于二级天气天数/365天×100%
		化学需氧量排放总量减少指标	化学需氧量排放指标 = 化学需氧量排放总量减少量/原化学需氧量排放总量×100%
		氨氮排放总量指标	氨氮排放总量指标 = 氨氮排放总量减少量/原氨氮排放总量×100%
		二氧化碳排放总量指标	二氧化碳排放总量指标 = 二氧化碳排放减少量/原二氧化碳排放总量×100%
		地表水国控断面好于Ⅲ类标准的比例指标	地表水国控断面好于Ⅲ类标准的比例 = 地表水国控断面好于Ⅲ类标准的水域面积/地区内总水域面积×100%

四、其他事项

评价数据主要采用中国统计年鉴、地方财政总决算、地方财政分析评价系统、地方政府性债务管理系统及其他统计数据。

第五章

地方财政绩效管理应用研究

现代宏观经济学的诞生，使得政府组织在经济发展中发挥了不可或缺的作用。随着政府在经济活动中产生的影响越来越大，随之产生的问题也越来越多时，对政府财政行为的研究就显得尤为必要。

集美大学财经学院财政学专业的研究生关于财政方面的研究主要集中在财政支出效率、公共服务与公共产品、财政支出结构以及财政与其他热点研究问题相结合等。

第一节　财政支出对经济发展的影响研究

一、民生支出与经济发展的关系研究

郑霜（2015）探讨了福建省民生支出与经济发展之间的关系。通过对国内外研究成果进行梳理，发现对民生支出的研究是一个热点问题，但是大多从某个侧面来讨论，较少将福建省财政民生支出作为一个整体的研究对象来考虑，这说明对于福建省民生财政的研究还可以进一步拓展。该文主要对以下问题做出了研究：分析其民生支出的数量规模比例、区域差异和民生保障层次；探讨财政民生支出对于福建省经济发展的影响；提出优化财政民生支出的相关建议。

（一）民生支出的相关理论

根据民生支出的相关理论，确定民生支出的统计范围，由于 2007 年福建省财政部门和统计局对公共财政收支分类进行了改革，对财政收支数据的统计口径有所调整，所以近 10 年来公共财政支出的统计口径有一定的变化。

（1）2006 以前公共财政民生支出数据的构成。主要包括：教育、文化体育广播事业费支出、医疗卫生、抚恤和社会福利救济、行政离退休经费以及社会保障补助支出、农业支出、林业支出、水利和气象支出、住房保障、环境保护、公共交通。

（2）2007 年后财政支出科目有了较大变动，教育、文化体育与传媒、社会保障和就业、住房保障支出、医疗卫生、环境保护、公共交通等作为 2007 年后公共财政民生投入的主要项目。

（二）福建省财政民生支出现状

收集福建省民生方面的财政支出数据，得到民生支出的规模及"双比例"表（见表 5 - 1）。结果表明，福建省民生支出中公共财政民生支出呈逐年上升的态势，并且随着经济整体水平的提高，政府加大了在民生方面的支出，人民群众的吃、穿、住、行等生活问题得到极大改善和提高；但是福建省财政民生支出的"双比例"却是不高的，从福建省与全国平均水平的对比（见表 5 - 2）可以看出，尽管民生支出占财政总支出的比例，福建省水平略高于全国水平，但就民生支出占 GDP 的比例来看，全国的支出比例明显比福建省要高，这说明福建省的民生保障水平与其经济发展水平有一定的差距。

表 5 - 1　　　　　福建省公共财政民生支出的规模及"双比例"

年份	财政支出（亿元）	GDP（亿元）	民生支出（亿元）	占财政支出（%）	占 GDP（%）
2000	324.2	3764.5	122.4	37.8	3.3
2001	373.2	4072.9	139.8	37.5	3.4
2002	397.6	4467.6	149.5	37.6	3.3
2003	452.3	4983.7	165.1	36.5	3.3
2004	516.7	5763.4	188.2	36.4	3.3
2005	593.1	6554.7	191.7	32.3	2.9
2006	728.7	7583.9	223.2	30.6	2.9
2007	910.6	9248.5	313.3	34.4	3.4
2008	1137.7	10823.0	434.6	38.2	4.0
2009	1411.8	12236.5	676.4	47.9	5.5
2010	1695.1	14737.1	803.2	47.4	5.4
2011	2198.2	17560.2	1077.3	49.0	6.1
2012	2607.5	19701.8	1355.8	52.0	6.9
2013	3068.8	21759.6	1563.6	51.0	7.2

表 5 - 2　　　　　　　　　　福建省和全国民生支出"双比例"比较分析

	年份	2007	2008	2009	2010	2011	2012	2013
全国	占财政支出%	29.3	26.6	28.3	29.1	31.2	32.2	31.9
	占 GDP 比例%	5.5	5.3	6.5	6.5	7.2	7.8	7.6
福建	占财政支出%	35.8	36.6	35.7	35.0	34.2	36.6	33.9
	占 GDP 比例%	3.5	3.9	4.1	4.0	4.3	4.8	4.8

再对福建省财政民生支出进行区域内比较，通过福建省两区域民生支出占财政支出和地区 GDP 的比重（见表 5 - 3）可以说明，无论是厦、漳、泉地区还是福、莆、宁地区，其民生支出中教育、社会保障和就业以及医疗卫生的总量均呈现逐年上升趋势，而且其民生支出占 GDP 的比例也呈现逐年上升趋势，说明地方政府随着经济发展和财力增加，保障和改善民生的意愿日趋明显，力度亦有所加强。不过这种上升趋势在各个区域的表现程度并非是均等的，就民生支出占地区 GDP 的比例来说，福、莆、宁地区明显高于厦、漳、泉地区。福、莆、宁地区经济相对落后，GDP 增长缓慢，财政收入较低，民生支出比例却相对较高；而厦、漳、泉地区社会经济比较发达，GDP 增长较快，财政收入较高，民生支出所占比例则相对较低。这是一种"贫富有别"的区域不平衡状态。

表 5 - 3　　　　　　福建省两区域民生支出占财政总支出和地区 GDP 的比重

	厦、漳、泉			福、莆、宁		
	民生支出（亿元）	占财政支出比例（%）	占 GDP 比例（%）	民生支出（亿元）	占财政支出比例（%）	占 GDP 比例（%）
2009	192.9	33.6	1.7	149.0	41.4	3.8
2010	230.3	33.7	1.4	180.4	42.1	3.8
2011	287.8	33.2	1.2	225.5	39.2	3.9
2012	346.1	33.4	1.1	297.5	44.5	4.6
2013	395.9	33.0	1.0	333.9	38.6	4.6

最后再分析福建省民生支出的保障层次，借鉴已有的文献成果，对公共财政民生支出的指标体系进行调整，将其划分为三个层次（见表 5 - 4）。福建省的财政民生支出保障层次与浙江省的比较（见表 5 - 5）数据表明，福建省对民生需求的满足与保障不尽合理。因为按照需求从低到高的顺序，福建省民生保障应优先满足第一层次即基本保障类。也就是说，政府民生支出应优先保障义务教育、社会保险、最低生活保障、医疗保障、安居工程和扶贫等基础层面，而福建省恰

恰这方面的民生支出在整个民生支出中的比例却很低。同时若将福建省民生支出的需求层次与浙江省相比较，这种结构失衡问题显得更严重。由此可见，福建省财政民生支出对于民众最基本的生存保障问题即为了生存所必需的基本问题，的确有所忽视。

表 5-4　　　　　　　　　　　　公共财政民生支出范围与层次

民生层次	民生领域	财政支出项目
第一层次： 基本保障类	教育	义务教育、学前教育、高中教育
	社会保障和就业	社会保险、最低生活保障、社会救济
	医疗卫生	医疗保障
	住房保障	保障性安居工程
	"三农"与扶贫	扶贫、灾害救助
第二层次： 生活改善类	教育	职业教育、特殊教育
	社会保障和就业	就业扶持、抚恤、退役安置、社会福利、残疾人事业、企业改革补助
	医疗卫生	公共卫生、基层医疗卫生机构支出
	住房保障	住房改革支出、城乡社区住宅
	"三农"与扶贫	农业
	文化体育	文化、广播影视、新闻出版
	环境保护	城乡环境卫生、污染防治
	公共交通	公路、水路、石油价格改革对交通运输的补贴
第三层次： 发展机会类	教育	高等教育、成人教育、广电教育、继续教育、留学教育
	医疗卫生	公立医院、中医院
	"三农"与扶贫	水利、农业综合开发和改革
	文化体育	文物
	环境保护	天然林保护、自然生态保护

表 5-5　　　　　　　　　　福建省与浙江省民生支出三层次比较

省份	年份	第一层次		第二层次		第三层次	
		规模（亿元）	比重（%）	规模（亿元）	比重（%）	规模（亿元）	比重（%）
福建省	2008	46.9	8.1	458.8	79.2	73.6	12.7
	2012	175.2	11.2	1187.5	75.9	201.8	12.9
浙江省	2008	442.8	50.2	357.4	40.5	81.6	9.3
	2012	901.9	48.6	634.4	34.2	319.0	17.2

（三）福建省财政民生支出对经济发展的影响

1. 福建省财政民生支出对经济增长的影响

为了说明财政民生性比例的增加不仅内生于长期增长路径当中，同时有利于经济增长的稳定这个问题，将福建省公共财政中的非民生项目即经济建设支出与行政管理支出与民生支出各自对经济增长的影响作一个比较：即建立一个建议模型。分别对 GDP 增长率（代表经济增长）与经济建设支出和民生支出之间相关性进行检验，并比较二者之间的差异。

将财政支出划分为民生支出、经济建设支出、行政管理支出三部分，选取福建省 1996 ~ 2013 年的财政支出数据。行政管理支出包括一般公共服务支出、公共安全支出、行政事务支出、国防和外交支出；经济建设支出包括基本建设支出、企业挖掘改造资金、地址勘探费、工业交通等部门的事业费、工业商业金融等事务支出，选取教育支出、医疗卫生支出、社会保障支出代表民生支出，以GDP 的增长率代表经济增长，变量定义（见表 5 – 6）。实证研究中，所有变量作对数处理，以使模型估计结果不会随变量测度单位的变化而改变，同时以缓和变量出现异方差和自相关。为了避免出现伪回归现象发生，在运用上面的数据建立模型前，同时需要用单位根检验法（ADF 检验法）先对时间序列进行平稳性检验。

表 5 – 6　　　　　　　　　　　　　　　变量定义

类型	变量名称和符号	衡量指标
因变量	经济增长（GDP）	GDP 的增长率
解释变量	经济建设支出（Eco）	基本建设支出、企业挖掘改造资金、地址勘探费、工业交通等部门的事业费、工业商业金融等事务支出之和占 GDP 的比重
	行政管理支出（Pol）	一般公共服务支出、公共安全支出、行政事务支出、国防和外交支出之和占 GDP 的比重
	民生支出（Peo）	教育支出、医疗卫生支出、社会保障支出之和占 GDP 的比重

利用 Eviews6. 0 用最小二乘法（OLS）对其进行估计，得到回归方程式：

$$LOGgdp = 2.380978 + 1.629743LOGpeo + 0.419538LOGeco - 1.00339LOGpol$$
$$R^2 = 0.999125 \quad \overline{R}^2 = 0.998575 \tag{1}$$

模型的拟合度较好，同时根据 ADF 检验结果，拒绝存在单位根的假设，说明福建省经济建设支出、行政管理支出以及民生支出与经济增长之间存在长期均衡关系。并且由回归结果来看，福建省财政民生支出对经济增长促进作用最大，其次是经济建设支出对经济增长有一定的促进作用，但其程度不如民生支出。

2. 福建省财政民生支出对生活水平的影响

选取的数据为 2000～2013 年厦、漳、泉地区与福、莆、宁地区的人均民生支出与厦、漳、泉地区与福、莆、宁的人均消费支出。2000～2013 年厦、漳、泉地区与福、莆、宁地区的人均消费水平和人均民生支出数据根据福建省 2001～2014 年统计年鉴统计数据计算而得（变量定义见表 5－7）。厦、漳、泉和福、莆、宁地区人均消费支出具体计算步骤为：

$$Y = y1i \times x1i/X + y2ix2i/X$$

其中 Y 表示区域人均消费支出（在表 5－7 中分别以 liv1 和 liv2 表示），y1i 代表地区城镇人均消费支出，x1i 表示地区城镇常住人口，y2i 表示地区农村人均消费支出，x2i 代表地区农村常住人口，X 表示区域常住人口总和。

利用 Eviews6.0 用最小二乘法（OLS）估计两地区人均民生支出对人均消费支出的影响。得到回归方程式：

$$LOGliv1 = 2.165595 + 0.516942LOGpeo1$$
$$R^2 = 0.992433 \quad \overline{R}^2 = 0.991802$$
$$LOGliv2 = 2.148425 + 0.357391LOGpeo2$$
$$R^2 = 0.990788 \quad \overline{R}^2 = 0.990009$$

模型的拟合度较好，对残差进行平稳性检验，检验结果拒绝存在单位根的假设，说明厦、漳、泉地区、福、莆、宁地区人均民生支出与人均消费支出之间存在长期均衡关系。由回归结果来看，厦、漳、泉地区的人均民生支出对人均消费支出促进作用明显高于福、莆、宁地区的人均民生支出对人均消费支出促进作用。由此可见福、莆、宁地区的财政民生支出对居民消费能力的作用明显弱于厦、漳、泉地区，人均民生支出的差距会进一步促使区域间生活水平的差距，使得不同地区的经济产生差距。

表 5－7　　　　　　　　　　　　变量定义

类型	变量名称和符号	衡量指标
因变量	厦、漳、泉地区生活水平（liv 1）	厦、漳、泉地区城镇人均消费支出和农村人均消费支出加权平均之和
	福、莆、宁地区生活水平（liv 2）	福、莆、宁三地区城镇人均消费支出和农村人均消费支出加权平均之和
解释变量	厦、漳、泉地区人均民生支出（peo 1）	厦、漳、泉教育支出、医疗卫生支出、社会保障支出之和除以三个地区总人口
	福、莆、宁地区人均民生支出（peo 2）	福、莆、宁教育支出、医疗卫生支出、社会保障支出之和除以三个地区总人口

区域间差距越高,会使得贫困地区的经济发展越困难。经济增长通过收入分配提高贫困地区人民的收入和消费,从而成为该地区经济发展的主要因素。而财政民生支出对经济发展较快地区的生活消费支出的促进作用要大于落后地区。由此可以说明,区域间民生投入的差距,使得区域间民生分配不平等加剧,从而使得区域间经济发展的进一步不平衡,这种不平等会相互加强。在福建省内不同地区,人们面对的教育的机会和健康生活的机会都存在着巨大的差别。

通过对比分析福建省公共财政民生支出与经济增长的关系,我们发现财政民生支出相比经济建设支出对经济增长有着明显的促进作用,而行政管理支出则抑制着经济的增长。同时进一步分析福建省地区间财政民生支出的差异对地区民众生活改善的影响,得出区域间差距越高,会使得贫困地区的经济发展越困难。经济增长通过收入分配提高贫困地区人民的收入和消费,从而成为该地区经济发展的主要因素。而财政民生支出对经济发展较快地区的生活消费支出的促进作用要大于落后地区。由此可以说明,区域间民生投入的差距,使得区域间民生分配不平等加剧,从而使得区域间经济发展的进一步不平衡。

(四) 结论与建议

根据收集的数据与分析的结果,得到以下结论。财政民生支出规模相对不足,财政民生支出区域分配失重,财政民生支出保障层次失衡,财政民生支出促进经济发展。

根据结论给出如下建议:改进理念,加大民生支出额度;民生支出向落后地区倾斜,促进区域均衡发展;优化民生支出结构,促进经济增长。

二、财政支出结构与新型城镇化关系研究

袁源(2016)从新型城镇化的视角对厦门市财政支出结构作出研究。

梳理国内外研究情况发现,新型城镇化越来越关注的是"人"的城镇化,同时我国目前的城镇化率指标并不能反映真实的新型城镇化水平,而且通过优化财政支出结构来提升新型城镇化率的文献极为欠缺,尤其缺乏以厦门市为研究对象的相关研究成果,所以这篇文章立足于厦门市新型城镇化建设视角,从新型城镇化的"新"意以及它对财政支出结构的要求入手,在对新型城镇化和财政支出结构优化理论分析的基础上,利用定义的更贴近新型城镇化真实情况的新型城镇化率Ⅰ和新型城镇化率Ⅱ,重点对厦门市城镇化程度和财政支出结构变化关系进行传统的统计分析,然后分别对厦门市两类新型城镇化率与一般公共服务支出、教

育支出、医疗卫生支出、社会保障和就业支出占财政总支出比重做实证分析，查找出相关财政支出对厦门市新型城镇化建设的影响情况，为提出调整优化厦门市财政支出结构的政策建议奠定数量分析基础，最后按照新型城镇化要求提出了厦门市财政支出结构优化的政策建议。

（一）新型城镇化的内涵及其对财政支出结构的要求

1. 构建新型城镇化指标

我国目前测算地区城镇化发展水平的指标方法主要有五种：人口比重法指标、城镇土地利用比重指标法、调整系数法、农村城镇化指标体系法和现代城市化指标体系法等，其中占据主导地位的是人口比重法指标，它包括两种：一种是城镇人口比重指标法，另一种是非农业人口比重指标法。也就是我们所熟知的常住人口城镇化率和户籍人口城镇化率。但这两种指标都包含了一些按照新型城镇化标准来说没有城镇化的人口，造成城镇化率虚高，所以为了能更加真实反映新型城镇化发展水平，重新定义了两个城镇化率的指标：新型城镇化率Ⅰ和新型城镇化率Ⅱ。新型城镇化率Ⅰ的计算公式为（这样的定义是鉴于现行依旧隐形存在的二元户籍制度）：

新型城镇化率Ⅰ＝非农业人口/常住总人口。

另外，还有一个指标是新型城镇化率Ⅱ，计算公式如下：

新型城镇化率Ⅱ＝户籍总人口/常住总人口。

2. 新型城镇化对财政支出结构的要求

在以"人"为核心的新型城镇化的建设中，新型城镇化最为迫切的就是解决农业转移人口市民化的问题，让这类群体能够切切实实地在城镇扎根，而不再被"边缘化"，与本城镇的非农业户籍人口一样能在教育、养老、医疗、就业和社保、住房等方面享受无差异的公共服务。这就要求财政不仅增加这些方面的支出，更该提高这些方面的财政支出占总支出的比重，以新型城镇化的要求来调整优化财政支出结构。

（二）地方财政支出结构及优化

地方财政支出结构指的是地方各项财政支出占财政总支出的比重配置情况，是地方财政各类支出项目的组合以及数量配比关系。它是财政支出质与量规定性的统一，质反映的是支出结构的本质特征，而量规定了各类支出之间比例调和结果。财政支出结构由政府的职能范围决定，一段时期政府的职能有何指向，就会相应有怎样的支出构成比例。

影响地方财政支出结构的因素有很多，主要体现为经济层面，政治层面和社会层面。经济层面可理解为财政支出结构会随着政府经济体制、政策以及当地经济发展现状而发生相应的变化。政治层面影响财政支出结构表现为宏观和微观两方面，宏观主要体现为一国或地区的政局是否发生变动；微观体现在政府机构的设置和官员办事效率等方面。社会层面主要包含医疗卫生、教育、社会保障和就业、住房等公共问题，这些因素对于财政支出结构的影响作用不容小觑。

财政支出结构优化包括财政支出结构的数量优化、财政支出要素的改进及优化、财政支出结构内部各个要素的优化等三个方面的内容，优化的评价标准可以从这三个方面考虑。但在新型城镇化的角度，可以基于新型城镇化建设的核心要求——"人"的城镇化，细化为关注农业转移人口在其常住城镇里的生活状况，以财政资金为依托为其解决教育、医疗卫生、就业、社保等问题，让其与城镇中的非农户籍人口享受到基本一致的公共服务，以城镇化进程中建立统一完善的基本公共服务为目标，使得优化的财政支出结构有利于新型城镇化的推进。

（三）新型城镇化与厦门市财政支出结构状况分析

1. 简单统计分析

根据新型城镇化率的定义利用厦门市人口数据，得到2005～2014年厦门市常住人口城镇化率、户籍人口城镇化率、新型城镇化率Ⅰ和新型城镇化率Ⅱ（见图5-1），同时收集2007～2014年厦门市所有财政支出数据，得到其财政支出规模变化图（见图5-2）。

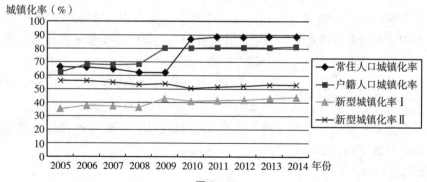

图 5-1

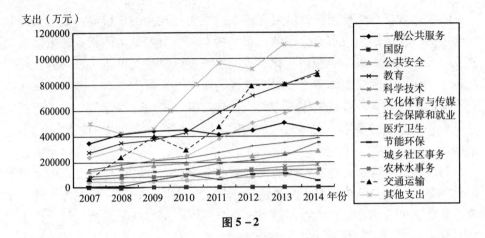

图 5-2

新型城镇化是"人"的城镇化，主要致力于为常住城镇的农业转移人口中解决迫切的就业问题、住房问题、子女教育问题、生病就医问题以及住房保障问题。财政支出结构中与这些问题息息相关的就是一般公共服务支出、教育支出、医疗卫生支出以及社会保障和就业支出。这四项支出彼此独立，数据可获，又能涵括新型城镇化对财政支出要求，同时根据上述各项财政支出占财政总支出比重分析，发现这四项支出在总支出中占有绝对分量。因此可以主要从这四个方面分析新型城镇化率与厦门市财政支出结构方面的联系。

分析数据可得，在一般公共服务支出方面，厦门市两类新型城镇化率均表现向上的走势，而一般公共服务支出占总支出比重呈现出明显下降趋势，两者差距逐步拉大。说明厦门市新型城镇化率与一般公共服务支出呈现一定的负相关关系。

教育支出方面，厦门市两类新型城镇化率均呈轻微向上走势，而教育支出占财政总支出比重也逐年小幅上涨，可见它们两者间呈现出一定的正相关关系。

社会保障和就业支出方面，社会保障和就业支出占总支出比重每年基本持平，呈现极其微弱下降趋势，与呈上升走势的厦门市两类新型城镇化率差距有扩大表现，说明两者间呈现一定微弱的负相关关系。

医疗卫生支出方面，厦门市两类新型城镇化率与医疗卫生支出占财政总支出比重两者均呈上升趋势，尤其在 2014 年，两者均有相对较大的增长幅度，说明厦门市两类新型城镇化率与医疗卫生支出占财政总支出比重有着基本同步的走势，两者呈现正相关关系。

2. 实证分析

建立新型城镇化率（urban）与一般公共服务支出占财政总支出比重（gov）、教育支出占财政总支出比重（edu）、社会保障和就业支出占财政总支出比重

（s）、医疗卫生支出占财政总支出比重（m）之间的多元线性回归模型。

相关指标定义如下：

当年基本建设支出分摊比例＝当年基本建设支出/（当年财政支出－当年基本建设支出）

一般公共服务支出＝行政管理费×（1＋当年基本建设支出分摊比例）

教育支出＝教育事业费×（1＋当年基本建设支出分摊比例）

社保和就业支出＝（抚恤和社会福利救济＋行政事业单位离退休支出＋社会保障补助支出）×（1＋当年基本建设支出分摊比例）

医疗卫生支出＝卫生经费×（1＋当年基本建设支出分摊比例）

各项财政支出分别除以对应年份的财政总支出，得到各项财政支出占总支出比重。

（1）新型城镇化率Ⅰ的模型构建与检验。

假设模型：$urban1 = \alpha_0 c + \alpha_1 gov + \alpha_2 edu + \alpha_3 s + \alpha_4 m + \mu_i$

经过平稳性、协整性、相关性检验，发现模型设置不合理，然后进行逐步回归分析，得到回归结果：$urban1 = 43.3966 - 2.0169s + 2.3600m$，t 检验未通过，拟合度也不高，因此模型设置不合理，放弃采用新型城镇化率Ⅰ的模型，选用新型城镇化率Ⅱ。

（2）新型城镇化率Ⅱ的模型构建与检验。

假设模型：$urban2 = \beta_0 c + \beta_1 gov + \beta_2 edu + \beta_3 s + \beta_4 m + \sigma_i$

经过平稳性检验说明自变量序列不是同阶单整，协整性检验说明这些序列存在着长期稳定的均衡关系。以上检验通过，可以进行回归分析，回归的结果显示拟合度较好，但变量间存在一定程度的多重共线性，以及变量一般公共服务支出占财政总支出比重 gov 和医疗卫生支出占财政总支出比重 m 的系数都未能通过 t 检验。

为进一步解决这个问题，进行逐步回归分析。因为在上一步的分析中 gov 系数的符号为负，与前面厦门市新型城镇化与财政支出结构的简单统计分析中的分析结果是一致的，两者间呈现一定的负相关关系，这对改善新型城镇化率作用不明显，所以决定剔除变量 gov；但是 m 系数的符号为负号，与我们前述分析结果完全相反，理论上提高医疗卫生支出占总支出比重可以解决公民看病难等问题，但实证如此，初步判断可能由于数据处理对实证结果造成影响。同时，不得不反思厦门市医疗卫生支出投入不均衡的情况，医疗卫生支出的使用效率会在很大程度上影响支出使用效果，厦门岛内、岛外的发展水平有一定差距，而医疗卫生支出在投向时未考虑到这种差异性，从而制约了岛外一些本身发展相对较慢的区利用财政医疗卫生资金，拉缓新型城镇化建设步调，进而影响厦门市新型城镇化建设整体效果。并且，考虑医疗具有一定的特殊性，并不严格具有排他性，本地户籍外的人口在付出高额经济和时间成本后同样能享受，对新型城镇化率的影响有限，并结合模型回归结果，最终决定将暂不将 m 纳入模型。

由 eviews6.0 自动逐步回归功能，最终筛选出的变量 edu 和 m 也和我们手动剔除一致，得到回归结果：urban2 = − 13.4798 + 2.1888edu + 4.7428s，它的拟合度较高，t 检验通过（异方差与序列自相关检验也通过）。说明这两个解释变量分别对被解释变量新型城镇化率 urban2 的影响都是显著的。

综合上述，可以发现教育支出占财政总支出比重与新型城镇化率 II 呈现正相关关系，教育支出占财政总支出比重每提高 1%，对本期的新型城镇化率 II 贡献2.19%。说明加大厦门市财政教育支出，对改善厦门市新型城镇化率有一定作用。社会保障和就业支出占财政总支出比重每提升 1%，新型城镇化率 II 会相应提高 4.74%，模型结果表明，提高社保和就业支出占财政总支出比重对于提高新型城镇化率是有积极影响的，而且效果是非常明显的。

（四）按新型城镇化要求优化厦门市财政支出结构的建议

重新审视新时期优化地方财政支出结构的标准——新型城镇化；增加教育投入，提高财政教育支出比重；建立全方位的社保体系，提高财政社保和就业支出比重；适度降低一般公共服务支出比重，提高支出效率；划清政府与市场职责，降低财政基础设施投资支出比重。

三、财政与其他热点问题相结合的研究

对财政方面的研究还有一些与其他领域相结合的。温师燕（2016）对我国PPP 项目的现状进行分析，并与英、美等国进行比较，在对政府支出能力进行论证，并通过计量模型测算 PPP 模式的财政承受能力。周攀（2014）结合文化创意产业发展与财税政策，通过对文化创意产业的现状的分析，以及对英、美、日、韩等国的经验的借鉴，对促进文化创意产业的财税政策作出了研究。

第二节 财政支出绩效研究

一、对财政教育专项支出的研究

陈娜（2016）从厦、漳、泉地区的角度对财政教育专项支出进行了研究。国

内外的文献都表明教育支出对经济发展水平有正向作用，但是缺乏特定地区的研究成果，因此该文用指标对比分析法分析了特定的厦、漳、泉地区的公共财政教育支出规模、结构、直接成果进行比较，并运用实证分析法比较及研究了厦、漳、泉公共财政教育支出对三地经济的影响。文章的主要内容包括：首先介绍了公共财政教育支出分析的理论基础，明确公共财政教育支出的相关定义，提出公共财政教育支出分析的相关理论。然后分别从公共财政教育支出规模、结构、直接成果三个方面对厦、漳、泉公共财政教育支出进行分析及比较。选用了指标—对比分析法，先分别对厦门、漳州、泉州三地的公共财政教育支出规模、结构、直接成果进行数据分析，再基于数据分析的结果，对三地的公共财政教育支出进行比较。接着运用实证分析法研究厦、漳、泉公共财政教育支出对当地经济的影响。最后一部分为结论与政策建议，总结全文并提出提高厦、漳、泉三地公共财政教育支出水平，推动三地教育协调发展的政策建议。

（一）公共财政教育支出的定义

公共财政教育支出是指公共预算内的教育支出。按照支出的层次划分，我国地方公共财政教育支出可以分为小学、中学及高等教育支出；按使用结构可分为教育基本建设投资和教育事业费。教育基本建设投资是指用于购买土地，建设学校教学楼，购置教学设备等各个方面的支出。这部分资金使用属于资本支出，是发展教育事业最根本的部分。教育事业费是指学校日常运作所需的费用，例如，教职工薪酬、学校图书、维修学校建筑物、校园环境的绿化，这部分对提高教育质量具有重要作用，属于教育现期支出。

（二）厦、漳、泉公共财政教育支出规模比较

1. 公共财政教育支出规模指标设计

（1）公共财政教育支出绝对规模指标：厦、漳、泉公共财政教育支出总量、厦、漳、泉人均公共财政教育支出。

（2）公共财政教育支出相对规模方面指标：厦、漳、泉公共财政教育支出占财政支出的比重、厦、漳、泉公共财政教育支出占 GDP 的比重。

（3）公共财政教育支出增长速度指标：厦、漳、泉公共财政教育支出同比上年增长率、厦、漳、泉公共财政教育支出对财政支出的弹性系数、厦、漳、泉公共财政教育支出对 GDP 的弹性系数。

2. 厦门市、漳州市、泉州市公共财政教育支出规模数据分析

根据厦门市公共财政教育支出规模数据（见表 5 - 8），可以看出厦门市公共

财政教育绝对支出呈现逐年增长的趋势，同时"十一五"时期是厦门市经济社会发展围绕全面建设海峡西岸经济区重要中心城市的关键时期，厦门教育支出的增长率达到了最大值。从公共财政教育支出占财政支出的比重来看，虽然厦门市公共财政教育支出占财政支出的比重近年来都有所增长，但比重仅维持15%左右。从公共财政教育支出占GDP的比重来看，厦门市公共财政教育支出占GDP的比重呈现上升趋势，说明厦门市经济发展的过程中，对教育的重视程度也在提高。厦门市公共财政教育支出同比上年的增长率、厦门市公共财政教育支出对财政支出及GDP的弹性系数这三种指标的波动情况是一致的，都在"十一五"期间达到最大值，其他年份则相对平稳，这与厦门市的实际政策是相符合的。

表5-8　　　　　　　　　　厦门市公共财政教育支出规模情况

年份	公共财政教育支出（亿元）	公共财政支出（亿元）	GDP（亿元）	财政教育支出增长率（%）	公共财政教育支出占财政支出比重（%）	公共财政教育支出占GDP比重（%）	公共财政教育支出对财政支出的弹性系数	公共财政教育支出对GDP的弹性系数
2004	11.48	98.49	887.71	5.38	12.54	1.29	0.40	0.32
2005	13.07	121.62	1006.58	13.81	11.66	1.30	0.59	1.03
2006	16.39	150.08	1173.80	25.42	10.74	1.40	1.09	1.53
2007	27.04	198.66	1402.58	65.00	10.92	1.93	2.01	3.33
2008	33.93	238.09	1610.71	25.51	13.61	2.11	1.29	1.72
2009	37.72	268.05	1737.23	11.17	14.25	2.17	0.89	1.42
2010	43.38	306.95	2060.07	15.00	14.07	2.11	1.03	0.81
2011	58.37	398.37	2539.31	34.55	14.13	2.30	1.16	1.49
2012	70.71	470.50	2815.17	21.14	14.65	2.51	1.17	1.95
2013	81.52	534.09	3006.41	15.29	15.03	2.71	1.13	2.25
2014	88.87	560.90	3273.58	9.02	15.26	2.71	1.80	1.01

同理根据漳州市公共财政教育支出规模情况（见表5-9），可以看出漳州市公共财政教育绝对支出也是呈现增长趋势的，同样在"十一五"期间教育支出增长率达到最大。公共财政教育支出占财政支出的比重却有下降的趋势，但占GDP的比重是上升的，这说明随着漳州市经济的增长，教育享受到了经济增长的成果。公共财政教育支出同比上年的增长率、公共财政教育支出对财政支出及GDP的弹性系数这三种指标所表现出来的规律与厦门市基本一致的。泉州市的数据（见表5-10）表现出的波动性厦门市与漳州市没有太大差异。

表 5 - 9　　　　　　　　　　　漳州市公共财政教育支出规模情况

年份	公共财政教育支出（亿元）	公共财政支出（亿元）	GDP（亿元）	财政教育支出增长率（%）	公共财政教育支出占财政支出比重（%）	公共财政教育支出占GDP比重（%）	公共财政教育支出对财政支出的弹性系数	公共财政教育支出对GDP的弹性系数
2004	7.26	31.14	553.55	8.61	25.30	1.31	0.48	0.50
2005	7.52	35.80	661.04	3.68	23.30	1.14	0.25	0.19
2006	9.47	49.57	755.20	25.86	21.01	1.25	0.67	1.82
2007	12.72	68.30	877.63	34.34	19.10	1.45	0.91	2.12
2008	16.79	92.26	1002.39	32.01	18.62	1.67	0.91	2.25
2009	23.11	120.73	1178.01	37.63	18.20	1.96	1.22	2.15
2010	28.61	147.52	1430.71	23.81	19.14	2.00	1.07	1.11
2011	33.49	182.43	1768.20	17.08	19.39	1.89	0.72	0.72
2012	40.56	221.77	2012.92	21.08	18.36	2.01	0.98	1.52
2013	47.72	262.25	2246.23	17.66	18.29	2.12	0.97	1.52
2014	51.82	274.50	2506.36	8.59	18.20	2.07	1.84	0.74

表 5 - 10　　　　　　　　　　泉州市公共财政教育支出规模情况

年份	公共财政教育支出（亿元）	公共财政支出（亿元）	GDP（亿元）	财政教育支出增长率（%）	公共财政教育支出占财政支出比重（%）	公共财政教育支出占GDP比重（%）	公共财政教育支出对财政支出的弹性系数	公共财政教育支出对GDP的弹性系数
2004	20.08	71.73	1405.12	11.47	29.67	1.43	0.63	0.73
2005	23.23	86.09	1641.10	15.70	28.00	1.42	0.78	0.93
2006	28.06	104.78	1932.48	20.77	26.99	1.45	0.96	1.17
2007	35.09	133.94	2343.30	25.06	26.78	1.50	0.90	1.18
2008	42.31	161.35	2795.63	20.58	26.20	1.51	1.01	1.07
2009	47.61	186.90	3069.50	12.52	26.22	1.55	0.79	1.28
2010	60.21	229.64	3564.97	26.48	25.47	1.69	1.16	1.64
2011	70.05	296.99	4202.88	16.34	26.22	1.67	0.56	0.91
2012	82.63	356.44	4702.70	17.96	23.59	1.76	0.90	1.51
2013	91.92	422.21	5216.16	11.24	23.18	1.76	0.61	1.03
2014	104.46	476.72	5733.36	13.64	21.77	1.82	1.06	1.38

　　将厦、漳、泉三市进行横向比较，具体分析如下。

　　（1）公共财政教育支出的绝对规模比较。厦、漳、泉三地公共财政教育支出及人均财政教育支出都呈现逐年增长的趋势。从公共财政教育支出的总额来看，泉州市公共财政教育支出总额在三地中一直处于领先位置，厦门市次之，漳州市最低。漳州市公共财政教育支出的总量与其他两地相比，差距较大，厦门市公共财政教育支出总量虽然与泉州市存在差距，但差距较小。但从人均公共财政教育支出来看，虽然泉州市公共财政教育支出的总量大，但其人均水平却远远低于厦门市水平，仅略高于漳州市人均水平。由此可以看出泉州市公共财政教育支出的规模相对于其人口规模而言优势并不明显。厦门市公共财政教育支出的总量虽然不及泉州市水平，但其人均财政教育支出水平却远超泉州市及全省平均水平，说明厦门市公共财政教育支出相对于其人口规模而言优势明显。漳州市的公共财政教育支出无论从总额来说，还是人均水平来说，都不具有优势。

（2）公共财政教育支出的相对规模比较。首先，泉州市公共财政教育支出占财政支出的比重最大，漳州市次之，厦门市的比重最小。说明泉州市公共财政支出对教育的倾斜力度大，漳州市公共财政教育支出的总额虽然远低于泉州市及厦门市，但其公共财政教育支出占财政支出的比值却高于厦门市的比值，由此也能看出，漳州市公共财政教育支出总量较低，一部分是由于其财政支出规模总量不大的原因。厦门市公共财政教育支出虽然从绝对规模绩效来看，优于泉州市及漳州市，但其公共财政教育支出占财政支出的比值却低于其他两地水平，说明相对于厦门市公共财政支出总量，其公共财政教育支出仍有较大上升空间。其次，从公共财政教育支出占 GDP 的比重来看，厦门市公共财政教育支出占 GDP 的比重虽然领先于其他两地，但仅与全省平均水平一致，未突出厦门市在福建省内经济及教育发展靠前的优势。漳州市公共财政教育支出占 GDP 比重虽然逐年增长，公共财政教育支出的经济性在逐渐增强，但与厦门市水平相比，比值仍然较小，从 2009 年开始比值基本维持在 2.0% 左右，说明还有较大上升空间。泉州市公共财政教育支出占 GDP 的比重偏低，未及 2.0%。

（3）公共财政教育支出的增长速度比较。从厦、漳、泉三地公共财政教育支出对财政支出及 GDP 的弹性系数的比较来看，厦门市公共财政教育支出增长速度最优，公共财政教育支出对财政支出的弹性及 GDP 的弹性系数都大于其他两地。漳州市公共财政教育支出增长速度较泉州市而言，增长速度整体优于泉州市水平。泉州市公共财政教育支出的增长基本处于稍落后于财政支出的增长，与 GDP 的增长基本处于同步增长的态势。

（三）厦漳泉公共财政教育支出结构比较

1. 公共财政教育支出结构指标设计

公共财政教育支出结构主要分为以下两类。

（1）公共财政教育支出的层级结构指标：厦、漳、泉三级教育生均预算内教育事业费；厦、漳、泉三级教育生均预算内教育事业费支出比例；厦、漳、泉各级各类学校生均预算内教育事业费中公用事业费占比。

（2）公共财政教育支出的区域结构指标：厦门市各区预算内教育经费投入、厦门市各区人均预算内教育经费投入、厦门市各区普通小学生均预算内教育事业费、厦门市各区普通初中生均预算内教育事业费、漳州市各县区预算内教育经费投入、漳州市各县区人均预算内教育经费投入、漳州市各县区普通小学生均预算内教育事业费、漳州市各县区普通初中生均预算内教育事业费、泉州市各市区县预算内教育经费投入、泉州市各市区县人均预算内教育经费投入、泉州市各市区县普通小学生均预算内教育事业费、泉州市各市区县普通初中生均预算内教育事业费。

2. 厦门市、漳州市、泉州市公共财政教育支出结构数据分析

根据指标收集厦、漳、泉三个市及市辖各区的 2007～2012 年的数据（略），可以分析得出以下结论。

（1）从公共财政教育支出的层级结构来看。首先，厦、漳、泉三地的初中高等教育的预算内教育事业费均呈现出逐年上涨的趋势。初等教育上，泉州市初等教育的预算内教育事业费处于三地领先位置，厦门市次之，漳州市稍落后于厦门市；中等教育上，泉州市中等教育的教育事业费远高于漳州市及厦门市，厦门市略低于漳州市，高等教育上，厦门市高等教育预算内教育事业费大大超过漳州市及泉州，漳州市高等教育的教育事业费偏小。其次，厦门市公共财政教育支出在三级教育的分配上越来越区域较均衡。泉州市公共财政教育支出在三级教育的分配上一直较稳定，对中等教育的投入比例一直高于初等教育及高等教育。漳州市公共财政教育支出在三级教育的分配上有所调整，加大了中等教育的投入比例，减少了初等教育的投入比例，这与漳州市近年来加大力度发展中等教育，尤其是中等职业教育有关。

（2）从区域教育结构来看。首先，厦门市各区的教育经费分配不合理，厦门市义务教育的公共财政教育支出在各区的分配不均衡，具体体现各区的义务教育的公共财政教育支出投入与学生规模不匹配。其次，漳州市各县区的教育经费分配也存在不合理。漳州市义务教育的公共财政教育支出极不均衡，公共财政支出在各区的分配存在严重不合理。最后，泉州市各市县区的人均教育经费投入差距较小，公共财政教育支出的分配较均衡。从泉州市各市县区义务教育的公共财政教育支出来看，泉州市义务教育的公共财政支出中，小学教育的分配较不均衡，初中教育的生均教育事业费虽存在差距，但差距不大，但整体而言，初中教育的分配较为均衡。

（四）厦、漳、泉公共财政教育支出直接成果比较

对公共财政教育支出的直接成果的分析，主要从学生培养效果及师资力量两个方面进行考察，选用以下指标。学生培养效果方面：厦、漳、泉各级各类学校在校生数；厦、漳、泉各级各类学校招生人数；厦、漳、泉每万人中小学生、中学生、大学生的在校生数。师资力量方面：厦、漳、泉各类各类学校专任教师数；厦、漳、泉各级各类学校生师比。

根据收集到的三个市的 2003～2014 的数据（略），可归纳出以下结论。

（1）从学生培养效果来看：厦门市普通高等学校及普通小学的在校生人数增长幅度大，主要是由于近年来高校扩招以及外来务工人员随迁子女在厦门接受义务教育人数不断增加。漳州市普通小学及普通初中的在校生数都有所下降，尤其是普通初中的在校生数，减少幅度大，可以归结于由人口结构所导致的生源减少。与漳州市相同，泉州市普通初中的在校生数也有较大幅度减少，并且由于高校扩招原因普通高等学校的在校生数也呈现较大幅度增长。从每万人中小学生、中学生、大学生的在校生数可以看出，厦门市每万人中大学生的数量要远远超过泉州市及漳州市，说明厦门市教育发展的深度要高于其他两市，厦门市接受高等教育的机会较大。

（2）从师资水平来看：厦门市普通小学、普通高等学校的生师比都有所增长，尤其是普通高等学校生师比增长幅度较大，这主要是由于高校扩招，而高校教师的增长跟不上学校扩招的速度。漳州市普通初中、普通高中的生师比有较大幅度的下降，这是由于普通初中的在校生数大幅减少，而专任教师的人数却有小幅增长，而普通高中的在校生数虽然有所增长，但专任教师数的增长速度超过了普通高中在校生数的增长速度。与漳州市一样，泉州市普通初中的生师比有所下降，主要由于初中生在校生数的减少，普通高中的生师比也有所下降。从三级教育的生师比来看，初等教育方面，厦门市初等教育的生师比在三地中最高，说明厦门市平均每任教师所负担的学生数要高于泉州市及漳州市，漳州市初等教育的生师比最低。高等教育方面，厦门市高等教育的生师比最低，泉州市其次，漳州市最高，可以看出厦门市高等教育的师资力量水平要高于泉州市及漳州市，厦门市高等教育发展要高出泉州市及漳州市。

（五）厦、漳、泉公共财政教育支出对经济影响的研究

根据实际需要选择解释变量与被解释变量。

被解释变量。GDP：指标值采用当地当年的国内生产总值。

解释变量。Pex（公共财政教育支出）：指标值采用当地当年的公共财政支出

中的教育支出。Open（经济开放程度）：指标值采用当地当年的进出口总额。Fi
（全社会固定资产投资）：指标值采用当地当年的固定资产投资总额。Ubl（城镇
化率）：指标值采用当地当年的城镇人口/总人口。Tscg（社会消费品零售总额）：
指标值采用当地当年的社会消费品零售总额。

假设经济模型：

$$lngdp = \alpha_0 + \alpha_1 lnpex + \alpha_2 lnopen + \alpha_3 lnfi + \alpha_4 lnubl + \alpha_5 lntscg + \mu_i$$

利用计量软件可以得到，在5%的显著水平下泉州市和厦门市的公共财政教
育支出对GDP的增长有显著影响，而漳州市的公共教育支出对GDP的增长则没
有显著影响，格兰杰因果检验显示厦门市及泉州市的GDP与公共财政教育支出
存在单项格兰杰因果关系，且公共财政教育支出是GDP的格兰杰原因。由此可
以说明厦门市及泉州市公共财政教育支出对当地经济的增长具有推动作用，而漳
州市公共财政教育支出对经济增长的作用不明显。

因此，最终可以总结出结论，泉州市公共教育财政支出对经济增长的作用最
大，厦门市其次，漳州市公共财政教育支出对经济增长作用不明显。从前文分析
厦、漳、泉三地公共财政教育支出规模的结论，也能呼应这点，泉州市公共财政
教育支出的总量在三地中一直居于首位，厦门市其次，漳州市公共财政教育支出
的总量与厦门市及泉州市相比，差距较大。不仅如此，泉州市公共财政教育支出
占财政支出的份额也是三地中最高的，虽然其公共财政支出总额不及厦门市，但
其财政支出向教育支出倾斜的力度明显高于厦门市。漳州市公共财政教育支出规
模不仅绝对量较低，且其占公共财政支出的份额一直在缩小，由此也可以看出。
漳州市政府对公共财政教育支出不够重视，其中一部分原因可能是由于漳州市公
共财政教育支出对GDP无明显的促进作用。

（六）主要结论及对策建议

结论。相较于厦门市而言，漳州市及泉州市公共财政教育支出的绝对规模较
小；厦门市、漳州市、泉州市公共财政教育支出的相对规模不足；泉州市及漳州
市公共财政教育支出的增长速度不足。漳州市及泉州市中等教育投入过大，高等
教育投入及初等教育投入不足；厦门市对高等教育的投入过大，对初等教育的投
入不足。厦门市各区及漳州市各县区的教育经费分配不合理；厦门各区义务教育
的公共财政教育支出分配较不均衡；漳州市各县区义务教育的公共财政教育支出
极不均衡。厦门市及泉州市公共财政教育支出对当地经济的增长具有推动作用，
而漳州市公共财政教育支出对经济增长的作用不明显。

建议增加漳州市及泉州市公共财政教育支出的规模。优化厦、漳、泉三级教

育支出结构——推进义务教育公共财政教育支出在厦门、漳州、泉州各地区的合理分配；协调及促进厦、漳、泉职业教育的发展；增加厦、漳、泉高等教育的筹资渠道。加强漳州市城镇化建设，提高人口集聚效应，促进漳州市教育资源的整合。提高泉州市中心城区的教育辐射水平，整合各市县的教育资源。积极推动厦、漳、泉教育资源共享，加强三地教育合作。

二、总体财政支出绩效

龙冬、彭白丽、朱博（2016）都通过因子分析的方法来计算地方政府的总体的财政支出绩效。文章的设计思路逻辑是基本一致的。

以朱博（2016）对2014年全国31个省、直辖市、自治区地方政府的财政绩效综合评价研究为例。

文章根据财政绩效评价经典的"3E"理论为基础，依据科学恰当的原则选取了新的指标体系（见表5-11）：

表5-11 指标体系

一级指标	二级指标	单位	代码
经济建设	人均财政支出	万元/人	X1
	人均财政收入增长率	%	X2
	人均GDP增长率	%	X3
文化教育	教育支出占财政支出比重	%	X4
	文化支出占财政支出比重	%	X5
	人均拥有图书馆藏量	册/人	X6
	普通高中以上师生比	%	X7
	大专以上人口比率	%	X8
科学研究	科技支出占财政支出比重	%	X9
	专利授权数	件	X10
	有产品或工艺创新活动的企业占全部企业的比重	%	X11
医疗卫生	政府卫生支出占财政支出比重	%	X12
	每千人卫生技术人员	人	X13
	居民平均就诊次数	人次	X14
居民生活质量	转移净收入占人均可支配收入比	%	X15
	人均可支配收入增长率	%	X16
	城乡消费水平对比	%	X17

收集 2014 年样本地区的指标数据，再利用因子分析法得到公因子得分以及根据综合得分得到的各地方政府的综合财政绩效排名，这样就计算出了各地方政府的综合财政绩效情况。结果如表 5 – 12 所示：

表 5 – 12　　　　　　　　　　　　因子得分

城市	综合得分	排名	城市	综合得分	排名
北京	1.386279	1	湖北	0.456974	4
天津	0.438872	5	湖南	0.157473	13
河北	– 0.27033	22	广东	– 0.10831	20
山西	– 0.70082	28	广西	0.376072	7
内蒙古	– 0.84861	30	海南	– 0.03073	18
辽宁	– 0.52555	25	重庆	0.249334	10
吉林	– 0.55987	27	四川	0.185862	12
黑龙江	– 0.72701	29	贵州	0.377723	6
上海	0.805384	2	云南	– 0.34163	24
江苏	0.281138	8	西藏	– 1.11975	31
浙江	0.642409	3	陕西	0.278453	9
安徽	0.134021	14	甘肃	0.10522	15
福建	0.094401	16	青海	– 0.33098	23
江西	0.094076	17	宁夏	– 0.52801	26
山东	– 0.0377	19	新疆	– 0.14468	21
河南	0.210295	11			

得到的结果在一定程度上符合根据实际情况作出的预期。东部沿海地区，经济较发达的省份，地方财政绩效较高；经济发展水平低的省份，地方财政绩效较低。经济较发达、正面临转型的地区，市场产业体系陈旧，财政支出与收益的绝对值较高，但是财政支出资金的相对成效并不好。政府要注重经济、文化教育、科技、医疗、民生的协调发展，只有在每个领域的绩效提高，综合绩效才能提高。

但是由于总体财政支出绩效涉及的指标太多，在构建指标体系时所忽略的也就越多，所以研究得出的结论在精确程度上有较大的误差。

三、专项财政支出绩效其他研究成果

卢以恒（2016）以福建省为例，构建了新的公共财政教育支出绩效评价指标体系，并对不同类型的指标采用了不同的分析方法（对投入、产出等类型采用数据比较分析法，对收益类型采用 VEC 模型分析法），分析结果与全国平均水平进行了比较，得出投入指标绩效虽逐年上升，但与全国平均水平还有差距，配置指标绩效福建省区域内不均衡，教育支出对经济发展有正向促进作用；再利用包络数据分析法分析了全国各省份的教育投入的产出效率，得出在 2013 年福建省的财政教育资金的投入产出效率在全国居中上游，但是也存在一定的纯技术无效率与产量不足等问题。

第三节　公共服务与公共产品研究

一、基本公共服务均等化问题研究

梁爽（2015）对福建省基本公共服务均等化问题进行了研究。学术界从基本公共服务均等化的内容、内涵、特征等多角度进行研究，分析了基本公共服务均等化水平对社会状态的影响，试图将基本公共服务均等化理论水平上升到一个新高度，但这些研究还不够充分、全面。主要集中在对基本公共服务均等化有关概念的不同意见较多；研究视角较为单一；忽略了基本公共服务均等化水平与经济、制度背景的联系；对地区的研究仅仅局限于地区本身，没有进行深入探讨；以及缺乏对于实现基本公共服务均等化的可操作的绩效评价等约束机制研究。这篇文章就在此基础上用新的研究视角，采用因子分析的方法对福建省的基本公共服务均等化作出研究——建立科学合理的指标体系，进行综合评价模型的构建，对福建省 9 个设市地区及福建省整体的基本公共服务均等化水平的现状进行实证分析，以实证结论为依据，给出可行性政策建议，最后进行总结性说明。

（一）福建省基本公共服务均等化现状

1. 评价指标

参照以往研究指标体系，结合福建省实际，以《国家基本公共服务体系"十二五"规划》为指导原则，根据数据的可得性，按照以下原则，选取了 6 类专项指标，24 项子指标：（1）指标与本书研究目的的相关性高。（2）选取指标数量适中，具有一定的权威性。（3）不具有可比性的指标剔除（如人才引进、人力资源开发、高新技术产业等）。（4）本书所选用的数据均来源于历年《福建省统计年鉴》及《中国统计年鉴》的原始数据或是根据年鉴计算整理得到。最后，建立以评价基本公共服务均等化水平为总目标，以社会保障、医疗卫生、基础教育、基础设施、居民生活、环境保护为专项目标，建立各项子指标。评价指标体系如表5-13所示：

表 5-13　　　　　　　　　基本公共服务均等化指标体系

总目标	专项指标		子指标	指标性质
基本公共服务均等化	社会保障	X1	参加城乡居民养老保险人数（万人）	正指标
		X1	参加城乡居民养老保险人数（万人）	正指标
		X2	参加基本医疗保险人数（万人）	正指标
		X3	参加新型农村合作医疗的人数（万人）	正指标
		X4	参加城镇失业保险人数（万人）	正指标
		X5	享受城镇最低生活保障人数占城镇总人口的比重（%）	逆指标
		X6	享受农村最低生活保障人数占农村总人口的比重（%）	逆指标
	医疗卫生	X7	每万人拥有卫生机构床位数（个）	正指标
		X8	每千人拥有卫生技术人员数（人）	正指标
	基础教育	X9	小学生师比（人/师）	正指标
		X10	普通中学生师比（人/师）	正指标
		X11	每十万人口中小学在校生数（人）	正指标
		X12	教育支出占财政支出的比率（%）	正指标
	基础设施	X13	公路累计通车里程（千米）	正指标
		X14	城市人均拥有道路面积（平方米）	正指标
		X15	城市用水普及率（%）	正指标
		X16	城市用气普及率（%）	正指标
	居民生活	X17	城镇人均可支配收入（元）	正指标
		X18	农民人均纯收入（元）	正指标
		X19	城镇化水平（%）	正指标
		X20	城镇居民恩格尔系数	逆指标
		X21	农村居民恩格尔系数	逆指标
	环境保护	X22	污水处理率（%）	正指标
		X23	城市生活垃圾无害化处理率（%）	正指标
		X24	工业固体废物综合利用率（%）	正指标

2. 因子分析

（1）福建省内横向比较。用因子分析法进行比较分析，对福建省的均等化水平进行综合评价。将24个指标进行因子分析，萃取出公共因子，用SPSS软件计算出公共因子的评价得分和与之相对应的方差贡献率，再根据公式计算出综合评价得分，以此作为衡量福建省基本公共服务均等化水平的高低。

通过软件运行结果，显示了相关系数矩阵 R 的特征值、贡献率以及因子旋转结果。计算结果表明，前 5 个变量的特征值分别为 46.610、19.816、12.225、10.122、5.641，表明 24 个指标可以综合为 5 个主成分，其累计方差贡献率达 94.413%，已经远远超过 85%，反映了原始数据所提供的大部分信息。同时特征根分别为 11.186、4.756、2.934、2.429、1.354，都大于 1，这就满足了因子分析的条件。因此，可以认为提取的前 5 个因子能对要分析的问题做出很好的解释。

由以上步骤提取出 5 个公因子。第一主成分 F1 是五个因子中最重要的影响因子，它在参加城乡居民养老保险人数（X1）、参加基本医疗保险人数（X2）、参加新型农村合作医疗的人数（X3）、参加失业保险人数（X4）、享受城镇最低生活保障人数占城镇总人口的比重（X5）、享受农村最低生活保障人数占农村总人口的比重（X6）、城镇人均可支配收入（X17）、农民人均纯收入（X18）、城镇化水平（X19）上有较大载荷，这些指标反映了社会保障和居民生活方面的绩效。第二主成分 F2 是五个因子中次重要的影响因子，它在每万人拥有卫生机构床位数（X7）、每千人拥有卫生技术人员数（X8）、城市用水普及率（X15）、城市用气普及率（X16）上有较大载荷，这些指标反映了医疗卫生和基础设施方面的绩效。第三主成分 F3 在小学生师比（X9）、普通中学生师比（X10）、每 10 万人口中小学在校生数（X11）、教育支出占财政支出的比率（X12）、城市生活垃圾无害化处理率（X23）、工业固体废物综合利用率（X24）上有较大载荷，这些指标反映基础教育水平和环境保护方面的绩效。第四主成分 F4 在公路累计通车里程（X13）、城市人均拥有道路面积（X14）、污水处理率（X22）上有较大载荷，这些指标反映了各地在环境保护上的绩效。第五主成分 F5 在城镇居民恩格尔系数（X20）、农村居民恩格尔系数（X21）上有较大载荷，这些指标反映了各地居民生活方面的绩效。

根据 SPSS 软件运行的结果，得到福建省 9 个市区的基本公共服务均等化综合排名（见表 5-14），反映了福建省各市基本公共服务均等化水平的总体评价情况，基本公共服务均等化综合水平高低排名分别为：厦门、漳州、福州、莆田、泉州、三明、龙岩、南平、宁德。厦门市由于特殊的地理位置和经济地位，近年来得益的政策支持较多，地区经济发展较快，也给地区的基本公共服务提供了大力支持，综合得分远高于排在第二位的漳州和第三位的福州。值得一提的是福州地区人均公共财政支出为 7273 元，漳州为 5320 元，然而漳州的均等化程度却优于福州。这主要得益于漳州近年来的快速发展和各方面政策扶持，尤其是厦、漳、泉经济一体化同城建设起到了不可估量的作用。

表 5 –14 福建省 9 市区的基本公共服务均等化综合排名

地区	FAC1_1	FAC2_1	FAC3_1	FAC4_1	FAC5_1	综合得分	排名
福州	1.0259	– 0.27211	– 1.51469	0.03233	– 0.48695	0.099	3
厦门	1.8462	1.4558	0.38064	– 0.13347	0.94463	1.153	1
宁德	– 0.693	0.09439	0.38478	– 2.51235	– 0.03546	– 0.482	9
南平	– 0.938	0.131	– 0.94455	0.6376	0.72866	– 0.355	8
漳州	– 0.661	– 0.23675	1.46439	0.83359	1.30737	0.124	2
泉州	0.9197	– 2.22043	0.58586	0.03519	– 0.25545	0.034	5
龙岩	– 0.573	– 0.08571	– 0.85838	0.1818	0.17023	– 0.339	7
莆田	– 0.2	0.83526	1.01588	0.69225	– 2.11368	0.084	4
三明	– 0.726	0.29855	– 0.51392	0.23307	– 0.25935	– 0.317	6

9 个地区横向比较的具体项目（见表 5 – 15）分析：泉州在社会保障综合排名中得分最高，在新型农村合作医疗保险和城乡居民养老保险参保率上明显高于其他地区，而享受农村最低生活保障人数占农村总人口的比重仅高于厦门，说明泉州在全省 GDP 第一的经济水平下，拉动了社会福利水平。厦门独特的地理位置和气候条件保障了厦门居民生活的物质水平，由于制度上的便利和优惠，使其在硬件和软实力上都遥遥领先，厦门的城镇化水平高于福州 23 个百分点。在医疗卫生方面波动较大的属泉州和南平，泉州在其他公共服务方面排名靠前，而在医疗卫生方面就排到了最后。南平刚好相反，其他项目服务比较落后，而医疗卫生却进入前三名。宁德的教育明显处于劣势，从上面的指标统计结果可以看出，宁德的各项服务指标均处于劣势，整体的综合得分也是最低。宁德的教育支出占财政支出的比率并不是最低的，然而，中、小学生师比却是 9 个地区中最低的，可见资源匹配的极度不平衡。

表 5 –15 福建省 9 市地区基本公共服务均等化专项排名

地区	社会保障综合得分	排名	医疗卫生综合得分	排名	基础教育综合得分	排名	居民生活综合得分	排名
福州	0.802	2	0.568	3	0.204	3	0.635	3
厦门	0.798	3	– 0.166	5	0.203	4	1.691	1
宁德	– 0.615	8	– 0.207	6	– 1.448	9	– 0.950	9

地区	社会保障综合得分	排名	医疗卫生综合得分	排名	基础教育综合得分	排名	居民生活综合得分	排名
南平	-0.619	9	0.860	2	0.007	6	-0.690	8
漳州	-0.098	4	-1.134	8	0.178	5	-0.427	6
泉州	0.955	1	-1.194	9	0.444	2	0.903	2
龙岩	-0.463	7	1.194	1	-0.205	8	-0.362	5
莆田	-0.322	5	-0.434	7	0.773	1	-0.217	4
三明	-0.437	6	0.514	4	-0.154	7	-0.582	7

总之，福建省基本公共服务供给存在着明显的区域差异和城乡差异。福州、厦门等发达地区居民平均收入水平较高，其基本公共服务的界定主要基于居民的实际生活水平，因此其基本公共服务实际保障能力强、人均公共服务支出较高。城市与农村之间在基本公共服务供给方面存在同样的问题。

（2）福建省与其他9省横向比较。同样运用因子分析法，得到福建省与其他地区基本公共服务均等化综合排名（见表5－16）和福建省与其他地区基本公共服务均等化专项排名（见表5－17）。

表5－16　　　　　福建省与其他地区基本公共服务均等化综合排名

地区	FAC1_1	FAC2_1	FAC3_1	FAC4_1	FAC5_1	综合得分	排名
广东	2.1727	1.42981	-0.845	-0.046	-0.126	0.664918	1
江苏	1.0684	-1.18471	1.0966	-0.388	0.7754	0.220885	3
山东	0.5209	-0.38808	1.242	1.5039	-1.226	0.461157	2
湖南	-0.533	0.12133	-1.029	1.3735	0.2477	-0.03156	7
湖北	-0.244	-1.03872	-0.529	0.4933	1.0801	-0.20275	8
安徽	-0.81	0.21465	0.3813	0.4372	1.0745	0.094761	5
福建	-0.261	0.47451	1.2138	-1.602	0.2743	0.002428	6
江西	-0.989	1.61348	-0.006	-0.188	0.4067	0.102085	4
山西	-0.906	-0.04596	0.0808	-0.341	-2	-0.45826	9
吉林	-0.02	-1.19632	-1.605	-1.244	-0.507	-0.85367	10

表 5 – 17　　　　　　　　福建省与其他地区基本公共服务均等化专项排名

地区	社会保障综合得分	排名	医疗卫生综合得分	排名	基础教育综合得分	排名	居民生活综合得分	排名
广东	0.926	2	- 0.175	8	0.997	2	1.428	2
江苏	0.212	4	0.346	4	- 0.396	7	1.466	1
山东	0.94	1	0.897	1	0.213	4	0.463	4
湖南	0.233	3	- 0.106	6	0.305	3	- 0.593	5
湖北	- 0.098	6	0.322	5	- 0.558	9	- 0.651	6
安徽	0.204	5	- 1.077	10	0.07	5	- 0.668	7
福建	- 0.524	8	- 0.116	7	0.056	6	0.974	3
江西	- 0.4	7	- 0.999	9	1.206	1	- 0.847	8
山西	- 0.568	9	0.491	2	- 0.548	8	- 0.858	9
吉林	- 0.924	10	0.418	3	- 1.344	10	- 0.712	10

综合排名福建省在选取样本省份中排第六。综合得分与经济发达的地区相比要差很多，甚至低于人均 GDP 水平比福建低很多的江西。可以从排名直接看出，人均 GDP 水平高的地区基本公共服务均等化水平更高，而例外的样本省份则更好地体现了公共服务政策制度的优先性，政府的服务职能对社会福利水平起着至关重要的作用。

对于与专项排名，福建省的社会保障、医疗卫生、基础教育方面均处于 5 名之后，只有居民生活水平排在前 3 位。可以看出，地方财力不足严重影响基本公共服务的供给，福建省将有限的资源在基本公共服务上的投入是不平衡的。再者，人均 GDP 低于福建的样本省份在个别项目上基本公共服务均等化水平优于福建，说明福建在公共财政政策上存在许多不足，资源配置方面存在许多不合理的地方。

（二）福建省基本公共服务均等化现状的实证结论分析

通过前面的因子分析的实证结果可以看出福建省的基本公共服务均等化水平较高，但与经济发达省份相比还有一定差距。而且福建省内 9 市区的均等化程度存在着不小的差距。

1. 福建省 9 个地区间基本公共服务供给结构失衡

福建省基本公共服务供给存在着明显的区域差异和城乡差异，地区间均等化水平差距较大。福州、厦门等发达地区居民平均收入水平较高，其基本公共服务的界定主要基于居民的实际生活水平，因此其基本公共服务实际保障能力强、人均公共服务支出较高。城市与农村之间在基本公共服务供给方面存在同样的问题。

根据因子分析的结果，可以发现福建省基本公共服务均等化结构失衡之所在——社会保障覆盖率低，医疗卫生资金分配不均，教育经费分配不合理，居民生活水平不高。

2. 基本公共服务供给总量不足

对福建省和其他地区进行因子分析的基础上，已经发现福建省基本公共服务均等化水平存在的差距，这些差距比起发达的地区，也在一定程度上是由财力不足引起的。

总量不足主要表现在：推动基本公共服务均等化财力不足，社会保障体系不健全，医疗卫生服务供给不足，基础教育严重滞后。

3. 转移支付制度存在缺陷

由于基层政府间的财政能力差异较大，例如，沿海的厦门、漳州、泉州地区的政府经济实力远大于内陆地区，那么由地方政府提供的基本公共服务差距逐渐扩大。财政转移支付制度不健全，加剧了城乡之间、区域之间的基本公共服务非均等化。

主要结论为，转移支付结构不合理，转移支付的绩效监管不健全。

（三）促进福建省基本公共服务均等化的政策建议

通过之前使用 SPSS 统计软件对福建省 9 个地区的基本公共服务均等化水平进行的比较研究及福建省基本公共服务均等化水平在全国范围内的整体水平分析，可以发现福建省在基本公共服务均等化方面的缺失和不足，从而有针对性地给出政策建议。

健全公共财政制度：完善财政体制构建均等化财政制度，加快政府职能转变，深化财政管理体制改革。加强基本公共服务的支出管理：规范专项转移支付项目，加强基本公共服务支出绩效管理。提高财政总量：优化产业结构，完善收入分配制度，推进良好的税收体制，健全法律体系。

二、其他研究成果

张晓梅（2015）从厦门市各区的角度探讨了基本公共服务均等化的问题，文章详细比较了厦门市各区的基本公共服务的供给与需求情况，并选取基本公共服务均等化指标、利用数据波动情况构建指数，分别计算了义务教育方面、医疗卫生方面、社会保障方面的均等化指数数值，得出义务教育均等化水平最高，社会保障其次，医疗卫生最低。许仁家（2015）从新型城镇化的角度研究地方公共产品的配置问题，文章对新型城镇化背景下的公共产品配置的现状、问题、原因作出分析，再从美、韩等国的城镇化的公共产品配置借鉴经验，得到我国新型城镇化背景下的地方公共产品的配置的新路径。而王珉昊（2014）则从新型城镇化的角度研究医疗资源的配置优化问题，它分析了新型城镇化背景下医疗资源配置存在的问题，同时也比较了部分其他国家的情况，再通过借鉴全国已经成功的部分医疗资源配置优化成功案例经验，为新型城镇化背景下的医疗资源配置提供建议。

附录：

财政部及部分省（市）关于财政预算绩效管理文件选编

一、财政部关于印发《财政支出绩效评价管理暂行办法》的通知

（2011 年 4 月 2 日，财预〔2011〕285 号）

党中央有关部门，国务院各部委、各直属机构，总后勤部，武警各部队，全国人大常委会办公厅，全国政协办公厅，高法院，高检院，有关人民团体，各省、自治区、直辖市、计划单列市财政厅（局），新疆生产建设兵团财务局，有关中央管理企业：

为积极推进预算绩效管理工作，规范财政支出绩效评价行为，建立科学、合理的绩效评价管理体系，提高财政资金使用效益，我们重新修订了《财政支出绩效评价管理暂行办法》，现予印发，请遵照执行。

附件：财政支出绩效评价管理暂行办法

财政部
二○一一年四月二日

附件：

财政支出绩效评价管理暂行办法

财预〔2011〕285 号

第一章 总 则

第一条 为加强财政支出管理，强化支出责任，建立科学、合理的财政支出

绩效评价管理体系，提高财政资金使用效益，根据《中华人民共和国预算法》等国家有关规定，制定本办法。

第二条 财政支出绩效评价（以下简称绩效评价）是指财政部门和预算部门（单位）根据设定的绩效目标，运用科学、合理的绩效评价指标、评价标准和评价方法，对财政支出的经济性、效率性和效益性进行客观、公正的评价。

第三条 各级财政部门和各预算部门（单位）是绩效评价的主体。

预算部门（单位）（以下简称预算部门）是指与财政部门有预算缴拨款关系的国家机关、政党组织、事业单位、社会团体和其他独立核算的法人组织。

第四条 财政性资金安排支出的绩效评价及相关管理活动适用本办法。

第五条 绩效评价应当遵循以下基本原则：

（一）科学规范原则。绩效评价应当严格执行规定的程序，按照科学可行的要求，采用定量与定性分析相结合的方法。

（二）公正公开原则。绩效评价应当符合真实、客观、公正的要求，依法公开并接受监督。

（三）分级分类原则。绩效评价由各级财政部门、各预算部门根据评价对象的特点分类组织实施。

（四）绩效相关原则。绩效评价应当针对具体支出及其产出绩效进行，评价结果应当清晰反映支出和产出绩效之间的紧密对应关系。

第六条 绩效评价的主要依据：

（一）国家相关法律、法规和规章制度；

（二）各级政府制定的国民经济与社会发展规划和方针政策；

（三）预算管理制度、资金及财务管理办法、财务会计资料；

（四）预算部门职能职责、中长期发展规划及年度工作计划；

（五）相关行业政策、行业标准及专业技术规范；

（六）申请预算时提出的绩效目标及其他相关材料，财政部门预算批复，财政部门和预算部门年度预算执行情况，年度决算报告；

（七）人大审查结果报告、审计报告及决定、财政监督检查报告；

（八）其他相关资料。

第二章 绩效评价的对象和内容

第七条 绩效评价的对象包括纳入政府预算管理的资金和纳入部门预算管理的资金。按照预算级次，可分为本级部门预算管理的资金和上级政府对下级政府的转移支付资金。

第八条 部门预算支出绩效评价包括基本支出绩效评价、项目支出绩效评价和部门整体支出绩效评价。

绩效评价应当以项目支出为重点，重点评价一定金额以上、与本部门职能密切相关、具有明显社会影响和经济影响的项目。有条件的地方可以对部门整体支出进行评价。

第九条 上级政府对下级政府的转移支付包括一般性转移支付和专项转移支付。一般性转移支付原则上应当重点对贯彻中央重大政策出台的转移支付项目进行绩效评价；专项转移支付原则上应当以对社会、经济发展和民生有重大影响的支出为重点进行绩效评价。

第十条 绩效评价的基本内容：

（一）绩效目标的设定情况；

（二）资金投入和使用情况；

（三）为实现绩效目标制定的制度、采取的措施等；

（四）绩效目标的实现程度及效果；

（五）绩效评价的其他内容。

第十一条 绩效评价一般以预算年度为周期，对跨年度的重大（重点）项目可根据项目或支出完成情况实施阶段性评价。

第三章 绩 效 目 标

第十二条 绩效目标是绩效评价的对象计划在一定期限内达到的产出和效果，由预算部门在申报预算时填报。预算部门年初申报预算时，应当按照本办法规定的要求将绩效目标编入年度预算；执行中申请调整预算的，应当随调整预算一并上报绩效目标。

第十三条 绩效目标应当包括以下主要内容：

（一）预期产出，包括提供的公共产品和服务的数量；

（二）预期效果，包括经济效益、社会效益、环境效益和可持续影响等；

（三）服务对象或项目受益人满意程度；

（四）达到预期产出所需要的成本资源；

（五）衡量预期产出、预期效果和服务对象满意程度的绩效指标；

（六）其他。

第十四条 绩效目标应当符合以下要求：

（一）指向明确。绩效目标要符合国民经济和社会发展规划、部门职能及事业发展规划，并与相应的财政支出范围、方向、效果紧密相关。

（二）具体细化。绩效目标应当从数量、质量、成本和时效等方面进行细化，尽量进行定量表述，不能以量化形式表述的，可以采用定性的分级分档形式表述。

（三）合理可行。制定绩效目标时要经过调查研究和科学论证，目标要符合客观实际。

第十五条 财政部门应当对预算部门申报的绩效目标进行审核，符合相关要求的可进入下一步预算编审流程；不符合相关要求的，财政部门可以要求其调整、修改。

第十六条 绩效目标一经确定一般不予调整。确需调整的，应当根据绩效目标管理的要求和审核流程，按照规定程序重新报批。

第十七条 绩效目标确定后，随同年初预算或追加预算一并批复，作为预算部门执行和项目绩效评价的依据。

第四章　绩效评价指标、评价标准和方法

第十八条 绩效评价指标是指衡量绩效目标实现程度的考核工具。绩效评价指标的确定应当遵循以下原则：

（一）相关性原则。应当与绩效目标有直接的联系，能够恰当反映目标的实现程度。

（二）重要性原则。应当优先使用最具评价对象代表性、最能反映评价要求的核心指标。

（三）可比性原则。对同类评价对象要设定共性的绩效评价指标，以便于评价结果可以相互比较。

（四）系统性原则。应当将定量指标与定性指标相结合，系统反映财政支出所产生的社会效益、经济效益、环境效益和可持续影响等。

（五）经济性原则。应当通俗易懂、简便易行，数据的获得应当考虑现实条件和可操作性，符合成本效益原则。

第十九条 绩效评价指标分为共性指标和个性指标。

（一）共性指标是适用于所有评价对象的指标。主要包括预算编制和执行情况、财务管理状况、资产配置、使用、处置及其收益管理情况以及社会效益、经济效益等。

（二）个性指标是针对预算部门或项目特点设定的，适用于不同预算部门或项目的业绩评价指标。

共性指标由财政部门统一制定，个性指标由财政部门会同预算部门制定。

第二十条 绩效评价标准是指衡量财政支出绩效目标完成程度的尺度。绩效评价标准具体包括：

（一）计划标准。是指以预先制定的目标、计划、预算、定额等数据作为评价的标准。

（二）行业标准。是指参照国家公布的行业指标数据制定的评价标准。

（三）历史标准。是指参照同类指标的历史数据制定的评价标准。

（四）其他经财政部门确认的标准。

第二十一条 绩效评价方法主要采用成本效益分析法、比较法、因素分析法、最低成本法、公众评判法等。

（一）成本效益分析法。是指将一定时期内的支出与效益进行对比分析，以评价绩效目标实现程度。

（二）比较法。是指通过对绩效目标与实施效果、历史与当期情况、不同部门和地区同类支出的比较，综合分析绩效目标实现程度。

（三）因素分析法。是指通过综合分析影响绩效目标实现、实施效果的内外因素，评价绩效目标实现程度。

（四）最低成本法。是指对效益确定却不易计量的多个同类对象的实施成本进行比较，评价绩效目标实现程度。

（五）公众评判法。是指通过专家评估、公众问卷及抽样调查等对财政支出效果进行评判，评价绩效目标实现程度。

（六）其他评价方法。

第二十二条 绩效评价方法的选用应当坚持简便有效的原则。

根据评价对象的具体情况，可采用一种或多种方法进行绩效评价。

第五章 绩效评价的组织管理和工作程序

第二十三条 财政部门负责拟定绩效评价规章制度和相应的技术规范，组织、指导本级预算部门、下级财政部门的绩效评价工作；根据需要对本级预算部门、下级财政部门支出实施绩效评价或再评价；提出改进预算支出管理意见并督促落实。

第二十四条 预算部门负责制定本部门绩效评价规章制度；具体组织实施本部门绩效评价工作；向同级财政部门报送绩效报告和绩效评价报告；落实财政部门整改意见；根据绩效评价结果改进预算支出管理。

第二十五条 根据需要，绩效评价工作可委托专家、中介机构等第三方实施。财政部门应当对第三方组织参与绩效评价的工作进行规范，并指导其开展工作。

第二十六条　绩效评价工作一般按照以下程序进行：

（一）确定绩效评价对象；

（二）下达绩效评价通知；

（三）确定绩效评价工作人员；

（四）制订绩效评价工作方案；

（五）收集绩效评价相关资料；

（六）对资料进行审查核实；

（七）综合分析并形成评价结论；

（八）撰写与提交评价报告；

（九）建立绩效评价档案。

预算部门年度绩效评价对象由预算部门结合本单位工作实际提出并报同级财政部门审核确定；也可由财政部门根据经济社会发展需求和年度工作重点等相关原则确定。

第二十七条　财政部门实施再评价，参照上述工作程序执行。

第六章　绩效报告和绩效评价报告

第二十八条　财政资金具体使用单位应当按照本办法的规定提交绩效报告，绩效报告应当包括以下主要内容：

（一）基本概况，包括预算部门职能、事业发展规划、预决算情况、项目立项依据等；

（二）绩效目标及其设立依据和调整情况；

（三）管理措施及组织实施情况；

（四）总结分析绩效目标完成情况；

（五）说明未完成绩效目标及其原因；

（六）下一步改进工作的意见及建议。

第二十九条　财政部门和预算部门开展绩效评价并撰写绩效评价报告，绩效评价报告应当包括以下主要内容：

（一）基本概况；

（二）绩效评价的组织实施情况；

（三）绩效评价指标体系、评价标准和评价方法；

（四）绩效目标的实现程度；

（五）存在问题及原因分析；

（六）评价结论及建议；

（七）其他需要说明的问题。

第三十条 绩效报告和绩效评价报告应当依据充分、真实完整、数据准确、分析透彻、逻辑清晰、客观公正。

预算部门应当对绩效评价报告涉及基础资料的真实性、合法性、完整性负责。

财政部门应当对预算部门提交的绩效评价报告进行复核，提出审核意见。

第三十一条 绩效报告和绩效评价报告的具体格式由财政部门统一制定。

第七章 绩效评价结果及其应用

第三十二条 绩效评价结果应当采取评分与评级相结合的形式，具体分值和等级可根据不同评价内容设定。

第三十三条 财政部门和预算部门应当及时整理、归纳、分析、反馈绩效评价结果，并将其作为改进预算管理和安排以后年度预算的重要依据。

对绩效评价结果较好的，财政部门和预算部门可予以表扬或继续支持。

对绩效评价发现问题、达不到绩效目标或评价结果较差的，财政部门和预算部门可予以通报批评，并责令其限期整改。不进行整改或整改不到位的，应当根据情况调整项目或相应调减项目预算，直至取消该项财政支出。

第三十四条 绩效评价结果应当按照政府信息公开有关规定在一定范围内公开。

第三十五条 在财政支出绩效评价工作中发现的财政违法行为，依照《财政违法行为处罚处分条例》（国务院令第427号）等国家有关规定追究责任。

第八章 附 则

第三十六条 各地区、各预算部门可结合实际制定具体的管理办法和实施细则。

第三十七条 本办法自发布之日起施行。《中央部门预算支出绩效考评管理办法（试行）》（财预〔2005〕86号）、《财政支出绩效评价管理暂行办法》（财预〔2009〕76号）同时废止。《财政部关于进一步推进中央部门预算项目支出绩效评价试点工作的通知》（财预〔2009〕390号）及其他有关规定与本办法不一致的，以本办法为准。

二、关于推进预算绩效管理的指导意见

财预〔2011〕416 号

党中央有关部门，国务院各部委、各直属机构，总后勤部，武警各部队，全国人大常委会办公厅，全国政协办公厅，高法院，高检院，有关人民团体，各省、自治区、直辖市、计划单列市财政厅（局），新疆生产建设兵团财务局，有关中央管理企业：

为了深入贯彻落实科学发展观，完善公共财政体系，推进财政科学化精细化管理，强化预算支出的责任和效率，提高财政资金使用效益，现就推进预算绩效管理提出如下意见：

一、充分认识推进预算绩效管理的重要性

预算绩效是指预算资金所达到的产出和结果。预算绩效管理是政府绩效管理的重要组成部分，是一种以支出结果为导向的预算管理模式。它强化政府预算为民服务的理念，强调预算支出的责任和效率，要求在预算编制、执行、监督的全过程中更加关注预算资金的产出和结果，要求政府部门不断改进服务水平和质量，花尽量少的资金、办尽量多的实事，向社会公众提供更多、更好的公共产品和公共服务，使政府行为更加务实、高效。推进预算绩效管理，有利于提升预算管理水平、增强单位支出责任、提高公共服务质量、优化公共资源配置、节约公共支出成本。这是深入贯彻落实科学发展观的必然要求，是深化行政体制改革的重要举措，也是财政科学化、精细化管理的重要内容，对于加快经济发展方式的转变和和谐社会的构建，促进高效、责任、透明政府的建设具有重大的政治、经济和社会意义。

党中央、国务院高度重视预算绩效管理工作，多次强调要深化预算制度改革，加强预算绩效管理，提高预算资金的使用效益和政府工作效率。党的十六届三中全会提出"建立预算绩效评价体系"，党的十七届二中、五中全会提出"推行政府绩效管理和行政问责制度""完善政府绩效评估制度"。2011 年 3 月，国务院成立政府绩效管理工作部际联席会议，指导和推动政府绩效管理工作。近年来，各级财政部门和预算单位按照党中央、国务院的要求和财政部的部署，积极研究探索预算绩效管理工作，开展预算支出绩效评价试点，取得了一定成效。但从总体上看，我国的预算绩效管理工作仍处于起步阶段，思想认识还不够统一，

制度建设相对滞后，试点范围较小，地区发展不平衡，与党中央、国务院对加强预算绩效管理的要求还有一定的差距。推进预算绩效管理，已成为当前和今后财政预算管理工作的重要内容。

二、推进预算绩效管理的指导思想和基本原则

当前和今后一段时期推进预算绩效管理的指导思想是：全面贯彻党的十七大、十七届五中全会精神，以邓小平理论和"三个代表"重要思想为指导，深入贯彻落实科学发展观，借鉴市场经济国家预算绩效管理的成功经验，按照党中央、国务院关于加强政府绩效和预算绩效管理的总体要求，强化预算支出责任和效率，统筹规划、分级管理、因地制宜、重点突破，逐步建立以绩效目标实现为导向，以绩效评价为手段，以结果应用为保障，以改进预算管理、优化资源配置、控制节约成本、提高公共产品质量和公共服务水平为目的，覆盖所有财政性资金，贯穿预算编制、执行、监督全过程的具有中国特色的预算绩效管理体系。

推进预算绩效管理的基本原则：

（一）统一领导，分级管理。各级财政部门负责预算绩效管理工作的统一领导，组织对重点支出进行绩效评价和再评价。财政部负责预算绩效管理工作的总体规划和顶层制度的设计，组织并指导下级财政部门和本级预算单位预算绩效管理工作；地方各级财政部门负责本行政区域预算绩效管理工作。各预算单位是本单位预算绩效管理的主体，负责组织、指导单位本级和所属单位的预算绩效管理工作。

（二）积极试点，稳步推进。各级财政部门和预算单位要结合本地区、本单位实际情况，勇于探索，先易后难，优先选择重点民生支出和社会公益性较强的项目等进行预算绩效管理试点，积累经验，在此基础上稳步推进基本支出绩效管理试点、单位整体支出绩效管理试点和财政综合绩效管理试点。

（三）程序规范，重点突出。建立规范的预算绩效管理工作流程，健全预算绩效管理运行机制，强化全过程预算绩效管理。加强绩效目标管理，突出重点，建立和完善绩效目标申报、审核、批复机制。

（四）客观公正，公开透明。预算绩效管理要符合真实、客观、公平、公正的要求，评价指标要科学，基础数据要准确，评价方法要合理，评价结果要依法公开，接受监督。

三、推进预算绩效管理的主要内容

预算绩效管理是一个由绩效目标管理、绩效运行跟踪监控管理、绩效评价实施管理、绩效评价结果反馈和应用管理共同组成的综合系统。推进预算绩效管理，要将绩效理念融入预算管理全过程，使之与预算编制、预算执行、预算监督一起成为预算管理的有机组成部分，逐步建立"预算编制有目标、预算执行有监控、预算完成有评价、评价结果有反馈、反馈结果有应用"的预算绩效管理机制。

（一）绩效目标管理

1. 绩效目标设定。绩效目标是预算绩效管理的基础，是整个预算绩效管理系统的前提，包括绩效内容、绩效指标和绩效标准。预算单位在编制下一年度预算时，要根据国务院编制预算的总体要求和财政部门的具体部署、国民经济和社会发展规划、部门职能及事业发展规划，科学、合理地测算资金需求，编制预算绩效计划，报送绩效目标。报送的绩效目标应与部门目标高度相关，并且是具体的、可衡量的、一定时期内可实现的。预算绩效计划要详细说明为达到绩效目标拟采取的工作程序、方式方法、资金需求、信息资源等，并有明确的职责和分工。

2. 绩效目标审核。财政部门要依据国家相关政策、财政支出方向和重点、部门职能及事业发展规划等对单位提出的绩效目标进行审核，包括绩效目标与部门职能的相关性、绩效目标的实现所采取措施的可行性、绩效指标设置的科学性、实现绩效目标所需资金的合理性等。绩效目标不符合要求的，财政部门应要求报送单位调整、修改；审核合格的，进入下一步预算编审流程。

3. 绩效目标批复。财政预算经各级人民代表大会审查批准后，财政部门应在单位预算批复中同时批复绩效目标。批复的绩效目标应当清晰、可量化，以便在预算执行过程中进行监控和预算完成后实施绩效评价时对照比较。

（二）绩效运行跟踪监控管理

预算绩效运行跟踪监控管理是预算绩效管理的重要环节。各级财政部门和预算单位要建立绩效运行跟踪监控机制，定期采集绩效运行信息并汇总分析，对绩效目标运行情况进行跟踪管理和督促检查，纠偏扬长，促进绩效目标的顺利实现。跟踪监控中发现绩效运行目标与预期绩效目标发生偏离时，要及时采取措施予以纠正。

（三）绩效评价实施管理

预算支出绩效评价是预算绩效管理的核心。预算执行结束后，要及时对预算资金的产出和结果进行绩效评价，重点评价产出和结果的经济性、效率性和效益性。实施绩效评价要编制绩效评价方案，拟订评价计划，选择评价工具，确定评价方法，设计评价指标。预算具体执行单位要对预算执行情况进行自我评价，提交预算绩效报告，要将实际取得的绩效与绩效目标进行对比，如未实现绩效目标，须说明理由。组织开展预算支出绩效评价工作的单位要提交绩效评价报告，认真分析研究评价结果所反映的问题，努力查找资金使用和管理中的薄弱环节，制定改进和提高工作的措施。财政部门对预算单位的绩效评价工作进行指导、监督和检查，并对其报送的绩效评价报告进行审核，提出进一步改进预算管理、提高预算支出绩效的意见和建议。

（四）绩效评价结果反馈和应用管理

建立预算支出绩效评价结果反馈和应用制度，将绩效评价结果及时反馈给预算具体执行单位，要求其根据绩效评价结果，完善管理制度，改进管理措施，提高管理水平，降低支出成本，增强支出责任；将绩效评价结果作为安排以后年度预算的重要依据，优化资源配置；将绩效评价结果向同级人民政府报告，为政府决策提供参考，并作为实施行政问责的重要依据。逐步提高绩效评价结果的透明度，将绩效评价结果，尤其是一些社会关注度高、影响力大的民生项目和重点项目支出绩效情况，依法向社会公开，接受社会监督。

四、推进预算绩效管理的工作要求

各级财政部门和预算单位要高度重视，充分认识推进预算绩效管理的重要性和必要性，切实把思想认识统一到党中央、国务院决策要求和工作部署上来，把推进预算绩效管理作为当前和今后一个时期深化预算管理改革的一项重要工作来抓。

（一）加强组织领导。各级财政部门要切实加强对预算绩效管理的统一领导，健全组织，充实人员，统筹规划，合理安排，理顺工作机制，理清工作思路，明确工作目标，制定具体措施。各预算单位要按照财政部门的统一部署，积极推进预算绩效管理试点。财政部门和预算单位之间要加强沟通，密切配合，形成工作合力。

（二）建立健全制度。抓紧研究制定预算绩效管理规章制度，完善预算支出绩效评价办法，健全预算绩效评价指标体系，建立绩效评价结果反馈制度，推进预算绩效管理信息系统建设，为预算绩效管理提供制度和技术支撑。

（三）推进相关改革。完善政府预算体系，研究完善政府会计制度，探索实施中、长期预算管理，编制滚动预算。深化部门预算、国库集中收付等制度改革，将所有政府性收入全部纳入预算管理，加强国有资产管理，促进资产管理与预算管理有机结合。按照《中华人民共和国政府信息公开条例》的要求，积极推进预算公开，接受社会监督。

（四）加强宣传培训。要充分利用各种新闻媒体、政府网络平台等，积极宣传预算绩效管理理念，培育绩效管理文化，增强预算绩效意识，为预算绩效管理创造良好的舆论环境；要加强预算绩效管理专业知识培训，增强预算绩效管理工作人员的业务素质，提高预算绩效管理的工作水平。

（五）建立考核机制。采取重点督查、随机检查等方式，加强预算绩效管理推进工作的督促检查，发现问题及时解决。建立预算绩效管理推进工作考核制度，对工作做得好的地区和单位予以表扬，对工作做得不好的地区和单位予以通报。

财政部

二〇一一年七月五日

三、关于印发《地方财政管理绩效综合评价方案》的通知

财预〔2014〕45号

各省、自治区、直辖市、计划单列市财政厅（局）：

为全面贯彻落实党的十八大、十八届二中、三中全会精神，督促和引导地方深化财税体制改革，建立现代财政制度，改进预算管理制度，加强和改进事中事后监管，提高财政管理效率，按照推进国家治理体系和治理能力现代化的要求，根据《中华人民共和国预算法》、《财政部关于推进预算绩效管理的指导意见》（财预〔2011〕416号），我们制定了《地方财政管理绩效综合评价方案》。现予以印发。

特此通知。

附件1：地方财政管理绩效综合评价方案

附件2：地方财政管理绩效综合评价内容表

财政部

2014年3月21日

附件1：地方财政管理绩效综合评价方案

一、评价目的

通过对地方财政管理绩效的综合评价，进一步推动地方深化财税体制改革，改进预算管理制度，提高财政资金使用效益，探索构建符合我国国情的地方财政管理绩效评价体系，不断改进财政宏观管理，提升财政管理科学化水平。

二、评价范围

包括全国36个省（直辖市、自治区、计划单列市，以下简称省）。其中，计划单列市单独开展综合评价，其所在省评价数据不含计划单列市。

三、评价内容及标准

评价内容主要是地方财政管理情况，具体包括实施透明预算、规范预算编制、优化收支结构、盘活存量资金、加强债务管理、完善省以下财政体制、落实"约法三章"、严肃财经纪律等8个方面，评价得分采用百分制。

（一）实施透明预算（15 分）

以省、市、县三级政府的财政总预算、部门预算、三公经费预算公开情况等为对象，评价地方预算公开情况，引导和督促地方提高预算透明度。

1. 省级预算公开（7 分）

评价内容：省级财政总预算公开、部门预算公开、三公经费预算公开情况，分值比例为 3∶2∶2。

某省得分 = 省级财政总预算公开得分 + 省级部门预算公开得分 + 省级三公经费预算公开得分。

其中：

省级财政总预算公开得分，即省本级已向社会公开当年财政预算报告及报表得满分，未公开不得分。

省级部门预算公开得分 = 省级公开部门预算的部门个数 ÷ 省级编制部门预算的部门总数 × 分值。

省级三公经费预算公开得分，即省级已向社会公开当年三公经费支出汇总预算得满分，未公开不得分。

2. 市级预算公开（4 分）

评价内容：市级财政总预算公开、部门预算公开、三公经费预算公开情况，分值比例为 2∶1∶1。

某省得分 = 市级财政总预算公开得分 + 市级部门预算公开得分 + 市级三公经费预算公开得分。

其中：

市级财政总预算公开得分 = 公开总预算的地（市、州）个数 ÷ 地（市、州）总数 × 分值。

市级部门预算公开得分 = 公开部门预算的地（市、州）个数 ÷ 地（市、州）总数 × 分值。

市级三公经费预算公开得分 = 公开三公经费支出汇总预算的地（市、州）个数 ÷ 地（市、州）总数 × 分值。

3. 县级预算公开（4 分）

评价内容：县级财政总预算公开、部门预算公开、三公经费预算公开情况，分值比例为 2∶1∶1。

某省得分 = 县级财政总预算公开得分 + 县级部门预算公开得分 + 县级三公经费预算公开得分。

其中：

县级财政总预算公开得分 = 公开总预算的县（市、旗）个数÷县（市、旗）总数×分值。

县级部门预算公开得分 = 公开部门预算的县（市、旗）个数÷县（市、旗）总数×分值。

县级三公经费预算公开得分 = 公开三公经费支出汇总预算的县（市、旗）个数÷县（市、旗）总数×分值。

（二）规范预算编制（15分）

以预算编制规范性、公共财政预算到位率、部门预算管理水平、提前下达转移支付到位率等为对象，评价地方预算编制水平，引导和督促地方提高预算编制的科学性和规范性。

1. 财政预算编制规范性（4分）

评价内容：省级财政预算报告表格的完整性和细化程度，分值各占1/2。

某省得分 = 预算表格完整性得分 + 预算表格细化程度得分。

其中：完整性包括收入预算和支出预算。收入预算包括地方本级预算收入、转移性收入、调入预算稳定调节基金、地方政府债券和上年结余收入等；支出预算包括地方本级预算支出、转移性支出、地方政府债券还本支出、安排地方预算稳定调节基金、增设预算周转金和年终结余等。

细化程度主要是指细化到类、款、项级内容的程度。

2. 公共财政年初预算到位率（4分）

评价内容：公共财政收支年初预算数占决算数比重情况，收入和支出分值各占1/2。

某省得分 = 公共财政收入年初预算到位率得分 + 公共财政支出年初预算到位率得分。

计算方法：第一步，计算公共财政收支年初预算数占决算数比重。第二步，对所占比重进行标准化校正处理，使其位于0～100%之间。第三步：计算得分，校正后比重为95%及以上的，得满分；其他地区得分 = 某省校正后比重÷max（各省校正后比重）×分值。

其中：

校正后比重 = [1 − 绝对值(年初预算数占决算数比重 − 1)]×100%；

max（各省校正后比重）指校正后比重低于95%的各省比重的最大值。

3. 部门预算管理（4分）

评价内容：部门预算完整性和部门预算提交人代会审议比重情况，分值各占1/2。

某省得分＝部门预算完整性得分＋部门预算提交人代会审议比重得分。

其中：部门预算完整性包括部门预算表格是否编列部门所有收支、支出是否分基本支出和项目支出分别编列、项目支出是否编列到具体项目等。

部门预算提交人代会审议比重得分计算方法：第一步，计算各省提交省人代会审议部门预算的部门个数占省级编制部门预算的部门总数的比重。第二步，计算得分，某省得分＝某省提交省人代会审议部门预算的部门个数÷编制部门预算的部门总数×分值。

4. 提前下达转移支付到位率（3分）

评价内容：省级提前下达市县的转移支付指标占全年下达转移支付决算数的比重（按东、中、西区域分别评价）。

某省得分：提前下达转移支付到位率为70%及以上的，得满分；其他地区得分＝［max（各省提前下达转移支付到位率差）－某省提前下达转移支付到位率差］÷［max（各省提前下达转移支付到位率差）－min（各省提前下达转移支付到位率差）］×分值。

计算方法：第一步，计算各省提前下达市县转移支付指标数占全年下达市县转移支付指标决算数的比重。第二步，计算上述比重与所在区域平均到位率的差。第三步：计算得分。

其中：

某省提前下达转移支付指标到位率＝某省提前下达市县转移支付指标数÷某省当年下达市县转移支付指标决算数；

某省提前下达转移支付到位率差＝某省提前下达转移支付指标到位率－某省所在区域平均到位率；

max（各省提前下达转移支付到位率差）指到位率低于70%的各省提前下达转移支付到位率与所在区域平均到位率差的最大值；

min（各省提前下达转移支付到位率差）指到位率低于70%的各省提前下达转移支付到位率与所在区域平均到位率差的最小值。

（三）优化收支结构（15分）

1. 提高收入质量（6分）

以宏观产业税负、公共财政收入中税收收入占比等为对象，评价地方财政收入质量，引导和督促地方加快经济结构调整升级，提高发展质量和效益。

（1）宏观产业税负（3分）。

评价内容：各省第二产业、第三产业税收额占第二产业、第三产业增加值的比重（按东、中、西区域分别评价）。

某省得分：宏观产业税负偏离度不高于5个百分点的，得满分；宏观产业税负偏离度高于20个百分点的，得0分；其他地区得分 = [max（各省宏观产业税负偏离度）− 某省宏观产业税负偏离度] ÷ [max（各省宏观产业税负偏离度）− min（各省宏观产业税负偏离度）] × 分值。

计算方法：第一步，计算各省宏观产业税负，即第二产业、第三产业税收额占其第二产业、第三产业地区增加值的比重。第二步，计算各省宏观产业税负偏离度。第三步，计算得分。

其中：

宏观产业税负 = （第二产业和第三产业税收额 ÷ 第二产业和第三产业地区增加值）× 100%；

宏观产业税负偏离度 = 绝对值（某省宏观产业税负 − 所在区域各省平均宏观产业税负）；

max（各省宏观产业税负偏离度）指各省宏观产业税负偏离度在5~20个百分点之间的最大值；

min（各省宏观产业税负偏离度）指各省宏观产业税负偏离度在5~20个百分点之间的最小值。

（2）公共财政收入中税收收入占比（3分）。

评价内容：地方公共财政收入中税收收入占比及其年度间变化情况，包括静态评价和动态评价，分值比例为4:1。

①静态评价。

某省得分：公共财政收入中税收收入占比高于全国地方平均占比10个百分点及以上的，得满分；其他地区得分 = 某省公共财政收入中税收收入占比 ÷ max（各省公共财政收入中税收收入占比）× 分值。

其中：

某省公共财政收入中税收收入占比 = 某省税收收入 ÷ 某省公共财政收入 × 100%；

max（各省公共财政收入中税收收入占比）指非满分省公共财政收入中税收收入占比的最大值。

②动态评价。

某省得分 = [某省税收收入占比变动水平 − min（各省税收收入占比变动水平）] ÷ [max（各省税收收入占比变动水平）− min（各省税收收入占比变动水平）] × 分值。

其中：

税收收入占比变动水平 = （本年度公共财政收入中税收收入占比 − 上年度公

共财政收入中税收收入占比）×上年度公共财政收入中税收收入占比系数；

max（各省税收收入占比变动水平）指各省税收收入占比变动水平的最大值；

min（各省税收收入占比变动水平）指各省税收收入占比变动水平的最小值。

2. 优化支出结构（9分）

以公共安全、教育、科学技术、文化体育与传媒、社会保障和就业、医疗卫生、节能环保、农林水事务、住房保障支出等9项支出总体水平及其人均水平为对象，评价地方重点支出保障力度和支出结构优化程度，引导和督促地方切实保障和改善民生，提高财政资金使用效益。

（1）重点支出占比（4.5分）。

评价内容：各省重点支出总体水平。

某省得分：重点支出占比超过各省平均水平10个百分点及以上的，得满分；重点支出占比低于各省平均水平10个百分点及以上的，得0分；其他地区得分 = [某省重点支出占比差 − min(各省重点支出占比差)] ÷ [max(各省重点支出占比差) − min(各省重点支出占比差)] × 分值。

计算方法：第一步，计算各省重点支出占公共财政支出比重。第二步，计算某省重点支出占比与各省重点支出平均占比的差。第三步：计算得分。

其中：

某省重点支出占比 = 重点支出 ÷ 公共财政支出 × 100%；

某省重点支出占比差 = 某省重点支出占比 − 各省重点支出平均占比；

max（各省重点支出占比差）指各省重点支出占比差在 − 10 和 10 个百分点之间的最大值；

min（各省重点支出占比差）指各省重点支出占比差在 − 10 和 10 个百分点之间的最小值。

（2）人均重点支出（4.5分）。

评价内容：各省重点支出人均水平。

某省得分 = 某省校正人均重点支出 ÷ max（各省校正人均重点支出）× 分值。

计算方法：第一步，计算各省人均重点支出。第二步，考虑支出成本差异系数和中央转移支付依赖度系数，计算各省校正人均重点支出。第三步，计算得分。

其中：

人均重点支出 = 某省重点支出 ÷ 某省总人口；

校正人均重点支出 = 人均重点支出 ÷ 支出成本差异系数 ÷ 中央转移支付依赖

度系数；

max（各省校正人均重点支出水平）指各省校正人均重点支出的最大值。

（四）盘活存量资金（15分）

以分季度支出进度及清理压缩结余结转资金、暂存款、暂付款、专项支出财政专户余额等为对象，评价盘活财政存量资金情况，督促和引导地方深挖存量资金潜力，切实提高公共资金使用效益。

1. 加快支出进度（4分）

评价内容：一季度末、二季度末、三季度末、11月末公共财政支出进度与序时进度的比较情况，分值各占1/4。

某省得分=公共财政支出一季度末进度得分+二季度末进度得分+三季度末进度得分+11月末进度得分。

计算方法：第一步：计算各省上述各时点公共财政支出进度。第二步，分别计算上述各时点得分，达到或快于序时进度的，得满分；其他地区得分=某省某时点公共财政支出进度÷该时点序时进度×分值。

其中：

某省某时点公共财政支出进度=某省某时点公共财政支出执行数÷某省全年公共财政支出决算数×100%。

2. 清理压缩结余结转资金（4分）

评价内容：公共财政年终结余结转率及其年度间变化情况，包括静态评价和动态评价，分值比例为3:1（按东、中、西区域分别评价）。

（1）静态评价。

某省得分：公共财政年终结余结转率不高于9%的，得满分；其他地区得分=［max（各省公共财政年终结余结转率差）－某省公共财政年终结余结转率差］÷［max（各省公共财政年终结余结转率差）－min（各省公共财政年终结余结转率差）］×分值。

其中：

公共财政年终结余结转率=公共财政年终结余结转数÷公共财政支出决算数×100%；

公共财政年终结余结转率差=某省公共财政年终结余结转率－所在区域公共财政年终结余结转率平均水平；

max（各省公共财政年终结余结转率差）指所在区域年终结余结转率高于9%的各省年终结余结转率差的最大值；

min（各省公共财政年终结余结转率差）指所在区域年终结余结转率高于

9%的各省年终结余结转率差的最小值。

（2）动态评价。

某省得分：公共财政年终结余结转降幅为30%及以上的，得满分；其他地区得分＝[某省公共财政年终结余结转变动率 – min(各省公共财政年终结余结转变动率)] ÷ [max(各省公共财政年终结余结转变动率) – min(各省公共财政年终结余结转变动率)] × 分值。

其中：

公共财政年终结余结转变动率＝(1 – 本年度公共财政结余结转数 ÷ 上年度公共财政结余结转数) × 100%；

max（各省公共财政年终结余结转变动率）指公共财政年终结余结转降幅小于30%的所在区域各省变动率的最大值；

min（各省公共财政年终结余结转变动率）指公共财政年终结余结转降幅小于30%的所在区域各省变动率的最小值。

3. 清理压缩总预算暂存暂付款（4分）

评价内容：总预算暂存暂付款率及其年度间变化情况，包括静态评价和动态评价，分值比例为3∶1。暂存款、暂付款的评价方式相同，分别计算并汇总得分（按东、中、西区域分别评价）。

（1）静态评价。

某省得分：总预算暂存款率（暂付款率按照计算，下同）不超过5%的，得满分；其他地区得分＝[max(各省总预算暂存款率差) – 某省总预算暂存款率差] ÷ [max(各省总预算暂存款率差) – min(各省总预算暂存款率差)] × 分值 ÷ 2。

其中：

总预算暂存款率＝总预算暂存款年末余额 ÷ 公共财政支出决算数 × 100%。

总预算暂存款率差＝某省总预算暂存款率 – 所在区域总预算暂存款率；

max（各省总预算暂存款率差）指总预算暂存款率超过5%的各省暂存款率差的最大值。

min（各省总预算暂存款率差）指总预算暂存款率超过5%的各省暂存款率差的最小值。

（2）动态评价。

某省得分＝[某省总预算暂存款变动率 – min(各省总预算暂存款变动率)] ÷ [max(各省总预算暂存款变动率) – min(各省总预算暂存款变动率)] × 分值 ÷ 2。

其中：

总预算暂存款变动率＝(1 – 总预算暂存款本年末余额 ÷ 总预算暂存款上年末

余额）×100%。

max（各省总预算暂存款变动率）指各省总预算暂存款变动率的最大值；

min（各省总预算暂存款变动率）指各省总预算暂存款变动率的最小值。

4. 清理压缩专项支出财政专户余额（3分）

评价内容：专项支出财政专户余额年度间变化情况等。

某省得分＝［某省专项支出财政专户余额变动率－min（各省专项支出财政专户余额变动率）］÷［max（各省专项支出财政专户余额变动率）－min（各省专项支出财政专户余额变动率）］×分值。

其中：

专项支出财政专户余额变动率＝（1－专项支出财政专户本年末余额÷专项支出财政专户上年末余额）×100%；

max（各省专项支出财政专户余额变动率）指各省专项支出财政专户余额变动率的最大值；

min（各省专项支出财政专户余额变动率）指各省专项支出财政专户余额变动率的最小值。

其他评价指标另行说明。

（五）加强债务管理（15分）

以政府性债务率、新增债务率、偿债率、逾期率等为对象，评价地方政府性债务风险程度和管理情况，引导和督促地方加强政府债务管理，防范和化解财政风险。

1. 政府性债务率（6分）

评价内容：各省政府性债务率。

某省得分：政府性债务率低于全国平均水平30个百分点的，得满分；高于全国平均水平30个百分点及以上的，得0分；其他地区得分＝［max（各省政府性债务率差）－某省政府性债务率差］÷［max（各省政府性债务率差）－min（各省政府性债务率差）］×分值。

其中：

某省政府性债务率＝某省政府性债务余额÷某省综合财力；

政府性债务余额＝政府负有偿还责任债务余额＋（政府负有担保责任债务余额＋政府可能承担一定救助责任债务余额）×30%；

各省政府性债务率差＝某省政府性债务率－全国地方平均债务率；

max（各省政府性债务率差）指各省政府性债务率差不高于30个百分点的最大值；

min（各省政府性债务率差）指各省政府性债务率差不低于30个百分点的最

小值。

2. 政府性债务新增债务率（4分）

评价内容：各省当年政府性债务新增债务率。

某省得分：政府性债务新增债务率低于全国平均水平 30 个百分点的，得满分，新增债务余额小于等于 0 的地区，得满分；高于全国平均水平 30 个百分点及以上的，得 0 分，新增综合财力小于等于 0 且新增债务余额大于 0 的地区，得 0 分；其他地区得分 =〔max（各省政府性债务新增债务率差）－某省政府性债务新增债务率差〕÷〔max（各省政府性债务新增债务率差）－min（各省政府性债务新增债务率差）〕×分值。

其中：

政府性债务新增债务率 = 某省当年政府性债务新增债务余额 ÷ 某省当年综合财力；

某省政府性债务新增债务余额 = 政府负有偿还责任债务新增余额 +（政府负有担保责任债务新增余额 + 政府可能承担一定救助责任债务新增余额）×30%；

各省政府性债务新增债务率差 = 某省政府性债务新增债务率 － 全国平均政府性债务新增债务率；

max（各省政府性债务新增政府性债务率差）指各省政府性债务新增债务率差不高于 30 个百分点的最大值；

min（各省政府性债务新增政府性债务率差）指各省政府性债务新增债务率差不低于 30 个百分点的最小值。

3. 政府性债务逾期率（3分）

评价内容：各省政府性债务逾期率。

某省得分：政府性债务逾期率低于全国平均水平 30 个百分点的，得满分；高于全国平均水平 30 个百分点及以上的，得 0 分；其他地区得分 =〔max（各省政府性债务逾期率差）－某省政府性债务逾期率差〕÷〔max（各省政府性债务逾期率差）－min（各省政府性债务逾期率差）〕×分值。

其中：

政府性债务逾期率 = 某省政府性债务逾期债务余额 ÷ 某省政府性债务余额；

政府性债务逾期债务余额 = 政府负有偿还责任债务逾期余额 +（政府负有担保责任债务逾期余额 + 政府可能承担一定救助责任债务逾期余额）×30%；

各省政府性债务逾期率差 = 某省政府性债务逾期率 － 全国平均政府性债务逾期率；

max（各省政府性债务逾期率差）指各省政府性债务逾期率差不高于 30 个

百分点的最大值；

min（各省政府性债务逾期率差）指各省政府性债务逾期率差不低于30个百分点的最小值。

4. 政府性债务偿债率（2分）

评价内容：各省政府性债务偿债率。

某省得分：政府性债务偿债率低于全国平均水平30个百分点的，得满分；高于全国平均水平30个百分点及以上的，得0分；其他地区得分 = ［max（各省政府性债务偿债率差）－某省政府性债务偿债率差］÷［max（各省政府性债务偿债率差）－min（各省政府性债务偿债率差）］×分值。

其中：

政府性债务偿债率 = 某省当年政府性债务还本付息额 ÷ 某省综合财力；

政府性债务还本付息金额 = 政府负有偿还责任债务还本付息金额×100% ＋（政府负有担保责任债务还本付息金额 ＋ 政府可能承担一定救助责任债务还本付息金额）×30%

各省政府性债务偿债率差 = 某省政府性债务偿债率 － 全国平均政府性债务偿债率；

max（各省政府性债务偿债率差）指各省政府性债务偿债率差不高于30个百分点的最大值；

min（各省政府性债务偿债率差）指各省政府性债务偿债率差不低于30个百分点的最小值。

其他评价指标另行说明。

（六）完善省以下财政体制（15分）

以省内支出均衡度、省对下一般性转移支付占全省转移支付比重为评价对象，评价省以下财政体制运行效果，引导和督促地方均衡省以下财力分布，完善转移支付结构，促进省内基本公共服务均等化。

1. 改善省内支出均衡度（10分）

评价内容：省内人均公共财政支出均衡度及其年度间变化情况，包括静态评价和动态评价，分值比例为4∶1。

（1）静态评价。

某省得分 = ［max（各省省内人均公共财政支出均衡度差）－某省省内人均公共财政支出均衡度差］÷［max（各省省内人均公共财政支出均衡度差）－min（各省省内人均公共财政支出均衡度差）］×分值。

其中：

省内人均公共财政支出均衡度 =（全省最低40%县的人均公共财政支出 ÷ 全省市县人均公共财政支出）×100% × 中央转移支付依赖度系数；

省内人均公共财政支出均衡度差 = 某省省内人均公共财政支出均衡度 － 各省省内人均公共财政支出均衡度平均水平；

max（各省省内人均公共财政支出均衡度差）指各省省内人均公共财政支出均衡度差的最大值；

min（各省省内人均公共财政支出均衡度差）指各省省内人均公共财政支出均衡度差的最小值。

（2）动态评价。

某省得分 = 某省省内人均公共财政支出均衡度变动率 ÷ max（各省省内人均公共财政支出均衡度变动率）× 分值。

其中：

省内人均公共财政支出均衡度变动率 = 本年度省内人均公共财政支出均衡度 － 上年度省内人均公共财政支出均衡度；

max（各省省内人均公共财政支出均衡度变动率）是指各省省内人均公共财政支出均衡度变动率的最大值。

2. 提高一般性转移支付比重（5分）

评价内容：省对下转移支付中一般性转移支付所占比重及其提高情况，包括静态评价和动态评价，分值比例为4:1。

（1）静态评价。

某省得分 =［某省一般性转移支付占比差 － min（各省一般性转移支付占比差）］÷［max（各省一般性转移支付占比差） － min（各省一般性转移支付占比差）］× 分值。

其中：

一般性转移支付占比 = 省对下一般性转移支付 ÷ 省对下转移支付 × 中央转移支付依赖度系数 ×100%；

一般性转移支付占比差 = 某省一般性转移支付占比 － 各省一般性转移支付占比平均水平；

max（各省一般性转移支付占比差）指各省一般性转移支付占比差的最大值；

min（各省一般性转移支付占比差）指各省一般性转移支付占比差的最小值。

（2）动态评价。

某省得分 =［某省省对下一般性转移支付占比变动率 － min（各省省对下一般性转移支付占比变动率）］÷［max（各省省对下一般性转移支付占比变动率） － min

（各省省对下一般性转移支付占比变动率）〕×分值；

其中：

省对下一般性转移支付占比＝某省省对下一般性转移支付÷某省省对下转移支付总额×100%；

省对下一般性转移支付占比变动率＝本年度省对下一般性转移支付占比－上年度省对下一般性转移支付占比；

max（各省省对下一般性转移支付占比变动率）指各省省对下一般性转移支付占比变动率的最大值；

min（各省省对下一般性转移支付占比变动率）指各省省对下一般性转移支付占比变动率的最小值。

（七）落实"约法三章"（10分）

以禁止新建政府性楼堂馆所、控制财政供养人员增长、控制压缩三公经费支出等为对象，评价地方落实"约法三章"的情况，引导和督促地方切实兑现本届中央政府的庄严承诺。

1. 控制压缩三公经费支出（4分）

评价内容：公共财政三公经费支出人均水平及其年度间变化情况，包括静态评价和动态评价，分值比例为4∶1（按东、中、西区域分别评价）。

（1）静态评价。

某省得分＝min（各省人均三公经费支出）÷某省人均三公经费支出×分值。

其中：

某省人均三公经费支出＝某省公共财政三公经费支出÷某省标准在职财政供养人员数；

标准在职财政供养人员是指按照总人口、面积、县乡区划数等因素，运用多元回归分析计算确定的财政供养人员数；

min（各省人均三公经费支出）指所在区域各省人均三公经费支出的最小值。

（2）动态评价。

某省得分＝〔某省三公经费支出变动率－min（各省三公经费支出变动率）〕÷〔max（各省三公经费支出变动率）－min（各省三公经费支出变动率）〕×分值。

其中：

三公经费支出变动率＝（1－本年度公共财政三公经费支出决算数÷上年度公共财政三公经费支出决算数）×100%；

max（各省三公经费支出变动率）指各省三公经费支出变动率的最大值；

min（各省三公经费支出变动率）指各省三公经费支出变动率的最小值。

2. 控制财政供养人员增长（4 分）

评价内容：各省实际在职财政供养人员数与标准在职财政供养人员数相比的控制情况及其年度间变化情况，包括静态评价和动态评价，分值比例为 4∶1。

（1）静态评价。

某省得分：实际在职财政供养人员数不超过标准在职财政供养人员数的，得满分；其他地区得分 =（1 - 某省超出率）× 分值。

其中：

标准在职财政供养人员是指按照总人口、面积、县乡区划数等因素，运用多元回归分析计算确定的财政供养人员数；

某省超出率 =（实际在职财政供养人员数 ÷ 标准在职财政供养人员数 - 1）× 100%。

（2）动态评价。

某省得分 =［max（在职财政供养人员变动率）- 在职财政供养人员变动率］÷［max（在职财政供养人员变动率）- min（在职财政供养人员变动率）］× 分值。

其中：

在职财政供养人员变动率 =（某省当年在职财政供养人员数 ÷ 某省上年在职财政供养人员数 - 1）× 100%；

max（各省在职财政供养人员变动率）指各省在职财政供养人员变动率的最大值；

min（各省在职财政供养人员变动率）指各省在职财政供养人员变动率的最小值。

3. 禁止新建政府性楼堂馆所（2 分）

评价内容：各省是否存在新建政府性楼堂馆所情况。

某省得分：当年无新建政府性楼堂馆所情况的，得 2 分；当年新建政府性楼堂馆所的，得 0 分。

（八）严肃财经纪律（ - 10 分）

以财政资金违规情况为对象，评价地方财政资金绩效监督情况，引导和督促地方加强行政权力运行的监督和制约，健全惩治和预防腐败体系。

评价内容：财政资金违规情况。

某省得分 =［某省财政资金违规率 - min（各省财政资金违规率）］÷［max（各省财政资金违规率）- min（各省财政资金违规率）］× 分值。

其中：

财政资金违规率 = 某省该年度财政资金违规金额 ÷ 某省该年度公共财政支出

决算数×100%；

max（各省财政资金违规率）指各省财政资金违规率的最大值；

min（各省财政资金违规率）指各省财政资金违规率的最小值。

四、评价结果及应用

财政部每年组织对上一年度地方财政管理绩效进行综合评价，评价结果作为相关转移支付分配的重要参考依据。同时，将评价结果按得分进行排名。对得分排名前10名的省，由财政部予以通报表扬；对管理基础较差、综合得分较低的省，由财政部予以通报批评，并通过约谈督促切实整改。

评价结果在财政部门户网站公开，主动接受社会公众监督。

五、其他事项

评价数据主要采用中国统计年鉴、地方财政总决算、地方财政分析评价系统、地方政府性债务管理系统及其他统计数据。

四、财政部关于印发《2015 年县级财政管理绩效综合评价方案》的通知

2015 年 7 月 24 日　财预〔2015〕139 号

各省、自治区、直辖市、计划单列市财政厅（局）：

为进一步强化县级财政管理责任，保障国家各项民生政策的落实，提高财政资金使用效益，财政部 2015 年继续开展县级财政管理绩效综合评价。根据《中华人民共和国预算法》和《财政部关于推进预算绩效管理的指导意见》（财预〔2011〕416 号），我们制定了《2015 年县级财政管理绩效综合评价方案》，现予以印发。

请各地认真贯彻落实党的十八大、十八届二中、三中、四中全会精神，结合本地实际，完善评价方案内容，丰富财政管理手段，督促和引导县级政府深化财税体制改革，建立现代财政制度，改进预算管理制度，提高财政管理效率。

特此通知。

附件：2015 年县级财政管理绩效综合评价方案

抄送：国务院办公厅，财政部驻各省、自治区、直辖市、计划单列市财政监察专员办事处。

附件：

2015 年县级财政管理绩效综合评价方案

为全面贯彻落实党的十八大、十八届二中、三中、四中全会精神，按照推进国家治理体系和治理能力现代化的要求，根据《国务院办公厅转发〈财政部关于调整和完善县级基本财力保障机制意见〉的通知》（国办发〔2013〕112 号）和《财政部关于推进预算绩效管理的指导意见》（财预〔2011〕416 号），制定本方案。

一、评价目的

通过对县级财政管理绩效的综合评价，进一步推动县级政府深化财税体制改

革，改进预算管理制度，提高财政资金使用效益，探索构建符合我国国情的县级财政管理绩效评价体系，不断改进和加强县级财政管理，提升县级财政管理科学化水平。

二、评价范围

民政部批准设立的县、县级市、县级区和旗（以下简称县）。

其中，北京、天津、上海所辖县纳入全国统一评价，在计算分省平均得分时单独排名。

三、评价内容及标准

评价内容主要是2014年县级财政管理情况，具体包括规范预算编制、优化收支结构、盘活存量资金、加强债务管理、控制供养人员等五个方面，评价得分采用百分制。

（一）规范预算编制（20分）。

以公共财政预算到位率、预算收支平衡等为对象，评价县级预算编制水平，引导和督促县级政府提高预算编制的完整性和科学性。

1. 公共财政年初收入预算到位率（7分）。

评价内容：公共财政收入年初预算数占决算数比重情况。

第一步，计算公共财政收入年初预算数占决算数比重。第二步：计算某县得分。比重为95%及以上的，得满分；其他地区得分 = ［某县收入预算所占比重 − min（各县收入预算所占比重）］ ÷［max（各县收入预算所占比重）− min（各县收入预算所占比重）］× 分值。

其中：max（各县收入预算所占比重）指各县收入预算所占比重低于95%的最大值。

min（各县收入预算所占比重）指各县收入预算所占比重低于95%的最小值。

2. 公共财政年初支出预算到位率（7分）。

评价内容：公共财政支出年初预算数占决算数比重情况。

第一步，计算公共财政支出年初预算数占决算数比重。第二步：计算某县得分。比重为80%及以上的，得满分；其他地区得分 =［某县支出预算所占比重 − min（各县支出预算所占比重）］÷［max（各县支出预算所占比重）− min（各县支出预算所占比重）］× 分值。

其中：max（各县支出预算所占比重）指各县支出预算所占比重小于80%的

最大值。

min（各县支出预算所占比重）指各县支出预算所占比重小于 80% 的最小值。

3. 预算收支平衡（6 分）。

预算净结余大于或等于零的，得满分；预算净结余小于零的，得 0 分。

（二）优化收支结构（20 分）。

1. 提高收入质量（4 分）。

以公共财政收入中税收收入占比等为对象，评价县级财政收入质量，引导和督促县级政府加快经济结构转型升级，提高发展质量和效益。

评价内容：地方公共财政收入中税收收入占比及其年度间变化情况，包括静态评价和动态评价。

（1）静态评价（2 分）。

某县得分：公共财政收入中税收收入占比高于全国县级平均占比 40 个百分点及以上的，得满分；公共财政收入中税收收入占比低于全国县级平均占比 40 个百分点及以上的，得 0 分；其他地区得分 =［某县公共财政收入中税收收入占比差 − min(各县公共财政收入中税收收入占比差)］÷［max(各县公共财政收入中税收收入占比差) − min(各县公共财政收入中税收收入占比差)］× 分值。

其中：

某县公共财政收入中税收收入占比 = 某县税收收入 ÷ 某县公共财政收入 × 100% 。

某县公共财政收入中税收收入占比差 = 某县公共财政收入中税收收入占比 − 全国县级平均占比。

max（各县公共财政收入中税收收入占比差）指各县公共财政收入中税收收入占比差大于 −40% 小于 40% 之间的最大值。

min（各县公共财政收入中税收收入占比差）指各县公共财政收入中税收收入占比差大于 −40% 小于 40% 之间的最小值。

（2）动态评价（2 分）。

第一步：计算某县税收收入占比变动水平。第二步：计算某县得分。税收收入占比变动水平超过全国县级平均水平 40 个百分点及以上的，得满分；税收收入占比变动水平低于全国县级平均水平 40 个百分点及以上的，得 0 分；税收收入占比变动水平在两者之间的，在 0 分和满分之间计算确定。

得分 =［某县税收收入占比变动水平 − min(各县税收收入占比变动水平)］÷［max(各县税收收入占比变动水平) − min(各县税收收入占比变动水平)］× 分值。

其中：

税收收入占比变动水平＝本年度公共财政收入中税收收入占比－上年度公共财政收入中税收收入占比。

max（各县税收收入占比变动水平）指各县税收收入占比变动水平大于－40%小于40%之间的最大值。

min（各县税收收入占比变动水平）指各县税收收入占比变动水平大于－40%小于40%之间的最小值。

2. 优化支出结构（16分）。

以教育、科学技术、医疗卫生、文化体育与传媒、社会保障和就业、节能环保、农林水事务、住房保障等重点支出总体水平及其人均水平为对象，评价县级财政支出结构优化程度，引导和督促地方切实保障和改善民生、加快转变经济发展方式，提高资金使用效益。

（1）重点支出占比（6分）。

考核内容：县级财政重点支出的总和占其公共财政预算支出的比重以及年度间变化情况。

①静态评价（4分）。

第一步：计算某县重点支出占比与全国县级重点支出平均占比的差。第二步：计算某县得分。重点支出占比超过全国县级平均水平40个百分点及以上的，得满分；重点支出占比低于全国县级平均水平40个百分点及以上的，得0分；重点支出占比在两者之间的，在0分和满分之间计算确定。

得分＝［某县重点支出占比差－min(全国县级重点支出占比差)］÷［max(全国县级重点支出占比差)－min(全国县级重点支出占比差)］×分值。

其中：

某县重点支出占比差＝某县重点支出占比－全国县级重点支出平均占比。

max（全国县级重点支出占比差）指各县重点支出占比差大于－40%小于40%之间的最大值。

min（全国县级重点支出占比差）指各县重点支出占比差大于－40%小于40%之间的最小值。

②动态评价（2分）。

某县得分：某县重点支出占比增幅超过全国县级平均水平40个百分点及以上的，得满分；重点支出占比增幅低于全国县级平均水平40个百分点及以上的，得0分；其他地区得分＝［某县重点支出占比增幅－min(各县重点支出占比增幅)］÷［max(各县重点支出占比增幅)－min(各县重点支出占比增幅)］×分值。

其中：

重点支出占比增幅 = [（本年度重点支出占比 ÷ 上年度重点支出占比）- 1] × 100%。

max（各县重点支出占比增幅）指各县重点支出占比增幅大于 - 40% 小于 40% 之间的最大值。

min（各县重点支出占比增幅）指各县重点支出占比增幅大于 - 40% 小于 40% 之间的最小值。

（2）人均重点支出（6分）。

评价内容：县级财政重点支出人均水平以及年度间变化情况。

①静态评价（4分）。

第一步，计算各县人均重点支出。第二步，考虑支出成本差异系数等因素计算的支出调整系数，计算各县校正人均重点支出。第三步，计算得分。人均重点支出超过全国县级平均水平 80 个百分点及以上的，得满分；人均重点支出低于全国县级平均水平 80 个百分点及以上的，得 0 分；人均重点支出在两者之间的，在 0 分和满分之间计算确定。

得分 = [某县人均重点支出 - min（全国县级人均重点支出）] ÷ [max（全国县级人均重点支出）- min（全国县级人均重点支出）] × 分值。

其中：

某县人均重点支出 = 某县重点支出 ÷ 某县总人口。

max（全国县级人均重点支出）指各县人均重点支出比全国县级人均支出大于 - 80% 小于 80% 之间的最大值。

min（全国县级人均重点支出）指各县人均重点支出比全国县级人均支出大于 - 80% 小于 80% 之间的最小值。

②动态评价（2分）。

某县得分：某县人均重点支出增幅超过全国县级平均水平 40 个百分点及以上的，得满分；人均重点支出增幅低于全国县级平均水平 40 个百分点及以上的，得 0 分；其他地区得分 = [某县人均重点支出增幅 - min（各县人均重点支出增幅）] ÷ [max（各县人均重点支出增幅）- min（各县人均重点支出增幅）] × 分值。

其中：

各县人均重点支出增幅 = [（本年度人均重点支出 ÷ 上年度人均重点支出）- 1] × 100%。

max（各县人均重点支出增幅）指各县人均重点支出增幅大于 - 40% 小于 40% 之间的最大值。

min（各县人均重点支出增幅）指各县人均重点支出增幅大于 - 40% 小于 40% 之间的最小值。

（3）其他重点支出占比（4分）。

考核内容：县级财政其他支出的总和占其公共财政预算支出的比重以及年度间变化情况。

①静态评价（2分）。

第一步，计算某县其他支出占比与全国县级其他支出平均占比的差。第二步，计算某县得分。其他支出占比超过全国县级平均水平5个百分点及以上的，得0分；其他地区得分 = [max（全国县级其他支出占比差） - 某县其他支出占比差] ÷ [max（全国县级其他支出占比差） - min（全国县级其他支出占比差）] × 分值。

其中：

某县其他支出占比差 = 某县其他支出占比 - 全国县级其他支出平均占比。

max（全国县级其他支出占比差）指各县其他支出占比差低于5%的最大值。

min（全国县级其他支出占比差）指各县其他支出占比差低于5%的最小值。

②动态评价（2分）。

某县得分：某县其他支出占比增幅为零的，得满分；其他地区得分 = [max（各县其他支出占比增幅） - 某县其他支出占比增幅] ÷ [max（各县其他支出占比增幅） - min（各县其他支出占比增幅）] × 分值。

其中：

其他支出占比增幅 = [（本年度其他支出占比 ÷ 上年度其他支出占比） - 1] × 100%。

max（各县其他支出占比增幅）指各县其他支出占比增幅的最大值。

min（各县其他支出占比增幅）指各县其他支出占比增幅的最小值。

（三）盘活存量资金（20分）。

以清理压缩结余结转资金、暂存款、暂付款等为对象，评价盘活财政存量资金情况，督促和引导县级财政深挖存量资金潜力，切实提高公共资金使用效益。

1. 清理压缩结余结转资金（8分）。

评价内容：公共财政年终结余结转率及其年度间变化情况，包括静态评价和动态评价。

（1）静态评价（4分）。

某县得分：公共财政年终结余结转率不高于9%的，得满分；

其他地区得分 = [max（各县公共财政年终结余结转率差） - 某县公共财政年

终结余结转率差］÷［max（各县公共财政年终结余结转率差）－min（各县公共财政年终结余结转率差）］×分值。

其中：

公共财政年终结余结转率＝公共财政年终结余结转数÷公共财政支出决算数×100%。

公共财政年终结余结转率差＝某县公共财政年终结余结转率－全国县级公共财政年终结余结转率平均水平。

max（各县公共财政年终结余结转率差）指年终结余结转率高于9%的各县年终结余结转率差的最大值。

min（各县公共财政年终结余结转率差）指年终结余结转率高于9%的各县年终结余结转率差的最小值。

（2）动态评价（4分）。

某县得分：公共财政年终结余结转率不高于9%或年终结余结转降幅为30%及以上的，得满分；其他地区得分＝［某县公共财政年终结余结转变动率－min（各县公共财政年终结余结转变动率）］÷［max（各县公共财政年终结余结转变动率）－min（各县公共财政年终结余结转变动率）］×分值。

其中：

公共财政年终结余结转变动率＝（1－本年度公共财政结余结转数÷上年度公共财政结余结转数）×100%。

max（各县公共财政年终结余结转变动率）指公共财政年终结余结转降幅小于30%的最大值。

min（各县公共财政年终结余结转变动率）指公共财政年终结余结转降幅小于30%的最小值。

2. 清理压缩总预算暂付款（6分）。

评价内容：总预算暂付款率及其年度间变化情况，包括静态评价和动态评价。

（1）静态评价（4分）。

某县得分：总预算暂付款率不超过5%的，得满分；其他地区得分＝［max（各县总预算暂付款率差）－某县总预算暂付款率差］÷［max（各县总预算暂付款率差）－min（各县总预算暂付款率差）］×分值。

其中：

总预算暂付款率＝总预算暂付款年末余额÷公共财政支出决算数×100%。

总预算暂付款率差＝某县总预算暂付款率－全国县级平均总预算暂付款率。

max（各县总预算暂付款率差）指总预算暂付款率超过 5% 的各县暂付款率差的最大值。

min（各县总预算暂付款率差）指总预算暂付款率超过 5% 的各县暂付款率差的最小值。

（2）动态评价（2 分）。

某县得分 =［某县总预算暂付款变动率 – min（各县总预算暂付款变动率）］÷［max（各县总预算暂付款变动率）– min（各县总预算暂付款变动率）］× 分值。

其中：

总预算暂付款变动率 =（1 – 总预算暂付款本年末余额 ÷ 总预算暂付款上年末余额）× 100%。

max（各县总预算暂付款变动率）指各县总预算暂付款变动率的最大值。

min（各县总预算暂付款变动率）指各县总预算暂付款变动率的最小值。

3. 清理压缩总预算暂存款（6 分）。

评价内容：总预算暂存款率及其年度间变化情况，包括静态评价和动态评价。

（1）静态评价（4 分）。

某县得分：总预算暂存款率不超过 5% 的，得满分；其他地区得分 =［max（各县总预算暂存款率差）– 某县总预算暂存款率差］÷［max（各县总预算暂存款率差）– min（各县总预算暂存款率差）］× 分值。

其中：

总预算暂存款率 = 总预算暂存款年末余额 ÷ 公共财政支出决算数 × 100%。

总预算暂存款率差 = 某县总预算暂存款率 – 全国县级平均总预算暂存款率。

max（各县总预算暂存款率差）指总预算暂存款率超过 5% 的各县暂存款率差的最大值。

min（各县总预算暂存款率差）指总预算暂存款率超过 5% 的各县暂存款率差的最小值。

（2）动态评价（2 分）。

某县得分 =［某县总预算暂存款变动率 – min（各县总预算暂存款变动率）］÷［max（各县总预算暂存款变动率）– min（各县总预算暂存款变动率）］× 分值。

其中：

总预算暂存款变动率 =（1 – 总预算暂存款本年末余额 ÷ 总预算暂存款上年末余额）× 100%。

max（各县总预算暂存款变动率）指各县总预算暂存款变动率的最大值。

min（各县总预算暂存款变动率）指各县总预算暂存款变动率的最小值。

（四）加强债务管理（20分）。

以政府性债务率、新增债务率、偿债率等为对象，评价地方政府性债务风险程度和管理情况，引导和督促地方加强政府债务管理，防范和化解财政风险。

评价指标另行说明。

（五）控制财政供养人员增长（20分）。

评价内容：各县实际在职财政供养人员数与标准在职财政供养人员数相比的控制情况及其年度间变化情况，包括静态评价和动态评价。

（1）静态评价（12分）。

某县得分：实际在职财政供养人员数不超过标准在职财政供养人员数的，得满分；其他地区得分＝(1−某县超出率)×分值。

其中：

标准在职财政供养人员数是指按照总人口、面积等因素，运用多元回归分析计算确定的财政供养人员数。

某县超出率＝(实际在职财政供养人员数÷标准在职财政供养人员数−1)×100%。

（2）动态评价（8分）。

某县得分＝[max(各县在职财政供养人员变动率)−在职财政供养人员变动率]÷[max(各县在职财政供养人员变动率)−min(各县在职财政供养人员变动率)]×分值。

其中：

在职财政供养人员变动率＝(某县当年在职财政供养人员数÷某县上年在职财政供养人员数−1)×100%。

max（各县在职财政供养人员变动率）指各县在职财政供养人员变动率的最大值。

min（各县在职财政供养人员变动率）指各县在职财政供养人员变动率的最小值。

四、评价结果及应用

财政部按本方案，对2014年县级财政管理绩效进行综合评价，按得分进行排名。对得分排名前200名的县，予以通报表扬。同时，分省下发所辖县评价得分及全国排名情况。对管理基础较好、综合得分较高的省，给予适当奖励；对管理基础较差、综合得分较低的省，督促其采取措施加强对县级财政管理的指导。

五、其他事项

评价数据来源于 2014 年度各地财政总决算、地方财政分析评价系统、地方政府性债务管理系统及其他统计数据。

附：县级财政管理绩效综合评价内容表（略）

五、关于印发《湖北省省级预算绩效目标管理暂行办法》的通知

省直各预算单位：

为进一步加强预算绩效管理，增强预算编制的科学性、合理性、规范性，强化支出责任，提高财政资金使用效益，我厅制定了《湖北省省级预算绩效目标管理暂行办法》，现印发你们，请遵照执行。执行中有何问题，请及时向我厅反映。

附件：湖北省省级预算绩效目标管理暂行办法

湖北省财政厅

2014 年 6 月 30 日

附件：

湖北省省级预算绩效目标管理暂行办法

第一章　总　　则

第一条　为进一步加强预算绩效管理，增强预算编制的科学性、合理性、规范性，强化支出责任，提高财政资金使用效益，根据《财政部关于印发〈财政支出绩效评价管理暂行办法〉的通知》（财预〔2011〕285 号）、《湖北省人民政府关于推进预算绩效管理的意见》（鄂政发〔2013〕9 号）等有关规定，制定本办法。

第二条　预算绩效目标是预算资金计划在一定期限内的产出和效果，由预算部门（单位）在申报预算时填报，包括绩效内容、绩效指标和绩效标准。

第三条　预算绩效目标管理是指省财政厅和预算部门（单位）以预算绩效目标为对象，以绩效目标的设定、审核、批复和应用为内容所开展的管理活动。

第四条　省财政厅、主管部门、预算单位是预算绩效目标管理的主体。

第五条　预算绩效目标管理的对象是所有财政性资金，包括纳入政府预算管理的资金和纳入部门预算管理的资金。其中，纳入政府预算管理的资金包括公共财政预算资金、政府性基金预算资金、国有资本经营预算资金和社会保障预算

资金。

第六条 本办法中预算绩效目标管理包括项目支出绩效目标管理和部门整体支出绩效目标管理，其中，项目支出包括部门预算项目支出、省直专项支出和省对下转移支付项目支出。

第二章 组织管理与职责

第七条 省财政厅、主管部门和预算单位按其职能组织实施预算绩效目标管理，建立多层次预算绩效目标管理机制。

第八条 省财政厅主要职责：

（一）研究制定预算绩效目标管理办法，汇总、分类审定主管部门建立的绩效指标库、标准库，建立并完善预算绩效目标管理信息系统等；

（二）组织和指导本级预算部门（单位）的预算绩效目标编制，负责组织审核，并将预算绩效目标批复给预算部门（单位）等；

（三）按照批复的预算绩效目标，组织和指导本级预算部门（单位）开展绩效运行监控（以下简称绩效监控）、绩效评价，并对绩效监控、绩效评价进行检查和监督；

（四）指导下级财政部门开展预算绩效目标管理工作；

（五）其他职责。

第九条 主管部门主要职责：

（一）建立并完善项目库，以及与预算绩效目标管理相匹配的绩效指标库、标准库；

（二）负责本部门管理的预算资金的绩效目标的编制、审核、汇总、报送，并按照批复的预算绩效目标，组织绩效监控、绩效评价的实施；

（三）组织、指导本部门预算单位预算绩效目标的编制、实施和完成；

（四）按照批复的预算绩效目标，组织和指导本部门预算单位开展绩效监控、绩效评价，并对绩效监控、绩效评价进行检查和监督；

（五）其他职责。

第十条 预算单位主要职责：

（一）负责本单位的预算绩效目标编制、调整等；

（二）组织实施和完成预算绩效目标；

（三）按照批复的预算绩效目标，组织实施绩效监控和绩效评价；

（四）其他职责。

第三章　绩效目标设定

第十一条　绩效目标设定是指预算部门（单位）按照预算编制和绩效管理的要求，编制绩效目标并向省财政厅报送绩效目标的过程。绩效目标设定遵循"谁申请资金、谁编制目标"的原则。

第十二条　绩效目标的编制要求：

（一）指向明确。绩效目标要符合国民经济和社会发展规划、部门职能及事业发展规划、年度工作任务，并与相应的资金支出范围、方向、效果紧密相关。

（二）细化量化。将绩效总目标分解为若干个具体的绩效指标，从数量、质量、成本、时效和效益等方面尽可能量化，不能量化的，可以采用分级分档的形式定性表述。

（三）合理可行。设定绩效目标要经过调查研究和科学论证，目标要符合客观实际，确保合理可行且有挑战性。

第十三条　对于项目支出，预算部门（单位）应当编报《项目申报表》中绩效目标相关内容、绩效目标编制说明，并提供相关证明材料；对于部门整体支出，预算部门（单位）应当编报《部门整体支出绩效目标申报表》、绩效目标编制说明，并提供相关证明材料。对有明确服务对象的项目，设定的绩效目标应征求主要受益对象的意见。预算部门（单位）应当组织人员或专家对绩效目标进行评审，完善绩效目标后报送省财政厅。

第十四条　绩效目标的编制，主要包括设定绩效总目标、制订绩效指标、确定绩效指标值。项目支出绩效目标的编制应当与项目的目的、成果、内容以及预算等有效衔接；部门整体支出绩效目标的编制应当与部门预算、部门职责、事业发展计划、项目支出等有效衔接。

第十五条　设定绩效总目标。绩效总目标应当反映项目或部门预期的效益。项目支出绩效总目标可根据立项依据、项目用途等设定；部门整体支出绩效总目标可根据部门职能、事业发展规划、下年度工作任务等设定。长期绩效目标要符合部门的战略目标，并与年度绩效目标有效衔接。

第十六条　制订绩效指标。绩效总目标可分解为多个子目标，每个子目标对应一项或多项绩效指标，绩效指标是绩效目标的细化和量化。预算部门（单位）要结合绩效指标框架，选择适合项目特征或部门实际的一级指标和二级指标。其中一级指标包括预期提供公共产品和公共服务的产出指标和效益指标等；二级指标即一级指标的子指标，其中产出指标包括数量、质量、时效、成本等指标；效益指标是绩效目标的细化和量化，包括社会效益、经济效益、生态效益、可持续发展影响、服务对象满意度等指标。

对于工作运转类项目，应当主要明确产出指标；对于事业发展类项目，应当同时明确产出指标和效益指标。对于部门整体支出，应当从职责履行方面反映产出，从履职效果方面反映效益。

第十七条 制订绩效指标应当遵循以下原则：

（一）相关性原则。绩效指标应当与绩效总目标直接相关，能够充分、恰当反映目标的实现程度。

（二）重要性原则。应当优先使用最能反映绩效管理要求的核心指标。

（三）可比性原则。对同类绩效管理对象要设定共性的绩效指标，以便于评价结果可以相互比较。

（四）系统性原则。应当将定量指标与定性指标相结合，系统反映预算支出所产生的效益。

（五）经济性原则。绩效指标所涉及数据的获取应当考虑现实条件和可操作性，符合成本效益原则。

对于绩效指标中涉及的专业术语，应当准确定义、清晰解释。

第十八条 确定绩效指标值。绩效指标值是指用量化的标准、数值或比率来表示预算资金达到的产出和效果，应当与绩效指标逐一对应，通常用相对值或绝对值表示。单位在填报绩效指标值时，应当同时明确绩效标准。绩效标准是设定绩效指标值时的依据或参考标准，一般包括历史标准、行业标准、计划标准，以及财政部门认可的其他标准等。

第十九条 对于项目中存在子项目的，预算部门（单位）要结合项目特征，选择适合的绩效目标编报方式，可以编制项目总体绩效目标，也可以分别编报各个子项目的绩效目标，力求科学、准确反映项目的产出和效益。

第四章　绩效目标审核和批复

第二十条 绩效目标的审批包括主管部门审核、第三方评审和省财政厅审批三种方式。

第二十一条 绩效目标审核的主要内容：

（一）相关性审核。绩效目标设立与部门（单位）职能、事业发展规划是否相关；绩效目标与资金投向、工作任务是否相关；长期绩效目标与年度绩效目标是否相关；绩效目标与绩效指标是否相关。

（二）规范性审核。填报内容是否完整；绩效指标是否细化、量化；绩效指标值是否有据可依、合理可行。

（三）适当性审核。绩效目标与资金安排是否匹配。

（四）可行性审核。绩效目标是否进行充分论证；为实现绩效目标所采取的措施是否切实可行。

第二十二条 项目支出绩效目标审批流程：

（一）预算前置审核

1. 主管部门审核。预算部门（单位）完成所有新增性项目，以及延续性的省直专项和省对下转移支付项目支出绩效目标的编制后，由主管部门组织审核组或专家组对本部门项目支出绩效目标进行审核，修改后报省财政厅。

2. 省财政厅审核。省财政厅组织审核所有新增性项目，以及延续性的省直专项和省对下转移支付项目支出的绩效目标，并将审核意见反馈主管部门。其中，对涉及经济社会发展重点、重大民生或社会关注度高的延续性的项目支出绩效目标，组织专家进行第三方评审。对于未按要求编制绩效目标的项目，由主管部门按照省财政厅反馈的审核意见，组织本部门（单位）修改完善，并在 10 个工作日内重新报省财政厅；对于绩效目标审核未通过的新增性项目，不能纳入部门预算申报范围。

3. 省财政厅审核确认。省财政厅对主管部门修改后的项目支出绩效目标进行审核确认，并按照审核结果，对新增性项目进行排序，作为安排项目预算的重要依据；对延续性的省直专项和省对下转移支付项目提出预算安排建议。

（二）预算编制阶段审批

1. 主管部门审核。预算部门（单位）在"部门预算二上"完成项目预算编制后，主管部门应当结合预算控制数和省财政厅前置审核结果，审核本部门项目支出绩效目标的相关性、规范性、适当性和可行性；并组织审核组或专家组对本部门延续性部门预算项目支出绩效目标进行审核，修改后随同部门预算报省财政厅。

2. 省财政厅审核。省财政厅对主管部门申报的新增性项目以及延续性的省直专项和省对下转移支付项目支出绩效目标进行复核；并对涉及经济社会发展重点、重大民生或社会关注度高的延续性部门预算项目支出的绩效目标，组织专家进行第三方评审。对于未按要求编制的，由主管部门按照省财政厅反馈的审核意见，组织本部门（单位）修改完善，并在 5 个工作日内重新报省财政厅审核确认后，纳入部门预算。

3. 省财政厅批复。省财政厅在批复预算时，一并将项目支出的绩效目标批复到预算部门（单位）。

第二十三条 部门整体支出绩效目标审批流程：

（一）预算部门（单位）编报。预算部门（单位）在"部门预算二上"完成部门整体支出的绩效目标的编制后，应当组织审核组或专家组对其绩效目标进行审核，修改后报省财政厅。

（二）省财政厅审核。省财政厅组织专家对重点部门的整体支出绩效目标进行第三方评审，对于未按要求编制的，由预算部门（单位）按照省财政厅反馈的评审意见修改完善，并在10个工作日内重新报省财政厅审核确认后，纳入部门预算。

（三）省财政厅批复。省财政厅在批复部门预算时，一并批复部门整体支出的绩效目标。

第二十四条 预算执行阶段绩效目标审批：

批复的绩效目标一般不予调整。部门在预算执行阶段，确需追加项目支出的，申请时必须同时编制项目支出的绩效目标报省财政厅审核通过后，按预算追加程序办理；确需调整项目预算的，凡项目资金用途或资金额度发生重大调整的，必须相应调整项目支出的绩效目标报省财政厅审核，再按预算调整程序办理。

第五章 绩效目标的应用

第二十五条 经批复的绩效目标是预算执行、绩效监控、绩效评价、财政监督、财务管理、政府绩效管理、绩效问责的重要依据。预算部门（单位）应当按照政府信息公开的要求，逐步将批复的绩效目标进行公开，接受社会监督。

第二十六条 预算部门（单位）依据批复的绩效目标对资金运行状况及绩效目标的预期实现程度开展绩效监控，确保预算绩效目标的实现。

第二十七条 主管部门负责对本部门管理的预算资金的绩效目标实现情况进行绩效监控；省财政厅负责重点绩效监控，可选择重大项目或部分部门对绩效目标实现情况开展重点监控。

第二十八条 省财政厅、主管部门、预算单位发现绩效运行与批复的绩效目标发生偏离时，应当及时采取措施予以纠正，确保绩效目标的实现；对于绩效监控中发现的因预算部门（单位）前期论证不充分以及其他不可预见因素造成资金支出预期无绩效或低绩效的，经报请省政府同意，调减当年预算，必要时停止执行。

第二十九条 绩效评价是检验绩效目标实现程度的重要手段。预算执行结束后，预算部门（单位）要积极开展绩效评价，并及时向主管部门和省财政厅报送绩效评价报告，反映绩效目标管理成果。省财政厅根据需要组织实施再评价或重点评价。

第三十条　绩效评价要将实际取得的绩效与绩效目标进行对比，若未实现绩效目标的，预算部门（单位）应当说明理由；若绩效目标制定不够科学合理的，预算部门（单位）应当在下一年度予以调整。预算部门（单位）应当通过绩效评价完善项目支出和部门整体支出的绩效指标体系。

第三十一条　对在预算绩效目标管理中发现的财政违法行为，依照《财政违法行为处罚处分条例》等国家有关法律法规追究责任。

第六章　附　　则

第三十二条　省直各部门结合实际制定预算绩效目标管理的实施细则。

第三十三条　本办法自发布之日起施行。

六、湖北省财政厅关于印发《湖北省省级财政项目资金绩效评价实施暂行办法》的通知

鄂财绩发〔2012〕5 号

省直各预算单位，各市、州、林区、直管市、县（市、区）财政局：

为加强省级财政项目资金管理，强化支出责任，提高财政资金使用效益，现将《湖北省省级财政项目资金绩效评价实施暂行办法》印发给你们，请遵照执行。

附件：湖北省省级财政项目资金绩效评价实施暂行办法

二〇一二年八月二十三日

附件：

湖北省省级财政项目资金绩效评价实施暂行办法

第一章　总　　则

第一条　为加强湖北省省级财政项目资金管理，强化支出责任，提高财政资金使用效益，根据《中华人民共和国预算法》、《财政部关于印发〈财政支出绩效评价管理暂行办法〉的通知》（财预〔2011〕285 号）和《财政部关于推进预算绩效管理的指导意见》（财预〔2011〕416 号）等有关法律法规，结合湖北省财政工作实际情况，制定本办法。

第二条　本办法所称省级财政项目资金包括省级部门预算项目资金、省直专项资金和省对下转移支付资金。

第三条　省级财政项目资金绩效评价是财政预算管理的重要内容之一，是指省级财政部门和省直各预算部门（单位）根据设定的绩效目标，运用科学、合理的绩效评价指标、评价标准和评价方法，对省级财政项目资金的经济性、效率性和效益性进行客观、公正的评价。

第四条　省级财政部门和省直各预算部门（单位）是绩效评价的主体。省直预算部门（单位）（以下简称预算部门）是指与省级财政部门有预算缴拨款关系

的国家机关、政党组织、事业单位、社会团体和其他独立核算的法人组织。

第五条 绩效评价应当遵循以下基本原则：

（一）科学规范原则。绩效评价应当严格执行规定的程序，按照科学可行的要求，采用定量与定性分析、共性和个性指标相结合的方法，准确、合理地评价。

（二）公正公开原则。绩效评价应当符合真实、客观、公正的要求，依法公开并接受监督。

（三）分类管理原则。绩效评价由财政部门、预算部门根据评价对象的特点分类组织实施。

（四）绩效相关原则。绩效评价应当针对具体支出及其产出绩效进行，评价结果应当清晰反映支出和产出绩效之间的紧密对应关系。

第六条 绩效评价的主要依据：

（一）国家、湖北省相关法律、法规和规章制度；

（二）国家和湖北省制定的国民经济与社会发展规划和方针政策；

（三）预算管理制度、资金及财务管理办法、财务会计资料；

（四）预算部门职能职责、中长期发展规划及年度工作计划；

（五）相关行业政策、行业标准及专业技术规范；

（六）申请预算时提出的绩效目标及其他相关材料，财政部门预算批复，财政部门和预算部门年度预算执行情况，年度决算报告；

（七）人大审查结果报告、审计报告及决定、财政监督检查报告；

（八）其他相关资料。

第二章　绩效评价对象、内容和职责

第七条 绩效评价的对象包括所有省级财政项目资金。重点对下列使用省级财政项目资金的项目开展绩效评价：

（一）省政府确定的支持经济社会发展的重点支出项目；

（二）列入省政府信息公开范围的项目；

（三）资金数额较大的单个项目；

（四）关系国计民生、社会关注度高、公益性强的重要项目；

（五）对实现部门战略目标意义重大的项目。

第八条 绩效评价的基本内容：

（一）绩效目标的设定情况；

（二）资金投入和使用情况；

（三）为实现绩效目标制定的制度、采取的措施等；

（四）绩效目标的实现程度及效果；

（五）绩效评价的其他内容。

第九条 绩效评价一般以预算年度为周期，对跨年度的重大（重点）项目可根据项目或支出完成情况实施阶段性评价。

第十条 省级财政部门主要职责是：负责制定省级财政项目资金绩效评价规章制度和相应的操作规范，包括制定绩效目标编审、绩效跟踪监控、绩效评价的规范；组织开展绩效评价工作；指导和监督预算部门的绩效评价工作；落实结果应用措施；组织相关培训和交流；根据需要对预算部门项目资金实施绩效评价或再评价；提出改进预算支出管理意见并督促落实。

第十一条 预算部门主要职责是：负责制定本部门绩效评价规章制度；具体组织实施本部门管理的省级财政项目资金的绩效评价工作，包括预算绩效目标申报、绩效跟踪监控、实施绩效评价、评价结果应用等；配合完成财政部门统一组织的绩效评价工作，并接受财政部门对绩效评价工作的指导和监督；向省级财政部门报送绩效评价报告；落实财政部门整改意见；根据评价结果改进项目实施和省级财政项目资金使用管理。

第十二条 根据项目具体情况，绩效评价可由财政部门或预算部门实施，也可部分环节或全部委托第三方机构实施。财政部门负责对第三方组织参与绩效评价的工作进行规范，并指导其开展工作。

第三章　绩效目标管理

第十三条 绩效目标是指绩效评价的对象计划在一定期限内达到的产出和效果。绩效目标由使用省级财政项目资金的预算单位在申报预算时填报并按程序逐级上报，由预算部门汇总、审核。

第十四条 绩效目标应主要包括以下内容：

（一）预期产出，包括提供公共产品和服务的数量；

（二）预期效果，包括经济效益、社会效益、环境效益和可持续影响等；

（三）服务对象或项目受益人满意程度；

（四）达到预期产出所需要的成本资源；

（五）衡量预期产出、预期效果和服务对象满意程度的绩效指标；

（六）其他。

第十五条 绩效目标应当符合以下要求：

（一）指向明确。绩效目标要符合国民经济和社会发展规划、部门职能及事业发展规划，并与相应的财政支出范围、方向、效果紧密相关。

（二）具体细化。绩效目标应当从数量、质量、成本和时效等方面进行细化，尽量进行定量表述，不能以量化形式表述的，可以采用定性的分级分档形式表述。

（三）合理可行。制定绩效目标时要经过调查研究和科学论证，目标要符合客观实际。

第十六条 预算部门编制预算时，应按照项目文本申报要求填报《财政支出项目绩效目标申报表》，连同项目目标制定依据等项目申报资料，报送财政部门审核。

第十七条 财政部门要依据国家和湖北省相关政策、财政支出方向和重点、部门职能及事业发展规划等对预算部门提出的绩效目标进行审核，并出具《财政支出项目绩效目标审核意见书》（附2）。财政部门对绩效目标的审核主要包括以下几个方面：

（一）目标与部门职能的相关性；

（二）为实现绩效目标拟采取措施的可行性；

（三）绩效指标设置的科学性；

（四）实现绩效目标所需资金的合理性等。

绩效目标不符合相关要求的，财政部门应要求报送单位调整、修改；审核合格的，进入下一步预算编审流程。

第十八条 财政部门根据相关政策要求和重要性等原则，选择部分项目，组织有关方面专家对预算部门申报的绩效目标进行综合评审，并提出评审意见。

第十九条 项目绩效目标确定后，随同预算一并批复，作为预算执行和项目绩效评价的依据。绩效目标一经确定一般不予调整，确需调整预算，且绩效目标发生相应变化的，应当根据绩效目标管理的要求和审核流程，按照规定程序重新报批。

第二十条 预算批复后，预算部门应按照政府部门预算信息公开的规范和要求，公开项目绩效目标。

第四章　绩效运行跟踪监控管理

第二十一条 财政部门、预算部门要对项目绩效目标的实现情况进行跟踪管理。

第二十二条 预算部门要及时统计本部门管理的省级财政项目资金运行中有关的绩效数据，对绩效目标运行情况跟踪管理，按要求编制年度绩效运行半年报告，并于半年终了一个月内向财政部门上报项目绩效完成进度情况。

当运行绩效与绩效目标发生偏离时，预算部门要及时向财政部门报告，并采取矫正措施。

第二十三条 财政部门要根据预算部门制订的项目绩效目标，结合项目预算拨款管理，对财政项目资金绩效进行跟踪监控。财政部门要定期对预算部门监控措施的制定和落实情况、项目执行进度和绩效目标实现情况进行检查，提出改进意见和措施。

第五章 绩效评价指标、标准和方法

第二十四条 绩效评价指标是指衡量绩效目标实现程度的考核工具。绩效评价指标的确定应当遵循以下原则：

（一）相关性原则。应当与绩效目标有直接的联系，能够恰当反映目标的实现程度。

（二）重要性原则。应当优先使用最具评价对象代表性、最能反映评价要求的核心指标。

（三）可比性原则。对同类评价对象要设定共性的绩效评价指标，以便于评价结果可以相互比较。

（四）系统性原则。应当将定量指标与定性指标相结合，系统反映财政支出所产生的社会效益、经济效益、环境效益和可持续影响等。

（五）经济性原则。应当通俗易懂、简便易行，数据的获得应当考虑现实条件和可操作性，符合成本效益原则。

第二十五条 绩效评价指标分为共性指标和个性指标。

（一）共性指标是适用于所有评价对象的指标。主要包括预算编制和执行情况、财务管理状况、资产配置、使用、处置及其收益管理情况以及社会效益、经济效益等。

（二）个性指标是针对项目特点设定的，适用于不同项目的业绩评价指标。

共性指标由财政部门统一制定，个性指标由财政部门会同预算部门制定。

根据绩效评价指标确定的原则，考虑到不同部门、不同项目的适用性和可比性，省财政厅制订了《湖北省省级财政项目资金绩效评价指标框架》，其中一级指标适用于所有评价对象，二级指标根据评价对象具体情况可做局部调整，三级指标由绩效评价组织者根据评价对象的实际情况进行具体设定。

第二十六条 财政部门要会同预算部门逐步建立湖北省省级财政项目资金绩效评价分类指标库，供绩效评价组织者选择使用。

第二十七条　绩效评价标准是指衡量财政支出绩效目标完成程度的尺度。绩效评价标准具体包括：

（一）计划标准。是指以预先制定的目标、计划、预算、定额等数据作为评价的标准。

（二）行业标准。是指参照国家公布的行业指标数据制定的评价标准。

（三）历史标准。是指参照同类指标的历史数据制定的评价标准。

（四）其他经财政部门确认的标准。

第二十八条　绩效评价主要采用成本效益分析法、比较法、因素分析法、最低成本法、公众评判法等。

（一）成本效益分析法。是指将一定时期内的支出与效益进行对比分析，以评价绩效目标实现程度。

（二）比较法。是指通过对绩效目标与实施效果、历史与当期情况、不同部门和地区同类支出的比较，综合分析绩效目标实现程度。

（三）因素分析法。是指通过综合分析影响绩效目标实现、实施效果的内外因素，评价绩效目标实现程度。

（四）最低成本法。是指对效益确定却不易计量的多个同类对象的实施成本进行比较，评价绩效目标实现程度。

（五）公众评判法。是指通过专家评估、公众问卷及抽样调查等对财政支出效果进行评判，评价绩效目标实现程度。

（六）其他评价方法。

第二十九条　绩效评价方法的选用应当坚持简便有效的原则。根据评价对象的具体情况，可以采用一种或多种方法进行绩效评价。

第三十条　绩效评价结果应当采取评分与评级相结合的形式，具体分值和等级可根据不同评价内容设定，体现客观公正，具有公信力。各量化分值一般为百分制，绩效评价等级标准分为：优、良、中、差四个等级。

第六章　绩效评价具体实施

第三十一条　财政部门和预算部门要认真编制省级财政项目资金绩效评价计划。

（一）根据年度省直部门预算编制工作方案，统一部署下一年度绩效评价工作；

（二）预算部门编制下年度预算同时制订下一年度绩效评价计划，并报财政部门审核确认。绩效评价计划应主要包括评价对象、评价范围、项目金额、评价实施方式（即自行评价、部分或全部委托第三方评价）、评价完成日期和评价经费预算等。

第三十二条 绩效评价工作一般按照以下程序进行：

（一）确定绩效评价对象；

（二）确定绩效评价实施方式（财政或预算部门成立评价工作组自行开展还是委托专家或中介机构第三方实施）；

（三）下达绩效评价通知；

（四）制订绩效评价工作方案（包括项目概况、绩效评价框架、证据收集和分析方法、评价实施时间安排等），工作方案原则上应进行适当形式的评审；

（五）组织实施绩效评价（收集、核实绩效评价相关资料；实地调研、访谈、问卷调查等）；

（六）综合分析并形成评价结论；

（七）撰写与报送评价报告；

（八）建立绩效评价档案。

第三十三条 财政资金具体使用单位应当按照本办法的规定提交绩效报告，绩效报告应当包括以下主要内容（具体内容及格式要求见附4）：

（一）基本概况，包括预算部门职能、事业发展规划、预决算情况、项目立项依据等；

（二）绩效目标及其设立依据和调整情况；

（三）管理措施及组织实施情况；

（四）总结分析绩效目标完成情况；

（五）说明未完成绩效目标及其原因；

（六）下一步改进工作的意见及建议。

第三十四条 评价实施机构负责撰写绩效评价报告。绩效评价报告应当包括以下主要内容：

（一）摘要；

（二）项目基本概况；

（三）绩效评价工作情况；

（四）绩效分析及评价结论；

（五）主要经验及做法、存在的问题和建议；

（六）其他需要说明的问题。

第三十五条 绩效报告和绩效评价报告应当依据充分、真实完整、数据准确、分析透彻、逻辑清晰、客观公正。

预算部门应当对向绩效评价实施机构提供的基础资料的真实性、合法性和完整性负责。

预算部门组织实施的绩效评价，应当在评价结束后 1 个月内将绩效评价报告报送财政部门，财政部门应当对预算部门提交的绩效评价报告进行复核，提出审核意见。

第三十六条 财政部门结合预算部门绩效评价实施情况，根据实际需要，对预算部门绩效评价项目开展重点评价或再评价。

第三十七条 实施绩效评价所需经费，应纳入预算部门年度预算。

第三十八条 预算部门应及时总结当年绩效评价工作的开展情况，形成年度绩效评价工作总结，在次年 3 月底前报送财政部门。绩效评价工作总结应当包括以下主要内容：

（一）基本概况；

（二）绩效目标管理工作开展情况；

（三）绩效评价工作开展情况；

（四）绩效评价结果应用、整改措施落实情况；

（五）下一步改进绩效评价工作的设想及建议。

第七章　绩效评价结果应用

第三十九条 财政部门和预算部门要将绩效评价结果作为以后年度编制预算和安排省级财政项目资金的重要依据。

第四十条 财政部门和预算部门要及时将绩效评价结果反馈给被评价部门和单位，作为其改进预算管理、提高公共产品质量和公共服务水平的重要依据。要根据绩效评价中发现的问题，及时提出改进和加强部门预算支出管理的意见，督促部门落实。

第四十一条 预算部门要根据绩效评价中发现的问题，及时调整和优化本部门以后年度预算支出的方向和结构，合理配置资源，加强财务管理，提高财政资金的使用效益。对于跨年度的重大（重点）项目，要根据阶段性评价结果，及时调整绩效目标，加强项目绩效管理。

第四十二条 财政部门和预算部门要根据评价结果建立财政项目资金绩效奖惩机制。对绩效评价结果较好的，予以表扬并加大对该实施单位或同类项目的支持力度等；对因决策失误、管理不善等自身原因导致达不到绩效目标，或评价结果较差的，予以批评，责令其限期整改，并根据整改情况调整预算。财政资金具体使用单位应在 3 个月内将整改情况向财政部门和预算主管部门报告。

第四十三条 评价结果要按照政府信息公开有关规定在一定范围内逐步公开，作为政府绩效管理和有关部门实施绩效问责的重要参考依据。

第八章 监督检查和责任

第四十四条 财政部门和预算部门及其工作人员，应当认真履行绩效评价有关职责，切实提高财政资金使用效益。

第四十五条 对不能按要求编制绩效目标、开展财政项目资金绩效评价、报送绩效评价报告的预算部门，责令改正，并视情节轻重进行通报批评、调整项目或相应调减项目预算、取消该项目支出等。

第四十六条 财政部门和预算部门及其工作人员在绩效评价工作中发现的财政违法行为，依照《财政违法行为处罚处分条例》（国务院令第 427 号）等国家有关规定追究责任。

第九章 附　则

第四十七条 各市、州、县（市区）可参照本办法制定本地区的财政项目资金绩效评价实施办法。

第四十八条 本办法自发布之日起执行，《湖北省省级部门预算项目支出绩效考评管理办法（试行)》（鄂财行资发〔2005〕86 号）同时废止。

七、关于印发《福建省财政支出绩效评价管理办法》的通知

闽财绩〔2015〕4 号

省直各部门，各市、县（区）财政局，平潭综合实验区财政金融局：

为积极推进预算绩效管理工作，规范预算绩效评价管理，强化支出责任，建立科学、合理的财政支出绩效评价管理体系，提高财政资金使用效益，根据《中华人民共和国预算法》、《福建省省级财政专项资金管理办法》（省政府令第 131 号）、《财政部关于印发〈财政支出绩效评价管理暂行办法〉的通知》（财预〔2011〕285 号）和《福建省人民政府办公厅转发省财政厅关于全面推进预算绩效管理意见的通知》（闽政办〔2013〕82 号）等文件规定，我厅制定了《福建省财政支出绩效评价管理办法》。现予印发，请遵照执行。

附件：福建省财政支出绩效评价管理办法

福建省财政厅

2015 年 3 月 26 日

附件：

福建省财政支出绩效评价管理办法

第一章 总 则

第一条 为加强财政支出管理，强化支出责任，建立科学、合理的财政支出绩效评价管理体系，提高财政资金使用效益，根据《中华人民共和国预算法》、《福建省省级财政专项资金管理办法》、《财政部关于印发〈财政支出绩效评价管理暂行办法〉的通知》和《福建省人民政府办公厅转发省财政厅关于全面推进预算绩效管理意见的通知》等有关规定，制定本办法。

第二条 财政支出绩效评价（以下简称绩效评价）是指财政部门和预算部门（单位）根据设定的绩效目标，运用科学、合理的绩效评价指标、评价标准和评价方法，对财政支出的经济性、效率性和效益性进行客观、公正的评价。

第三条 绩效评价须涵盖财政支出的全过程，包括事前（预算申报阶段）评

价、事中（预算执行阶段）评价和事后（预算完成阶段）评价。

第四条 各级财政部门和各预算部门（单位）是绩效评价的主体。

预算部门（单位）（以下简称预算部门）是指与财政部门有预算缴拨关系的国家机关、政党组织、事业单位、社会团体和其他独立核算的法人组织。

第五条 绩效评价的基本原则如下：

（一）科学规范原则。绩效评价应当严格执行规定的程序，按照科学可行的要求，采用定量与定性分析相结合的方法。

（二）公正公开原则。绩效评价应当符合真实、客观、公正的要求，依法公开并接受监督。

（三）分级分类原则。绩效评价由各级财政部门、各预算部门根据评价对象的特点分类组织实施。

（四）绩效相关原则。绩效评价应当针对具体支出及其产出绩效进行，评价结果应清晰反映支出和产出绩效之间的紧密对应关系。

第六条 绩效评价的主要依据如下：

（一）国家相关法律、法规和规章制度；

（二）各级政府制订的国民经济与社会发展规划和方针政策；

（三）预算管理制度、资金管理办法及财务会计资料；

（四）预算部门职能职责、中长期发展规划及年度工作计划；

（五）相关行业政策、行业标准及专业技术规范；

（六）预算部门申请预算时提出的绩效目标及其他相关材料，财政部门预算批复，财政部门和预算部门年度预算执行情况，年度决算报告；

（七）人大审查结果报告、审计报告及决定、财政监督检查报告；

（八）其他相关资料。

第二章　绩效评价的对象和内容

第七条 绩效评价的对象覆盖政府的全部支出，即所有纳入政府预算管理的支出资金，包括一般公共预算、政府性基金预算、国有资本经营预算和社会保险基金预算。按照预算级次，可分为本级预算管理的资金和上级政府对下级政府的转移支付资金。

第八条 财政支出绩效评价包括基本支出绩效评价、项目支出绩效评价和部门整体支出绩效评价。

绩效评价应当以项目支出为重点，重点评价一定金额以上、与本部门职能密切相关、具有明显社会影响和经济影响的项目，或对部门整体支出进行评价。

第九条　上级政府对下级政府的转移支付包括一般性转移支付和专项转移支付。一般性转移支付原则上应当重点对贯彻中央和省委、省政府重大政策出台的转移支付项目进行绩效评价；专项转移支付原则上应当以对社会、经济发展和民生有重大影响的支出为重点进行绩效评价。

第十条　各级财政部门和预算部门可根据不同评价对象和内容分别实施事前、事中、事后评价，或实施全过程评价。

第十一条　绩效评价的基本内容如下：

（一）绩效目标的设定情况；

（二）资金投入、使用、产出、效果等情况；

（三）为实现绩效目标制定的制度、采取的措施等；

（四）项目管理、资金管理等情况；

（五）项目政策的执行情况；

（六）绩效目标的实现程度及效果；

（七）绩效评价的其他内容。

第十二条　绩效评价可以以预算年度为周期，也可对跨年度的项目根据项目或支出完成程度实施阶段性评价。

第三章　绩　效　目　标

第十三条　绩效目标是绩效评价的对象计划在一定期限内达到的产出和效果，由预算部门在申报预算时填报。预算部门年初申报预算时，应当按照本办法规定的要求将绩效目标编入年度预算；执行中申请调整预算的，应当随调整预算一并上报调编后的绩效目标。

第十四条　绩效目标应当包括以下主要内容：

（一）预期投入，包括时效、成本、其他资源等投入；

（二）预期产出，包括提供的公共产品和服务的数量；

（三）预期效果，包括经济效益、社会效益、生态环境效益和可持续影响等；

（四）服务对象或项目受益人满意程度；

（五）衡量预期产出、预期效果和服务对象满意程度的绩效指标；

（六）其他。

第十五条　绩效目标应当符合以下要求：

（一）指向明确。绩效目标要符合国民经济和社会发展规划、部门职能及事业发展规划，并与相应的财政支出范围、方向、效果紧密相关。

（二）具体细化。绩效目标应当在数量、质量、成本和时效等要素上进行细化，原则上进行定量表述，不能以量化形式表述的，可以采用定性的分级分档形式表述。

（三）合理可行。制定绩效目标要经过调查研究和科学论证，目标要符合客观实际。

第十六条 财政部门应当对预算部门申报的绩效目标进行审核，符合相关要求的方可进入下一步预算编审流程；不符合相关要求的，财政部门应要求其调整、修改。

第十七条 绩效目标一经确定一般不予调整。确需调整的，应当根据绩效目标管理的要求和审核流程，按照规定程序重新报批。

第十八条 绩效目标确定后，随同年初预算或追加预算一并批复，作为预算部门执行和项目绩效评价的依据。

第四章 绩效评价指标、评价标准和方法

第十九条 绩效评价指标是指衡量绩效目标实现程度的考核工具。绩效评价指标的确定应当遵循相关性、重要性、可比性、系统性和经济性等原则。

第二十条 绩效评价指标分为共性指标和个性指标。共性指标由财政部门统一制定，适用于所有评价对象。个性指标是针对预算部门或项目特点设定的，适用于不同预算部门或项目的业绩评价指标。

第二十一条 绩效评价标准是指衡量财政支出绩效目标完成程度的尺度。绩效评价标准具体包括计划标准、行业标准、历史标准和其他经财政部门确认的标准。

第二十二条 绩效评价方法主要采用成本效益分析法、比较法、因素分析法、最低成本法、公众评判法及其他评价方法。

第二十三条 绩效评价方法的选用应当坚持简便有效的原则。

根据评价对象的具体情况，可采用一种或多种方法开展评价。

第二十四条 绩效评价可采取定量和定性相结合的方式，具体评价过程应坚持定量优先的原则。

第五章 绩效评价组织管理

第二十五条 绩效评价工作应在各级政府的领导下，由财政部门统一组织和管理，财政部门、预算部门根据资金的特点分级、分类组织实施。

第二十六条 财政部门负责制定绩效评价规章制度和相应的技术规范，组织、指导本级预算部门、下级财政部门的绩效评价工作；根据需要对本级预算部

门、下级财政部门支出实施绩效评价或再评价；提出改进财政支出管理意见并督促落实。

第二十七条 预算部门负责制定本部门绩效评价规章制度；具体组织实施本部门绩效评价工作；向同级财政部门报送自评工作方案和绩效评价报告；落实财政部门整改意见；根据绩效评价结果改进财政支出管理。

第二十八条 绩效评价工作是政府管理行为，各级财政部门和预算部门应当明确相应的绩效评价工作机构。绩效评价工作机构开展绩效评价不得向评价对象收取评价费用。实施绩效评价所需经费，纳入同级财政部门专项经费或项目支出预算。

第二十九条 根据需要，绩效评价工作可委托专家、中介机构等第三方实施。财政部门应当对第三方组织参与绩效评价的工作进行规范，并指导其开展工作。

第六章 绩效评价工作程序

第三十条 绩效评价工作程序是指财政部门或预算部门所组织的绩效评价工作的工作流程，一般分为准备、实施、完成三个阶段。

第三十一条 绩效评价工作准备阶段如下：

（一）确定绩效评价对象。财政部门或预算部门根据政府工作目标和预算管理要求及项目承担单位的自评工作情况，确定评价对象。

预算部门年度绩效评价对象由预算部门按照财政部门的要求，结合本单位工作实际提出并报同级财政部门，也可由财政部门根据经济社会发展需求和年度工作重点等相关原则确定。

（二）下达绩效评价通知。

（三）成立评价工作组。评价工作组由评价工作机构根据项目实际情况确定，主要负责制订评价方案、实施具体评价等工作。评价工作组可以是专家组或具有相应资质的中介机构。

（四）制订绩效评价工作方案。评价工作机构要根据评价工作目标和评价对象的实际情况，依据评价工作规范，制订评价工作方案，做好绩效评价准备工作。

第三十二条 绩效评价工作实施阶段如下：

（一）收集绩效评价相关资料。评价工作组根据评价工作方案，全面收集基础信息资料，进行分类整理和分析。

（二）对资料进行审查核实。对预算部门或项目承担单位提供的评价相关资料，评价工作组可根据具体情况到现场勘察、询查，核实有关资料信息。

（三）综合分析并形成评价结论。评价工作组根据工作方案，采用恰当的评价指标体系、评价标准和评价方法，对评价对象绩效目标实现程度等绩效情况进行全面的定量定性分析和综合评价，形成初步评价结论。初步评价结论形成后应以正式文件征求被评价单位意见。被评价单位应以正式文件答复。

第三十三条 绩效评价工作完成阶段如下：

（一）撰写、提交评价报告。评价工作机构根据项目承担单位的绩效自评报告、评价工作组评价结论等相关资料，按照规范的文本格式撰写绩效评价报告。

（二）结果反馈。评价报告完成后应以正式文件印发被评价单位。被评价单位要对绩效评价报告进行认真分析，并将结果分析和整改情况反馈给评价单位。

（三）建立绩效评价档案。评价工作机构完成绩效评价工作后，应妥善保管工作底稿和评价报告等有关资料，建立绩效评价档案。

第三十四条 财政部门实施再评价，参照本办法第三十一条、第三十二条、第三十三条规定的工作程序执行。

第七章 绩效自评报告和绩效评价报告

第三十五条 财政资金具体使用单位应当按照本办法的规定提交绩效自评报告，绩效自评报告应当包括以下主要内容：

（一）基本概况，包括预算部门职能、事业发展规划、预决算情况、项目立项依据等；

（二）绩效目标及其设立依据和调整情况；

（三）管理措施及组织实施情况；

（四）总结分析绩效目标完成情况；

（五）分析说明未完成项目目标及其原因；

（六）下一步改进工作的意见及建议；

（七）其他需要说明的问题。

第三十六条 财政部门和预算部门开展绩效评价并撰写绩效评价报告，绩效评价报告应当包括以下主要内容：

（一）基本概况；

（二）绩效评价的组织实施情况；

（三）绩效评价指标体系、评价标准和评价方法；

（四）绩效目标的实现程度；

（五）存在问题及原因分析；

（六）评价结论及建议；

（七）其他需要说明的问题。

第三十七条 绩效自评报告和绩效评价报告应当依据充分、真实完整、数据准确、分析透彻、逻辑清晰、客观公正。

预算部门应当对绩效评价报告涉及基础资料的真实性、合法性、完整性、准确性负责。

财政部门应当对预算部门提交的绩效评价报告进行复核，提出审核意见。

第三十八条 绩效自评报告和绩效评价报告的具体格式由财政部门统一制定。

第八章 绩效评价结果及其应用

第三十九条 绩效评价结果应当采取评分与评级相结合的形式，具体分值和等级可根据不同评价内容设定。

第四十条 绩效评价结果是财政部门和预算部门建立完善相关管理制度与政策、调整支出结构、改进预算管理、编制部门预算和安排财政资金的重要依据。

项目事前评价结果应作为支出项目是否列入年度预算或支出项目库的重要依据；项目事中评价结果应作为项目进度款拨付及预算调整的重要依据；项目事后评价结果应作为预算部门以后年度预算安排的重要依据。

第四十一条 财政部门和预算部门应当及时整理、归纳、分析绩效评价结果。

对绩效评价达到绩效目标或评价结果较好的，财政部门和预算部门可根据社会事业发展需要继续支持。

对绩效评价发现问题、达不到绩效目标或评价结果较差的，财政部门和预算部门可予以通报，并责令其限期整改。不进行整改或整改不到位的，按照法定程序报经批准后调整项目或相应调减项目预算，直至取消该项财政支出。

第四十二条 对于财政部门提出的绩效评价整改意见，预算部门应当及时调整和优化本单位以后年度财政资金支出方向和结构，合理配置资源，并将整改情况及时反馈财政部门，不断提高财政资金的使用效益。

第四十三条 年度预算执行结束后，各级预算部门应按照同级财政部门要求向同级财政部门、下级财政部门应按照上级财政部门要求向上级财政部门按期提交预算绩效评价报告。各级财政部门应将绩效评价结果向同级人民政府报告，为政府决策提供参考，并作为实施行政问责的重要依据。绩效评价结果应当按照政府信息公开有关规定在一定范围内公开，逐步提高绩效评价结果的透明度。对一些社会关注度高、影响力大的民生项目和重点项目支出绩效情况，依法向社会公开，接受社会监督。

第九章　监　督　管　理

第四十四条　对无故拒绝或拖延提供绩效评价有关资料，阻碍绩效评价工作正常开展的预算部门，由同级财政部门责令改正；拒不改正的，财政部门依法对其开展监督检查工作或提交审计机关进行审计，并视情况对下年度预算进行调整。

第四十五条　财政部门、预算部门参与绩效评价人员应坚持清正廉洁和客观公正，严格遵守保密纪律；对滥用职权、徇私舞弊、玩忽职守者，由有关部门依法给予行政处分；构成犯罪的，依法追究刑事责任。

第四十六条　参与绩效评价的专家或中介机构应严守职业道德规范，严格遵守《福建省预算绩效管理专家管理办法》。如有违反工作纪律或国家有关职业行为规范的，评价工作组织单位应取消其参与绩效评价工作的资格，并将有关情况报送该专家或中介机构的相关主管部门；构成犯罪的，依法追究刑事责任。

第四十七条　在财政支出绩效评价工作中发现被评价单位及其工作人员有违法违规行为的，依照有关法律法规的规定处理；构成犯罪的，依法追究刑事责任。

第十章　附　　则

第四十八条　财政政策、财政制度、财政管理等事项的绩效评价及相关活动适用本办法。

第四十九条　各地区、各预算部门可结合实际制定具体的管理办法和实施办法。

第五十条　本办法自印发之日起施行。《福建省财政支出绩效评价管理暂行办法》（闽财评〔2011〕4 号）同时废止。

八、福建省财政厅关于印发《福建省预算绩效目标管理暂行办法》的通知

闽财绩〔2014〕2号

省直各部门，各市、县（区）财政局，平潭综合实验区财政金融局：

为积极推进预算绩效管理工作，规范预算绩效目标管理工作，提高财政资金使用效益，根据《财政部关于推进预算绩效管理的指导意见》（财预〔2011〕416号）、《财政部关于印发〈预算绩效管理工作规划〉（2012～2015年）的通知》（财预〔2012〕396号）以及《福建省人民政府办公厅转发省财政厅关于全面推进预算绩效管理意见的通知》（闽政办〔2013〕82号）和《福建省省级财政专项资金管理办法》（省政府令第131号）等文件精神，我厅制定了《福建省预算绩效目标管理暂行办法》。现予以印发，请遵照执行。

福建省财政厅

2014年1月8日

福建省预算绩效目标管理暂行办法

第一章 总 则

第一条 为加强预算绩效管理，增强预算编制的科学性、规范性，强化支出责任，提高财政资金使用效益，根据《福建省省级财政专项资金管理办法》（省政府令第131号）、《财政部关于推进预算绩效管理的指导意见》（财预〔2011〕416号）、《财政部关于印发〈预算绩效管理工作规划〉（2012～2015年）的通知》（财预〔2012〕396号）和《福建省人民政府办公厅转发省财政厅关于全面推进预算绩效管理意见的通知》（闽政办〔2013〕82号）等有关规定，制定本办法。

第二条 本办法适用于财政部门、预算部门（单位）（以下简称预算部门）对绩效目标的申报、审核、批复等管理工作。

预算部门是指与财政部门有预算缴拨款关系的国家机关、政党组织、事业单位、社会团体和其他独立核算的法人组织。

第三条 绩效目标是指绩效评价的对象计划在一定期限内达到的产出和效果，由预算部门在申报预算时填报。绩效目标分为投入、产出和效益三部分。

投入目标主要反映为完成既定目标计划，在项目实施过程中需要投入的资金、资源和时间成本等；

产出目标主要反映项目实施后预期完成的产品数量和质量；效益目标主要反映项目实施后产生的经济性、社会性成果和环境效益等。

第四条 预算绩效目标管理是指依据财政效率原理，对使用财政资金的部门及其管理的项目设定计划期内预期达到的业绩目标、预期产出的效益和效果，并据此考量完成的实绩。绩效目标管理应遵循简便易行、先易后难、由点及面、稳步推行的原则。

预算绩效目标管理是预算绩效管理的第一环节，主要包括：绩效目标编制、绩效目标审核与批复。

第五条 财政部门和预算部门是预算绩效目标管理的主体。

第六条 预算绩效目标管理的对象包括纳入政府预算管理的资金和纳入部门预算管理的资金。按照预算级次，可分为本级预算管理的资金和上级政府对下级政府的转移支付资金。

第二章　组织管理与职责

第七条 财政部门、预算部门和实施单位按其职能职责组织实施预算绩效目标管理，建立多层次预算绩效目标管理机制。

第八条 财政部门主要职责：

（一）研究制定预算绩效目标管理办法，逐步建立与不同类别财政资金相适应的目标管理模式和与预算绩效目标管理相匹配的绩效评价指标库、标准值库及预算绩效目标管理信息系统等，尝试实行动态化管理；

（二）组织和指导本级预算部门的预算绩效目标编制，并负责审核及批复等工作；

（三）指导下级财政部门开展预算绩效目标管理工作；

（四）其他职责。

第九条 预算部门主要职责：

（一）负责部门管理财政资金的预算绩效目标编制、审核及汇总上报等工作；

（二）按照财政部门下达、批复的审核意见，修正调整预算绩效目标，组织完成预算绩效目标；

（三）其他职责。

第十条 实施单位主要职责：

（一）负责单位管理财政资金的预算绩效目标编制、审核、修正调整等工作；

（二）实施完成所承担任务的预算绩效目标；

（三）其他职责。

第三章 预算绩效目标编制

第十一条 预算部门编制年度预算或申请新增、追加专项资金时，同时编制《财政支出绩效目标申报表》，随部门预算一并报送。

第十二条 绩效目标一般由预算部门根据政府或部门制定的规划和下达的工作任务设定。

执行中申请调整预算时，应当按编报绩效目标程序同步调整绩效目标。

第十三条 绩效目标要符合国民经济和社会发展规划、部门职能及事业发展规划，并与相应的财政支出范围、方向、效益和效果紧密相关，并且应当从数量、质量、成本和时效等方面进行细化、尽量进行定量表述，不能以量化形式表述的，可以采用定性的分级分档形式表述。制定绩效目标要经过调查研究和科学论证，目标要符合客观实际。

第十四条 对设定的绩效目标应当制订评价指标，据此考量绩效目标完成的实绩水平。评价指标应与绩效目标对应相关、凸显重点、量化可比、合理可行及经济适用。

第十五条 制订的绩效评价指标应当同时确定标准值，且逐一对应相关。标准值一般有历史标准、计划标准、行业标准和经验标准等。通常用相对值和绝对值表示。

第十六条 各预算部门在编制绩效目标时，要将绩效目标编制到三级指标，并可根据需要将目标编制到四级指标。

第四章 预算绩效目标审核

第十七条 财政部门应当依据国家相关政策、财政支出方向和重点、经济社会事业发展规划等对预算部门编报的预算绩效目标进行审核。符合相关要求的方可进入下一步预算编审流程；不符合相关要求的，财政部门应要求其调整、修改。

第十八条 审核的主要内容和流程：

预算编制"一上"环节，财政部门首先依据相关政策、财政支出重点方向和部门职能及事业发展规划等，对部门报送的绩效目标进行合理性审核，包括绩效目标与部门职能的相关性、绩效目标的实现所采取措施的可行性、实现绩效目标所需资金的合理性等。如未按要求编制绩效目标，应要求预算部门进行相应修改或重新编制。财政部门同时还要对绩效目标的合规性进行审核，审核目标设置的完整性和规范性。合理性与合规性审核确认后，绩效目标与预算"一下"一同下达。预算编制"二上"环节，纳入绩效目标管理的项目金额若发生变动或属于新增项目的，财政部门比照"一上"环节的审核程序进行审核。部门预算经人大批准后，财政部门要及时通知相关预算部门对发生变动的预算项目的绩效目标进行相应调整或重新编报。

省本级对下专项转移支付资金、年度执行中追加给部门的支出预算或年中新设立的专项资金，财政部门应督促预算部门在申请设立专项资金或报送用款计划时同步报送绩效目标，并比照上述程序进行审核。

第十九条 对经济社会发展重大项目、关系民生项目或社会关注程度高的项目，财政部门可根据需要适时实施第三方评审制度，采取组织第三方专家、中介机构及社会相关人士参加评审的方法，提高审核的客观性、公正性、权威性及公信度。

第五章 预算绩效目标批复与应用

第二十条 绩效目标审核确定后，随同年度部门预算或追加预算一同批复，作为预算部门执行和项目绩效评价的依据。

第二十一条 绩效目标一经确定一般不予调整。确需调整的，应当根据绩效目标管理的要求和审核流程，按照规定程序重新报批。

第二十二条 批复的部门预算绩效目标是预算执行、绩效跟踪监控、绩效评价、行政问责的重要依据。

第二十三条 根据政府信息公开的有关要求，逐步推进绩效目标公开，自觉接受社会监督。

第二十四条 在预算绩效目标管理中发现财政和财务管理违法违规行为的，按照相关财政法规进行处理、处罚。

第六章 附 则

第二十五条 各地区、各部门可结合实际制定具体的管理办法和实施细则，报送省财政厅备案。

第二十六条 本办法自印发之日起实行。

九、海南省人民政府办公厅关于推进预算绩效管理的实施意见

琼府办〔2011〕184 号

各市、县、自治县人民政府，省政府直属各单位：

为贯彻落实科学发展观，推动政府绩效管理，完善公共财政体系，提高政府公共服务水平和财政资金使用效益，根据《财政部关于推进预算绩效管理的指导意见》（财预〔2011〕416 号），经省政府同意，现就推进我省预算绩效管理提出如下意见：

一、充分认识推进预算绩效管理的重要意义

预算绩效是指公共支出所达到的产出和结果。预算绩效管理是由制定明确的公共支出绩效目标，建立规范的绩效评价指标体系，对绩效目标的实现程度进行评价，并把评价结果与预算编制和行政问责紧密结合起来等环节组成的不断循环的综合过程，是一种以结果为导向的预算管理模式。它强调公共支出的责任和效率，要求政府部门不断改进服务水平和质量，花尽量少的资金，办尽量多的实事。因此，预算绩效管理本质上是科学发展观和执政为民理念的具体化、操作化。党中央、国务院高度重视预算绩效管理工作，多次强调要深化预算制度改革，加强预算绩效管理，提高财政资金使用效益和政府工作效率。党的十六届三中全会提出"建立预算绩效评价体系"，十七届二中、五中全会提出"推行政府绩效管理和行政问责制度"、"完善政府绩效评估制度"。2011 年 3 月，国务院成立政府绩效管理工作部际联系会议，指导和推动政府绩效管理工作。推进预算绩效管理是贯彻落实党中央、国务院要求，从根本上深化行政体制改革、促进政府职能转变、提高公共服务质量、优化公共资源配置、节约公共支出成本的有效举措，对于加快经济发展方式转变和和谐社会的构建，促进高效、责任、透明政府的建设具有重大的政治、经济和社会意义。

二、预算绩效管理总体目标和基本原则

（一）总体目标。以科学发展观为指导，按照党中央、国务院关于加强政府绩效和预算绩效管理的总体要求，强化预算支出责任和绩效管理理念，统筹规划、稳步推进、重点突破，逐步建立以绩效目标为导向，以绩效评价为手段，以结果应用为保障，以改进预算管理、优化资源配置、控制节约成本、提高公共产

品质量和公共服务水平为目的，覆盖所有财政性资金，贯穿预算编制、执行、监督全过程的预算绩效管理体系。"十二五"期间，全省各级政府都要实行规范的预算绩效管理。

（二）基本原则。

1. 整体设计，稳步推进。要紧密结合地区、部门实际，科学制定本地区、本部门推进预算绩效管理的整体工作思路，勇于探索，先易后难，优先选择重点民生支出和社会公益性较强的项目进行预算绩效管理试点，有计划、分步骤地稳步推进相关工作。

2. 科学规范，重点突出。要建立健全科学、规范、符合实际、便于操作的预算绩效管理工作流程，健全预算绩效管理运行机制，加强绩效目标管理，突出重点，建立和完善绩效目标申报、审核、批复制度。

3. 客观公正，公开透明。预算绩效管理要做到标准统一、数据准确、指标科学、方法合理，并依法公开相关信息，接受公众监督。

4. 强化问责，重在激励。要建立有效的问责机制和激励约束机制，为绩效管理提供动力，使绩效管理逐步内化为各部门的一种基本工作方法。

三、推进预算绩效管理的主要内容

推进预算绩效管理，要将绩效管理理念和技术融入预算编制、执行、监督的全过程，以结果为导向、以绩效为核心实施管理，逐步建立"预算编制有目标、预算执行有监控、预算完成有评价、评价结果有应用"的预算绩效管理机制。

（一）编制部门事业发展计划。预算部门要根据部门职责、国家及我省国民经济和社会发展五年总体规划及专项规划，滚动编制本部门事业发展计划，明确战略目标，确定工作任务及承诺实现的绩效目标，并描绘完成任务和实现目标的路线图。部门事业发展计划要商同级财政部门审核同意后作为编制预算依据。部门事业发展计划主要包括：

1. 体现外部效果的部门战略目标；

2. 将战略目标具体量化后确定的部门绩效目标；

3. 部门绩效目标的基准值；

4. 围绕战略目标和绩效目标所要开展的具体工作和项目；

5. 完成项目所需的条件和实施计划，包括技术、管理、资金、场地、其他资源方面的需求，拟采取的工作程序、方式方法、职责分工等。

（二）围绕部门目标编制预算建议计划。预算需求要根据事业发展计划确定的部门目标及工作任务提出，编制预算建议计划要同时编制预算项目绩效申报书，包括设计项目的逻辑模型，并把项目支出的预期成效转化为清晰、量化、便于考核的项目绩效目标。预算部门向财政部门申报预算建议前，要组织对本部门所申报的预算项目实施立项前自评，按照有关格式和要求，全面阐述支出的必要性、可行性、经济性和有效性。

（三）强化事前预期绩效审核评估。财政部门要依据部门职责、事业发展计划、预算项目绩效说明和立项自评情况审核部门预算建议，重点对预算项目的必要性、可行性、有效性，绩效目标和指标设置的科学性，申请资金额度的合理性，以及为实现项目绩效目标所计划采取的管理制度措施等绩效情况进行审核论证。只有经财政部门绩效审核达标的项目才可进入预算编制流程。经论证评估绩效较好的项目优先安排预算资金，不按规定要求编制和绩效低的项目不能进入预算流程，不予安排预算资金。预算部门拟制定的与财政收支相关的政策须经财政部门绩效审核论证后出台。

（四）突出绩效导向实行科学民主决策。预算决策要以绩效为衡量标准，规范决策程序，实行科学民主决策。各预算部门要提供可靠、充分的预算绩效信息，辅助政府决策机构进行科学决策。在专项资金二次分配环节要探索引入竞争机制，根据预期绩效以公开竞争方式科学透明地分配资金。

（五）预算文本要载明绩效信息。要将政府和部门（单位）职责、部门事业发展计划、预算项目的绩效目标等绩效信息编入政府预算及部门预算文本，作为预算执行、监督、绩效评价和问责的依据。

（六）预算执行中要监控绩效运行。要对预算实施过程中绩效目标的实现情况进行监督和控制，预算执行单位要在每个季度结束后20天内按财政部门统一要求进行预算执行绩效分析。预算执行绩效与绩效目标发生偏离时，要及时向相应主管部门和财政部门报告，并采取措施予以纠正。要探索实行绩效拨款制度，变简单追求支出进度为追求绩效完成程度。要建立绩效信息数据库，采集并汇总分析预算绩效信息，辅助绩效监控。

（七）预算执行完毕要实施绩效评价。在做好项目绩效评价的基础上，要逐步实施部门整体支出绩效评价。预算部门要根据财政部门的要求组织本部门的绩效自评工作，既要负责组织对部门本身专项资金实施自评，又要指导和督促所属单位的绩效自评工作，并将自评结果报财政部门审核，由财政部门提出意见并批复预算部门。财政部门要研究制定绩效评价有关规章制度，组织、指导、监督和检查本级各部门的绩效评价工作，并对部门自评项目进行一定数量的再评价，以加强管理，提高部门自评质量。要选取预算数额较大、社会影响较广、具有明显公共效应的重大项目，实施财政重点评价。

（八）建立绩效报告制度。以重点支出或重点项目为抓手，建立政府领衔、社会广泛参与的绩效报告制度。每年在单位自评完成后召开年度重点项目绩效报告会，相关部门就项目绩效情况作出公开陈述，说明项目绩效目标的完成程度、存在问题、纠正措施和下一步工作重点；然后由专家组或公众代表进行有针对性的提问，部门负责人作答辩；最后由专家组对项目绩效结果作出评定。评定结论作为政府决策的参考依据，并作为行政问责的重要内容。各级财政部门每年要向同级政府提交综合绩效评价报告，说明本级部门预算绩效综合情况。

（九）建立绩效信息公开机制。预算部门要将部门预算及其绩效目标、绩效结果依法向社会公开，接受社会监督。财政部门要将绩效评价结果，尤其是一些社会关注度高、影响力大的民生项目和重点项目支出绩效情况向社会公布。

（十）建立绩效评价结果反馈和应用制度。将绩效评价结果及时反馈给预算具体执行单位，要求其根据绩效评价结果，完善管理制度，改进管理措施，提高管理水平，降低支出成本，增强支出责任；把绩效评价结果作为安排以后年度预算的重要依据，优先考虑和重点支持绩效评价结果好的部门项目，相应减少绩效评价结果差的部门项目和资金安排，取消无绩效项目。

四、推进预算绩效管理的保障措施

（一）建立健全高效的组织体系。要建立政府负责、财政部门牵头、各职能部门配合、社会广泛参与的预算绩效管理组织体系，把推进预算绩效管理作为当前和今后一个时期深化财政改革和行政体制改革的一项重要工作来抓。各级财政部门要认真履行职责，切实加强对预算绩效管理的组织、指导、协调和监督，健全组织，充实人员，统筹规划，尽快制定本地区预算绩效管理的总体思路和工作方案。各级预算部门要充分发挥预算绩效管理的主体作用，按照财政部门的统一部署，理顺工作机制，制定具体措施，积极开展预算绩效管理试点。

（二）建立系统规范的制度体系。各级财政部门和预算部门要注重制度体系建设，抓紧制定和完善绩效管理制度，对全过程预算绩效管理工作进行规范，确保预算编制、执行、监督、评价、结果应用等各管理环节的工作有序开展。

（三）建立科学完善的技术体系。各级财政部门要积极组织本级各预算部门研究建立科学、规范、实用的部门绩效指标体系和项目绩效指标体系，为管理工作提供有力的工具、手段。要充分利用现代信息管理技术，推进以绩效目标管理系统、绩效指标库、绩效标准库、绩效评价操作平台、绩效结果反馈等相关模块为主要内容的预算绩效管理信息系统建设，为管理提供信息和技术支撑。

（四）建立工作考核机制。按照财政部的有关要求，加强预算绩效管理推进工作的督促检查和工作考核，对工作做得好的地区和单位予以表彰，对工作做得不好的地区和单位予以通报批评。

（五）加强宣传培训。要充分利用各种新闻媒体、政府网络平台等，积极宣传预算绩效管理理念，培育绩效管理文化，强化预算绩效意识，为预算绩效管理创造良好的舆论环境。要加强预算绩效管理专业知识培训，增强预算绩效管理工作人员的业务素质，提高预算绩效管理的工作水平。

二〇一一年十月二十八日

十、河北省财政厅关于印发《省级项目支出预算管理办法》的通知

冀财预〔2016〕153号

省直各部门：

为进一步规范省级项目支出预算管理，提高资金使用效益，根据《中华人民共和国预算法》、《国务院关于深化预算管理制度改革的决定》（国发〔2014〕45号）、《河北省人民政府关于深化预算管理制度改革的意见》（冀政〔2014〕121号）、《河北省人民政府关于深化绩效预算管理改革的意见》（冀政〔2014〕76号）以及有关政策规定，我们制定了《省级项目支出预算管理办法》，已经省政府批准，现印发给你们，请遵照执行。

省财政厅

2016年11月30日

省级项目支出预算管理办法

第一章 总 则

第一条 为进一步规范省级项目支出预算管理，提高资金使用效益，根据《中华人民共和国预算法》《国务院关于深化预算管理制度改革的决定》（国发〔2014〕45号）、《河北省人民政府关于深化预算管理制度改革的意见》（冀政〔2014〕121号）、《河北省人民政府关于深化绩效预算管理改革的意见》（冀政〔2014〕76号）以及有关政策规定，制定本办法。

第二条 本办法适用于纳入省级预算管理的所有部门及单位。

第三条 项目支出预算是部门或单位根据国家及省有关政策要求，为完成特定的行政管理工作任务或促进经济社会事业发展目标，编制的年度项目支出计划。

部门项目支出预算由本部门及其所属各单位项目支出预算组成。

第四条 项目支出预算包括一般公共预算、政府性基金预算、国有资本经营预算、财政专户核拨资金以及部门其他收入等安排的项目支出。

各部门、各单位应将中央税收返还和转移支付资金、省本级收入预算安排的所有项目纳入预算管理。

第五条 各部门、各单位是项目支出预算编制和执行的主体，负责本部门、本单位的项目支出预算的编制与执行，并对项目的真实性、准确性、完整性以及项目预算执行结果负责。

第六条 省财政部门（以下简称财政部门）负责审核、汇总省级项目支出预算，纳入省级预算草案，按法定程序报省委、省政府研究同意后，提请省人代会审议。

第七条 项目支出预算实行全过程绩效管理，预算编制有目标，预算执行有监控，预算完成有评价，评价结果有应用，绩效缺失有反馈。

第八条 项目支出预算实行项目库管理，部门所有预算项目（含中央转移支付资金安排的项目，下同）都要进入项目库，没有进入项目库的不得申报、不得进入预算编制和执行环节。

项目库由财政部门统一建立、维护，统一制定项目申报内容及格式。

第九条 项目支出预算管理应遵循依法依规、科学规范、统筹兼顾、突出重点、量力而行、勤俭节约、绩效导向、公开透明的原则。

第二章 项目支出预算管理结构

第十条 项目支出预算按照"部门职责—工作活动—预算项目"三个层级的预算管理结构进行管理。

第十一条 部门职责是政府赋予部门的职能和应履行的主要责任，按照政府"三定"方案和战略部署进行分类确定。部门职责应保持稳定，除部门职责调整或省政府明确增加工作任务以外，一般不作变更。

第十二条 工作活动是部门履行某项职责所采取的中长期工作举措。工作活动应在部门职责框架下编列，并保持相对稳定，无部门职责或重大政策调整一般不作变更。

第十三条 预算项目是支撑部门某项工作活动开展的具体支出事项，反映部门履行职责和落实承担的财政政策的具体支出内容。预算项目应与工作活动紧密相关，并应在部门职责和工作活动框架下编列。

第十四条 部门应建立部门职责、工作活动和预算项目三级绩效目标指标体系。在部门职责层面，设置部门各项职责的年度绩效目标；在工作活动和预算项目层面，分别确定年度绩效目标、绩效指标和评价标准。

第十五条 绩效目标应按照省委省政府确定的发展目标、部门职责和政策预期效果，结合部门中长期战略规划、年度计划、工作举措、政策导向和具体工作任务确定。绩效指标是对绩效目标的细化和量化，衡量绩效目标实现程度。

第十六条 按照支出构成，项目分为基本建设、专项购置、个人家庭补助、企事业单位补贴、专项业务、科技研究与开发、大型活动、偿债支出、转移性支出、其他等 10 个大类。按照实施周期，项目分为当年项目和跨年度项目。按照支出级次，项目分为省本级支出项目和对下补助项目。

第三章　项目支出预算编制

第十七条 财政部门组织各部门编制项目支出预算，在布置年度部门预算编制工作时，明确项目支出预算编制政策、内容、程序、格式和时限等要求。部门应及时将相关要求传达到所属各预算单位，并组织做好本部门及其所属各单位的项目支出预算编制准备工作。

第十八条 部门组织所属各预算单位按照要求编制本部门及其所属单位项目支出预算，根据国家和省确定的财政支出政策和省委、省政府重大决策部署，以及部门工作任务、分管事业发展目标，研究谋划提出支出项目，按照规范格式要求编制部门项目支出预算建议，在规定时间内通过省级项目库系统报送财政部门。

第十九条 部门申报的项目支出预算建议，应当同时具备以下条件：

（一）符合有关法律、法规、规章和国家方针政策。

（二）符合省委、省政府重大决策部署。

（三）符合公共财政支持方向和财政资金补助范围，与省级财政事权与支出责任相匹配。

（四）符合本部门履行职能和促进事业发展需要，与部门职责、工作活动相适应。

申报使用中央转移支付资金安排的项目，除符合上述条件外，还应当符合中央财政转移支付资金的政策规定和资金管理办法明确的使用用途、支出范围、开支标准、绩效目标等要求。

需向社会征集项目的，部门应组织制订项目申报规范，并及时向社会公开。

第二十条 部门申报的项目支出预算建议内容，应包括申请依据、基础信息、年度预算、支出构成及绩效目标指标。

申报项目涉及新增资产购置及采购货物、工程或服务的，申报内容应包括相关信息。

第二十一条 申请依据应明确项目立项的法律法规和政策依据，对项目安排的必要性、项目实施的可行性进行充分的研究和论证。

第二十二条 基础信息应明确项目名称、项目主管部门、项目实施时间、项目确定主体、项目级次、项目类别等信息。

第二十三条 年度预算应明确投资年度、功能分类科目、预算安排、资金来源等信息。

部门应根据项目实施进度合理安排年度预算。除有明确规定外，跨年度项目应按照项目实施和资金使用需要，分年度安排预算资金，并与本部门中期财政规划相衔接。以奖代补、年终考核奖励等项目，应在项目实施完毕后的下一年度申报预算资金。

第二十四条 部门应根据本办法第十五条确定的 10 大类，按项目库中项目支出构成编报要求列出项目支出明细情况。

第二十五条 部门申报项目应确定年度项目绩效目标指标及评价标准，绩效目标指标要科学合理，评价标准要客观公正，达到可审核、可监控、可评价的标准。

绩效目标应结合具体工作任务合理确定，要清晰反映预算资金的预期产出和效果。

绩效指标应反映和衡量绩效目标的实现情况，并对绩效目标进行细化和量化，包括产出指标、效益指标和满意度指标等。

评价标准应通过收集相关基础数据，结合年度预算安排等情况进行论证和测算，并按照优、良、中、差四个等级确定。

第二十六条 部门申报项目涉及新增固定资产购置的，应结合资产存量情况，根据省直行政事业单位国有资产配置标准进行申报，并细化到具体配置项目、品目。

第二十七条 部门申报项目涉及采购货物、工程或服务的，凡符合《河北省集中采购目录及政府采购限额标准》的，均应编列政府采购预算，并细化到采购项目及数量，不得漏报、缺报。

政府购买服务应编入政府采购预算。

第二十八条 部门应按照政府收支分类科目编列项目支出预算，支出功能分类编列到项级，支出经济分类编列到款级。

第二十九条 项目支出预算要细化到具体承担单位，达到一经批复即能够直接支付的程度。

按项目法分配的申报项目，如基建、信息化、科技、交通项目资金等，部门应按规定组织评审论证。按规定应由相关职能部门前置审批的，申报前应完成有关审批手续。

按因素法分配的申报项目，应根据项目的关联性选取自然、经济、社会、绩效等客观因素，对项目预算数额进行准确测算。

第三十条 部门应对所属预算单位申报项目进行严格审核把关。审核重点包括：项目内容是否全面规范，申报依据是否可靠充分，支出规模是否准确合理，开支标准是否依纪依规，绩效目标指标是否先进科学，资金来源是否统筹安排，预算级次、科目是否正确，申报项目是否已涵盖分管领域所有必保事项，使用中央转移支付资金安排的项目是否符合国家规定，细化程度是否可执行，政府采购计划和资产购置计划是否符合相关规定等。

第三十一条 财政部门对部门申报的项目支出预算建议进行复核评审。审核重点包括：是否符合法律法规、政策规定以及省委、省政府决策部署，是否与财政支出责任相匹配，支出规模是否超出省级财力承受能力，支出标准是否合规合理，使用中央转移支付资金安排的项目是否符合国家政策，预算级次是否准确无误，支出绩效指标目标是否科学规范，是否按实施进度安排年度支出，政府采购计划和资产购置计划是否符合规定要求。

对上年度绩效评价较低、执行进度慢以及结转结余较高的项目，应适当压减支出规模或不再安排。

第三十二条 对部门申报项目中投资额100万元以上的基本建设和投资额50万元以上且政府投资占比超过40%的修缮类项目，财政部门应按规定进行投资评审。

对申报支出数额50万以上的信息化建设类项目，财政部门应按规定对项目的可行性、合理性、经济性进行审核。

第三十三条 财政部门按照法律法规、国家有关方针政策、省委省政府决策部署和部门年度工作任务，根据部门以前年度项目预算执行、绩效评价和资金结转结余等情况，结合省级年度综合财力，汇总审核并统筹提出部门项目支出预算安排建议，按程序呈报省委、省政府研究同意后，编入省级预算草案，在省人代会举行的30日前提交省人大财经委初审后，提请省人代会审议。

第四章　项目支出预算执行

第三十四条 省级预算草案经省人代会批准后，财政部门在20日内将包含项目支出预算在内的部门预算批复各部门。

部门应在财政部门批复部门预算后15日内，向所属单位批复预算。

第三十五条 预算年度开始后、省人代会批准预算草案前，部门按程序报经批准后，可安排下列支出：

（一）参照上一年度同期的预算支出数额安排必须支付的项目支出，以及对下级政府的转移性支出；

（二）对法律规定必须履行义务的支出以及用于自然灾害等突发事件处理的支出，可以根据实际需要按照有关规定支付。

第三十六条 部门应严格按照批复的预算组织实施，并督促项目单位认真执行项目预算。

第三十七条 项目支出预算一经批复，预算项目、级次、科目部门不得自行调剂，确需调剂的应按规定程序报财政部门审核批准，其中按规定需报省政府审定的，由财政部门负责呈报。

经批准调剂的预算项目，部门应在项目库中对原项目内容同步申报调整，经财政部门审核同意后执行。

同一项目连续两年调剂的，在编制下一年度预算时，财政部门可调减项目预算规模或予以取消。

第三十八条 部门应按照规定做好对下转移支付预算项目的提前下达相关工作，并将对下转移支付项目库中相关信息同步下达。

中央提前下达转移支付资金安排的项目，需补助市、县的，应在接到中央转移支付通知 30 日内全部提前下达市、县，原则上应在 11 月 30 日前下达完毕。

由省本级收入预算安排的、按因素法分配且各年度金额相对固定的专项转移支付项目资金，应在每年 11 月 30 日前提前下达市、县，比例不低于总规模的 90%；按项目法分配的专项转移支付项目资金，应在每年 11 月 30 日前提前下达市、县，比例不低于总规模的 70%，其中经批准确需在预算年度申报或审批项目的，也要提前下达分地区资金切块额度。

第三十九条 省级专项转移支付项目资金，除按国家规定的据实结算事项外，应在省人代会批准预算后的 60 日内正式下达。

第四十条 年度预算执行中，省级收到中央下达的转移支付资金后，相关项目主管部门应尽快提出资金分配和项目安排意见，除按国家规定的据实结算事项外，需下达市县的应在 30 日内正式下达，需省级直接执行的应当在 30 日内批复相关项目实施部门，项目实施部门应及时按要求编报项目库。

第四十一条 部门根据项目支出预算编制全年分月用款计划，财政部门审核后下达用款额度，各部门、各单位根据财政部门下达的额度和实际业务发生情况，按照国库集中支付有关规定办理资金支付。

各部门、各单位应严格按照预算、用款计划、项目进度、有关合同办理资金支付，不得无故滞留、拖延，并对资金支付的内容和相关支付凭证的合法性、合规性、真实性负责。

第四十二条 部门政府采购预算项目应当按照政府采购的有关规定执行。

政府采购预算一经批复下达，应严格执行，执行中原则上不再调剂。确需调剂的，按程序报财政部门审批。执行中预算项目调剂应同步编报政府采购预算。

部门政府采购预算调剂项目较多、数额较大的，下一年度编列预算时，财政部门可调减预算项目或资金数额。

第四十三条 部门应采取有效措施，加强项目调度，加快项目实施和资金使用进度，各部门项目支出进度在每年 6 月底和 10 月底应分别达到 60% 和 90%以上。

第四十四条 部门应对项目支出预算的绩效运行实施全方位监控，全程跟踪预算执行情况及绩效目标指标实现程度，对偏离绩效目标的情况及时纠正。

财政部门应对重点项目绩效目标实现程度进行监控，抽查部门重点项目支出预算执行情况，对发现的问题，督促部门及时整改。

第四十五条 预算年度终了，财政部门按规定对项目进行清理。年度预算安排的项目支出中当年尚未完成且确需下年度继续实施的，可按规定结转下年。项目支出的结余资金（含连续两年未用完的结转资金），由财政部门收回统筹安排使用。具体按照省级结转结余资金管理办法执行。

第五章 绩效评价与监督

第四十六条 对年度预算安排的项目，由部门和财政部门分别组织实施绩效评价。部门负责"预算项目"层面的绩效评价，对年度完成情况进行全面自评，并向财政部门报送绩效自评报告；财政部门负责对部门绩效自评报告进行审查，并选择重大项目进行再评价。

第四十七条 部门和财政部门可以根据实际需要，委托中介组织等第三方机构对项目支出预算实施绩效评价，并对第三方机构参与绩效评价工作进行指导和监督。

第四十八条 部门应对预算项目的实施过程和完成情况进行监督、检查，对发现的问题及时纠正。财政部门对重大预算项目的完成情况进行重点抽查，针对发现的问题提出处理意见。

第四十九条 部门应根据绩效评价和监督检查结果，合理调整项目支出预算，完善资金管理办法，规范财务管理制度，并作为编制以后年度项目预算和下达转移支付项目资金的重要依据。

第五十条　各部门、各单位应建立健全内部控制制度，完善项目管理档案，配合财政、审计、监察等部门的监督检查。

第五十一条　各部门、各单位应按照国家和省级预算公开的相关规定，及时主动公开包括资金规模、申报程序、管理办法、分配结果、绩效预算结果等在内的申报预算项目信息，自觉接受社会监督。

第五十二条　监督检查中发现项目支出预算管理违反有关法律、法规和财务规章制度的行为，依据《中华人民共和国预算法》《中华人民共和国政府采购法》《财政违法行为处罚处分条例》等有关规定处理。

第六章　附　　则

第五十三条　本办法由省财政厅负责解释。

第五十四条　本办法自印发之日起执行，有效期 5 年。《河北省省级预算项目管理办法》（冀财〔2006〕168 号）同时废止。

参 考 文 献

［1］Richard, A. Musgrave, Peggy, B. Musgrave. Public Finance in Theory and Practice ［M］. McGraw – Hill Companies, 1989.

［2］约翰·罗杰斯·康芒斯. 制度经济学（上）［M］. 北京：商务印书馆, 1983.

［3］亨利·勒帕日. 美国新自由主义经济学 ［M］. 北京：北京大学出版社, 1985.

［4］Buchanan, J. M.. The Theory of Publics Choice ［M］. The University of Michigan Press, 1972.

［5］Niskanen, W. A. Bureaucracy and representative government ［M］. Chicago：Aldine Atherton, 1971.

［6］［美］阿道夫·A·伯利, 加德纳·C·米恩斯. 现代公司与私有财产 ［M］. 甘华鸣, 等译. 北京：商务印书馆, 2005.

［7］Ross, S. A.. The Economic Theory of Agency：The Principal's Problem ［J］. American Economic Review, 1973, 63 （2）.

［8］单晓敏. 完善我国财政绩效管理的研究 ［D］. 苏州：苏州大学, 2013.

［9］C. Heckscher. The Post – Bureaucratic Organization：New Perspectives on Organizational Change. New Delphi, 1994.

［10］Michael Barzelay, Alan Altshuler, Babak J. Armajani. Breaking Through Bureaucracy：A New Vision for Managing in Government ［M］. Berley：University of California Press, 1992.

［11］［美］戴维·奥斯本, 特德·盖布勒. 改革政府——企业精神如何改革公营部门 ［M］. 上海市政协编译组, 等译. 上海：上海译文出版社, 1995.

［12］Christopher Hood. Comparative Public Administration ［J］. Dar Emouth Publishing Corp., 1998 （1）.

［13］Michael Keating. Public Management Reform and Economic and Social Development ［J］. OECD Journal on Budget, 2001, Aug.

[14] 单晓敏. 完善我国财政绩效管理的研究 [D]. 苏州：苏州大学, 2013.

[15] 王雁红. 英国政府绩效评估发展的回顾与反思 [J]. 管理现代化, 2010 (4).

[16] 张斌. 政府绩效预算发展的最新进展与面临的挑战. 财会研究 [J]. 2013, 33 (6).

[17] 苏杰, 张馨月. 国外对绩效预算改革相关问题的研究 [J]. 知识经济, 2010, 12 (17).

[18] 王超. 安徽省财政绩效评价与影响因素分析 [D]. 合肥：安徽大学, 2014.

[19] 王志刚. 我国地方财政绩效管理的制度研究 [D]. 北京：财政部财政科学研究所, 2014.

[20] 丁芸等. 新能源上网电价补贴的大气环境福利效应 [J]. 财政研究, 2015 (6)：59 –68.

[21] 聂亚平等. 财政投入提升社会保障绩效探析——以湖南省绩效提升为例 [J]. 财政研究, 2013 (7)：75 –77.

[22] 辛立秋等. 基于主成分分析和 TOPSIS 法的社会保障绩效评价 [J]. 财政研究, 2012 (7)：50 –52.

[23] 王全良. 基于因子聚类分析的财政支出综合绩——以海南省 2006 ~ 2010 年数据为例 [J]. 财政研究, 2015 (6)：2 –7.

[24] 伍凤兰等. 区域公共产品的有效供给——基于配置效率的视角 [J]. 财政研究, 2015 (10)：15 –20.

[25] 胡志勇等. 中国行政运行成本影响因素的实证分析 [J]. 财政研究, 2016 (5)：68 –76.

[26] 姚维保等. 广东科技服务财政绩效实证研究 [J]. 财政研究, 2014 (1)：59 –62.

[27] 余可等. 财政补贴对科技中小企业知识产权资产形成的影响 [J]. 财政研究, 2014 (9)：61 –64.

[28] 万建香. 中国财政预算支出对经济增长、资源消耗、环境保护的绩效分析 [J]. 财政研究, 2015 (3)：6 –10.

[29] 王艺明等. 财政支出结构与环境污染——碳排放的视角 [J]. 财政研究, 2014 (9)：61 –64.

[30] 茆晓颖等. 财政支农支出结构与农民收入的实证——基于全口径财政支农支出 2012 年江苏省 13 个市面板数据 [J]. 财政研究, 2014 (12)：68 –71.

［31］谈毅等．政府科技投入对高校创新产出影响的——基于 2004～2013 年的数据［J］．财政研究，2014（12）：53－57．

［32］张勇等．公共投资对教育不同阶段的影响——公共投资流向与教育转型的实证研究［J］．财政研究，2012（5）：44－48．

［33］王玺，张勇．共投资在中国经济转型中有效引导——教育投入形式长期经济效果的实证分析［J］．财政研究，2013（10）：43－47．

［34］胡东兰等．中国财政支农支出对农村居民消费影响——实证分析与政策建议［J］．财政研究，2013（1）：50－53．

［35］张宏翔．基于我国农业财政支出的效益再评估——探析优化其管理的政策建议［J］．财政研究，2012（11）：39－43．

［36］徐建军．财政支农粮食产出效应的区域比较研究［J］．财政研究，2013（1）：54－57．

［37］余长林等．分权体制下中国地方政府支出对环境——基于中国287个城市数据的实证分析［J］．财政研究，2016（7）：46－58．

［38］陈贵富等．财政与就业的经验分析——基于 CHNS 微观面板数据［J］．财政研究，2015（4）：15－19．

［39］王朝阳等．财政扶贫与县域经济增长的实证研究［J］．财政研究，2012（6）：23－25．

［40］周宏等．中国中等职业教育对经济增长的影响——2003～2008年省际面板数据［J］．财政研究，2012（2）：53－55．

［41］金雪涛等．我国文化财政投入与产出关系——基于面板数据模型的实证研究［J］．财政研究，2015（6）：23－29．

［42］林炳华等．基于 PVAR 模型的城镇化政府公共投资与私人投资的互动效应研究［J］．财政研究，2014（3）：72－75．

［43］陈高等．中国地方财政支出与经济增长关系研——基于 1990～2012 年省际数据的线性混合模型分析［J］．财政研究，2014（8）：42－45．

［44］赵新宇等．公共支出与公众主观幸福感——基于吉林省问卷调查的实证研究［J］．财政研究，2013（6）：13－16．

［45］姚艳燕等．财政教育投入如何影响城镇居民幸福感——来自广东的微观证据［J］．财政研究，2015（9）：108－114．

［46］杨运忠．职业培训财政补贴绩效研究——就业机率检验［J］．财政研究，2012（8）：36－40．

［47］宋丽颖，杨潭．财政补贴——行业集中度与高技术企业 R&D 投入的非

线性关系实证研究 [J]. 财政研究, 2016 (10): 59 - 68.

[48] 赵建国等. 财政社会保障支出的非线性经济增长效应研究 [J]. 财政研究, 2012 (9): 51 - 54.

[49] 钱海燕等. 地方政府购买服务的财政支出效率评价——以合肥市政府购买居家养老服务为例 [J]. 财政研究, 2014 (3): 64 - 67.

[50] 代娟等. 基于 DEA 的财政支出效率研究 [J]. 财政研究, 2013 (8): 22 - 25.

[51] 姚艳燕等. 义务教育财政资金配置效率的统计测度——以广东省的实践为例 [J]. 财政研究, 2016 (5): 54 - 67.

[52] 管治华等. 结构性减税压力下的财政支出效率提升——基于省际间财政支出超效率 DEA 模型分析 [J]. 财政研究, 2016 (7): 35 - 45.

[53] 章祥荪, 贵斌威. 中国全要素生产率分析——Malmquist 指数法评述与应用 [J]. 数量经济技术经济研究, 2008 (6): 111 - 122.

[54] 韩凤芹等. R&D 中政府投入效率测度及影响因素分析——基于省级面板数据的研究 [J]. 财政研究, 2015 (11): 75 - 85.

[55] 杨伯坚. 2004～2008 年中国财政农业支出效率的实证分析——基于省际面板数据的 DEA - TOBIT 两步法 [J]. 财政研究, 2012 (3): 23 - 25.

[56] 常斌. 中国省际间义务教育发展差异及解释研究 [J]. 财政研究, 2015 (4): 5 - 10.

[57] 亓寿伟等. 中国基础教育支出效率及制度因素的影响——基于局部前沿效率方法的分析 [J]. 财政研究, 2016 (6): 103 - 113.

[58] 李金珊等. 出口信用保险补贴对出口影响的实证研究——以浙江省为例 [J]. 财政研究, 2016 (5): 29 - 39.

[59] 黄溶冰等. 我国环境保护财政资金的绩效评价 (2006～2011 年) ——基于审计结果公告的内容分析 [J]. 财政研究, 2012 (5): 31 - 35.

[60] 汤鑫, 彭文. 国外地方政府绩效评估的特点及启示 [J]. 企业家天地 (理论版), 2008 (05).

[61] 雷田雨. 我国公务员考核制度研究 [D]. 郑州大学, 2004.

[62] 安志刚. 美国政府财政支出绩效评价述评及其对我国的启示 [J]. 经济研究参考, 2012 (41).

[63] 张敏. 政府绩效评估的理论与实践 [D]. 山西大学, 2007.

[64] 王华. 基于政府治理的国家审计研究 [D]. 西南财经大学, 2009.

[65] 蔡立辉. 西方国家政府绩效评估的理念及其启示 [J]. 清华大学学报

（哲学社会科学版），2003（01）．

[66] 马国贤．政府绩效管理［M］．上海：复旦大学出版社，2005．

[67] 李文彬．公共部门绩效评价［M］．武汉：武汉大学出版社，2010．

[68] 朱立言，张强．当代美国联邦政府绩效评估的方法和技术［J］．国家行政学院学报，2005（06）．

[69] 郑方辉．法制政府绩效评价［M］．北京：新华出版社，2014．

[70] 曹俊．美国马里兰州政府绩效管理实践［J］．上海文化，2014（04）．

[71] 汤鑫．完善我国地方政府绩效评估的对策研究［D］．长沙：湖南大学，2008．

[72] 王雁红．英国政府绩效评估发展的回顾与反思［J］．唯实，2005（06）．

[73] 曾博函．公众全过程参与我国政府绩效管理问题研究［D］．大连：大连海事大学，2011．

[74] 宋晓丹．我国地方政府绩效预算改革研究［D］．广州：暨南大学，2013．

[75] 申亚楠，郭春明．卓越绩效评价在政府部门的应用［J］．经济管理，2006（19）．

[76] 胡奕明．审计与政府绩效评价研究［M］．上海：上海交通大学出版社，2012．

[77] 田霞，贾小燕．英美国家地方政府绩效管理及其对中国的借鉴意义［J］．生产力研究，2009（05）．

[78] 陈宏彩．英国地方政府全面绩效考核体系及其借鉴意义［J］．国外社会科学，2007（02）．

[79] 徐长河，王峰利，陈宏彩．英国地方政府绩效考核考察报告［J］．资料通讯，2006（12）．

[80] 范柏乃．政府绩效评估与管理［M］．上海：复旦大学出版社，2007．

[81] 宋涛．从绩效评估标准看澳大利亚地方政府管理理念及特点［J］．河南社会科学，2006（01）．

[82] 张雷宝．地方政府公共支出绩效管理研究［M］．浙江：浙江大学出版社，2010．

[83] 冉敏．国外政府绩效管理法制化研究述评——以美澳日韩四国为例［J］．天津行政学院学报，2016（01）．

[84] 杨栋梁．日本近代经济史［M］．北京：世界知识出版社，2010．

[85] 张青．外国财政制度与管理［M］．北京：中国财政经济出版社，

2007.

[86] 白智立，南岛和久．试论日本政府绩效评估中的公众参与［J］．日本学刊，2014（03）．

[87] 田秋蓉．政府审计推动民主政治发展的作用研究［D］．成都：西南财经大学，2012．

[88] 范柏乃，程宏伟，张莉．韩国政府绩效评估及其对中国的借鉴意义［J］．公共管理学报，2006（02）．

[89] 方振邦，金洙成．韩国地方政府绩效管理实践及其对中国的启示——以富川市构建平衡计分卡系统为例［J］．东北亚论坛，2010（01）．

[90] 李娅．西方政府绩效评估：理论、实践及其启示［J］．行政论坛，2007（03）．

[91] 蔡立辉．西方国家政府绩效评估的理念及其启示［J］．清华大学学报（哲学社会科学版），2003（01）．

[92] 杨宏山．政府绩效评估的国际比较及启示——以美国、英国、日本和韩国为例［J］．北京电子科技学院学报，2015（01）．

[93] 杨松．西方绩效预算理论实践及对我国财政管理的启示［J］．地方财政研究，2004（01）．

[94] 何小琏．政府绩效评估的国际比较与借鉴［J］．开发研究，2007（03）．

[95] 财政部预算司．地方预算绩效管理工作开展情况［EB/OL］．http：//yss. mof. gov. cn/zhengwuxinxi/guojijiejian/201102/t20110214 _ 450369. html. 2011 - 02 - 14.

[96] 财政部预算司．2014 年预算绩效管理工作取得积极进展［EB/OL］．http：//yss. mof. gov. cn/zhengwuxinxi/gongzuodongtai/201503/t20150319 _ 1204209. html. 2015 - 03 - 19.

[97] 续永福．晋城财政："十二五"期间预算绩效管理的实践之路［EB/OL］．http：//www. sxscz. gov. cn/www/2016 - 02 - 03/201602031442759123. html. 2016 - 02 - 03.

[98] 财政部预算司．2014 年预算绩效管理工作取得积极进展［EB/OL］．http：//yss. mof. gov. cn/zhengwuxinxi/gongzuodongtai/201503/t20150319 _ 1204209. html. 2015 - 03 - 19.

[99] 花钱问效 无效问责——财政部开展 2012 年县级财政支出管理绩效综合评价［EB/OL］．http：//www. gov. cn/gzdt/2013 - 08/02/content_2460056. htm. 2013 - 08 - 02.

［100］建立健全花钱问效、无效问责常态机制——财政部扎实开展 2013 年度县级财政管理绩效综合评价［EB/OL］. http：//www. gov. cn/xinwen/2014 - 09/23/content_2755151. htm. 2014 - 09 - 23.

［101］建立健全花钱问效、无效问责常态机制——财政部扎实开展 2013 年度县级财政管理绩效综合评价. ［EB/OL］. http：//www. gov. cn/xinwen/2014 - 09/23/content_2755151. htm. 2014 - 09 - 23.

［102］财政部预算司副司长夏先德在全国预算绩效管理工作座谈会上的讲话（摘要）. ［EB/OL］. http：//www. yueyang. gov. cn/czj/9112/10003/content_510031. html. 2015 - 12 - 04.

［103］财政部预算司. 广东财政坚持改革创新推进预算绩效管理工作. ［EB/OL］. http：//www. mof. gov. cn/xinwenlianbo/guangdongcaizhengxinxilianbo/201604/t20160411_1944656. html. 2016 - 05 - 03.

［104］赵静. 福建：全面深化预算绩效管理改革［J］. 中国财政，2016（20）.

［105］财政部预算司. 湖北省多维度推进预算绩效管理改革［EB/OL］. http：//yss. mof. gov. cn/zhuantilanmu/ysjxgl/201512/t20151211 _ 1609646. html. 2015 - 12 - 11.

［106］财政部预算司. 海南省财政积极推进预算绩效管理工作. ［EB/OL］. http：//www. mof. gov. cn/xinwenlianbo/hainancaizhengxinxilianbo/201305/t20130520 _ 876867. html. 2013 - 05 - 24.

［107］张敏 智荣卿等. 河北：绩效预算管理改革全面推开［J］. 中国财政，2015（22）.

［108］财政部预算司预算绩效管理工作要报（2016 年 第 2 期）. 河北省构建全过程绩效预算管理新机制. ［EB/OL］. http：//www. mof. gov. cn/pub/yusuansi/zhuantilanmu/ysjxgl/201611/t20161115_2458666. html. 2016 - 04 - 13.

［109］冯鸿雁. 财政支出绩效评价体系构建及其应用研究［D］. 天津：天津大学，2004.

［110］王海青. 地方财政支出绩效评价指标体系的设计［D］. 济南：山东大学，2010.

［111］谢艳珠. 我国的财政绩效评价体系研究［D］. 太原：山西财经大学，2006.

［112］郑保红. 地方政府财政支出绩效评价指标体系构建研究［D］. 南宁：广西大学，2014.

[113]《财政支出绩效评价管理暂行办法》财预［2011］285 号.

[114]《广东省财政支出绩效评价试行方案》粤财评［2004］1 号.

[115] 张得娟. 我国财政教育支出绩效评价指标体系研究［J］. 哈尔滨商业大学，2013（03）.

[116] 赵颖. 我国文化事业财政投入研究［J］. 东北财经大学，2013（08）.

[117] 常沙. 社会保障财政支出绩效评价问题研究［J］. 山东财经大学，2013（4）.

[118] 陈洁. 环境保护项目财政支出绩效评价指标体系构建研究［D］. 重庆：重庆大学，2013.

[119] 郑霜. 福建省财政民生支出及其对经济发展的影响［D］. 厦门：集美大学，2015.

[120] 袁源. 新型城镇化与厦门市财政支出结构优化研究［D］. 厦门：集美大学，2016.

[121] 温师燕. 地方政府利用 PPP 模式的财政约束研究［D］. 厦门：集美大学，2016.

[122] 周攀. 促进我国文化创意产业发展的财税政策研究［D］. 厦门：集美大学，2014.

[123] 陈娜. 厦漳泉公共财政教育支出比较研究［D］. 厦门：集美大学，2016.

[124] 朱博，庄赟. 我国地方政府财政绩效综合评价研究［J］. 统计与咨询，2016（5）.

[125] 卢以恒. 福建省公共财政教育支出的绩效评价研究［D］. 厦门：集美大学，2016.

[126] 梁爽. 福建省基本公共服务均等化问题研究［D］. 厦门：集美大学，2015.

[127] 张晓梅. 厦门市各区基本公共服务均等化问题研究［D］. 厦门：集美大学，2015.

[128] 许仁家. 新型城镇化背景下地方公共产品的配置研究［D］. 厦门：集美大学，2015.

[129] 王珉昊. 新型城镇化下医疗资源优化配置的财政政策研究［D］. 厦门：集美大学，2014.